“十三五”江苏省高等学校重点教材(编号：2020-2-134)

U0891234

小学数学解题讲义

主　编　周友士
副主编　姜开立

南京大学出版社

内容提要

掌握小学数学问题解决的类型与方法，具备较强的解题能力和优良的数学思维品质，是小学数学教师的基本功，也是必备能力和核心素养。本书介绍了小学数学中的典型问题和解法，共21讲，基本涵盖了《义务教育数学课程标准》小学学段的主要内容，并对小学数学问题归类化、系统化，解题方法条理化、典型化做出尝试，将有助于小学数学教师指导小学生日常数学学习和参加数学竞赛，同时，也有助于提高未来从事小学数学教学的师范生数学问题解决能力和数学素养。

图书在版编目(CIP)数据

小学数学解题讲义 / 周友士主编. — 南京 ：南京大学出版社，2021.7(2024.8重印)

ISBN 978-7-305-24783-5

Ⅰ. ①小… Ⅱ. ①周… Ⅲ. ①小学数学课—题解 Ⅳ. ①G624.505

中国版本图书馆CIP数据核字(2021)第146265号

出版发行 南京大学出版社
社 址 南京市汉口路22号 邮 编 210093

书 名 小学数学解题讲义
XIAOXUE SHUXUE JIETI JIANGYI
主 编 周友士
责任编辑 钱梦菊 编辑热线 025-83592146

照 排 南京开卷文化传媒有限公司
印 刷 南京人民印刷厂有限责任公司
开 本 787×1092 1/16 印张 14.25 字数 320千
版 次 2021年7月第1版 2024年8月第4次印刷
ISBN 978-7-305-24783-5
定 价 42.00元

网 址：http://www.njupco.com
官方微博：http://weibo.com/njupco
微信服务号：njuyuexue
销售咨询热线：(025)83594756

前言

数学是自然科学的基础。数学学科是中小学乃至高等院校理工科和大部分人文社会学科的基础学科。学好数学,是人们步入社会,从事日常生活和各项工作的必备条件。

解答数学问题,是数学学科的重要内容,是学习、理解和掌握数学知识的重要途径,是衡量数学学习效果的重要标尺。

解答数学问题,首先要理解题意,要搞清楚题目的基本含义,弄清楚哪些是已知条件,哪些是未知条件,题目属于哪一种类型,可以采用什么方法和途径来解答等。

解答数学问题,要掌握数学的基础知识,如数学的一些基本概念、基本性质、运算法则、定律和公式等;要掌握日常生活、生产实践和贸易往来中各种不同数量之间的相互关系;要掌握解答数学问题的基本方法和途径。

解答数学问题的基本方法有两种,即分析法和综合法。分析法是从"未知"的问题(结论)开始想"需知",逐步推导靠拢"已知"条件,而综合法是从已知条件开始想"可知",逐步推导出"未知"(结论)。无论使用哪种方法,都必须找准"题眼"。找"题眼"是解决数学问题的关键。找到了"题眼",就找到了解决数学问题的门路。分析法和综合法既有区别,又有联系,在解答数学问题时,有时还要综合运用,才能收到好的效果。

数学解题能力的提高，不但要靠理论上的学习和深化，而且更要靠实践上的锻炼和积累。在解决数学问题中，方法和技巧是必须掌握的，但方法和技巧的掌握不是单靠记得几句“条条”“框框”所能奏效的，而是要在解答数学问题的实践中日积月累逐步掌握。多练习，勤思考，才是掌握数学解题方法和技巧，提高数学解题能力的根本途径。

本书被评为江苏省高等学校重点教材(2020)，它的出版得到了江苏省高等教育学会、南京大学出版社、淮阴师范学院等单位领导和同志们的大力支持，谨向他们表示感谢。鉴于我们水平所限，书中定有不足之处，恳请读者批评指正！

编　者

2021 年 6 月

目录

第一讲

数的概念问题

数的概念是数学的基础。它包括数的基本含义、数的分类、计数单位和单位之间的进率、数的读法和写法、数的性质以及数的计算法则等。数的概念问题是数学的最基本的问题。解答数的概念问题，首先要正确理解并熟练掌握数的基本含义、数的分类、计数单位和单位之间的进率、数的读法和写法、数的性质以及数的计算法则等知识。

一、整数概念问题

解答整数概念问题，首先要掌握整数的含义，理解十进制计数法，掌握数的写法和读法，理解个级、万级、亿级的含义，掌握整数加法、减法、乘法、除法和乘方五种计算的含义及其法则，掌握先乘方，再乘除，后加减，括号内先计算的混合计算的顺序及其规律，理解并掌握加数、被减数、减数、乘数、被除数、除数的变化引起和、差、积、商的变化规律。

例 1 一个六位数的左边第一个数字是 1，如果把左边的这个数字 1 移到最右边，那么新得到的六位数是原数的 3 倍，求原数。

【析解】 解答此题，可有四种途径。

(1) 根据十进制计数的特点来解答。将一个六位数左边第一个数字移到最右边，就是将这个六位数扩大 10 倍，加上移到最右边的数字 1，减去 1000000，就是新的六位数。根据新的六位数是原数的 3 倍，那 $1000000-1=999999$ 就是原数的 $10-3=7$ 倍，所以原数是 $999999\div7=142857$。

(2) 采用列方程的方法来解答。设原六位数的后五位数为 x，原数是 $100000+x$，新数是 $10x+1$，根据题意，则有

$$
\begin{aligned}
10x+1&=(100000+x)\times3\\
10x-3x&=300000-1\\
7x&=299999\\
x&=42857\\
100000+x&=142857
\end{aligned}
$$

所以原数是 142857。

(3) 采用列方程的另一途径来解答。设原数为 x，则新数为 $10x+1-1000000$，根据题意，则有

$$10x+1-1000000=3x$$
$$(10-3)x=1000000-1$$
$$7x=999999$$
$$x=142857$$

所以原数是 142857。

(4) 运用乘法竖式计算的法则来解答。根据题意，假设原六位数从第二位开始的五位上的数字分别为 X、Y、Z、M、N，则有右面的乘法竖式存在，即：

$$\begin{array}{r} 1\ X\ Y\ Z\ M\ N \\ \times\qquad\qquad\quad 3 \\ \hline X\ Y\ Z\ M\ N\ 1 \end{array}$$

根据表内乘法口诀“三七二十一”，可得 $N=7$；根据表内乘法口诀“三五一十五”，可得 $M=5$；根据表内乘法口诀“三八二十四”，可得 $Z=8$；根据表内乘法口诀“二三得六”，可得 $Y=2$；根据表内乘法口诀“三四一十二”，可得 $X=4$；又 $1\times3+1=4$，据上可得：$142857\times3=428571$。所以原数是 142857。

例 2 一个由 1,2,3,…,16 排成的 4×4 的幻方中，每行、每列及两条对角线上数的和都相等。李教授说任何这样的 4×4 的幻方中，正中间四个数的和必为 34。请你说明这个结论正确的理由。

【析解】 为了说明的方便，设排成的 4×4 的幻方如下：

$$\begin{array}{cccc} a & b & c & d \\ e & & & f \\ g & & & h \\ m & n & t & k \end{array}$$

设 4×4 幻方正中间四个数的和为 S。根据上面 4×4 的幻方是由 1,2,3,…,16 这 16 个数字排成的，且每行、每列及两条对角线上数的和都相等，那四行或四列数的总和等于 $(1+16)\times16\div2=136$，每行、每列或每条对角线上四个数的和为 $136\div4=34$。据此，可有：

$e+g+f+h+S=34\times2=68$………(1)

$b+c+n+t+S=34\times2=68$………(2)

$a+d+m+k+S=34\times2=68$………(3)

由(1)+(2)+(3)得：

$e+g+f+h+b+c+n+t+a+d+m+k+S+2S=68\times3=204$

$(1+16)\times16\div2+2S=204$

$136+2S=204$

$S=(204-136)\div2=68\div2=34$

由此可知，任何这样的 4×4 的幻方中，正中间四个数的和必为 34。

例 3 $777^{777}+888^{888}+999^{999}$ 的个位数是几？

【分析】 解答此题，先要分别求出 777^{777}，888^{888} 和 999^{999} 的个位数是几。这要采用探索

777、888 和 999 这三个数乘方的个位数的规律来解答。

【解】 777^1 的个位数是 7，777^2 的个位数是 9，777^3 的个位数是 3，777^4 的个位数是 1，777^5 的个位数是 7，……观察上面的结果，可知 777 乘方的个位数循环周期是 4。

$777 \div 4 = 194 \cdots\cdots 1$，故 777^{777} 的个位数是 7。

同理可知，888^{888} 的个位数是 6，999^{999} 的个位数是 9。

综上可得，$777^{777}+888^{888}+999^{999}$ 的个位数是 $7+6+9=22$ 的个位数 2。

二、小数概念问题

解答小数概念问题，首先要理解小数的含义，掌握小数点和小数数位名称，懂得小数分为纯小数、带小数和循环小数，掌握四舍五入法，懂得小数点的移动引起小数大小变化的规律，理解小数加法、减法、乘法、除法和乘方的含义及其计算法则，特别要搞清楚在四则计算中小数点位置的变化规律，懂得小数与整数之间的相互关系。

例 1 $0.3+0.33+0.333+\cdots+0.\underbrace{333\cdots33}_{30个}$ 的整数部分是多少？

【分析】 $0.3，0.33，0.333，\cdots 0.\underbrace{333\cdots33}_{30个}$ 属递增数列，其中 0.3 最小，$0.\underbrace{333\cdots33}_{30个}$ 最大。

【解】 $0.3\times30=9$，$0.\underbrace{333\cdots33}_{30个}\times30=\underbrace{9.999\cdots99}_{30个}$，得：

$9<0.3+0.33+0.333+\cdots+0.\underbrace{333\cdots33}_{30个}<\underbrace{9.999\cdots99}_{30个}$。

所以 $0.3+0.33+0.333+\cdots+0.\underbrace{333\cdots33}_{30个}$ 的整数部分是 9。

例 2 两个一位小数相乘，如果把因数四舍五入到个位再乘，其积是 8，如果用原小数相乘积，最大和最小各是多少？

【析解】 根据两个一位小数四舍五入到个位，其积是 8，可以推得，四舍五入后的整数有两组，即 1、8 与 2、4。

对于第一组，两小数最大可能值为 1.4 和 8.4，最小可能值为 0.5 和 7.5，相乘积最大为 $1.4\times8.4=11.76$，最小为 $0.5\times7.5=3.75$。

对于第二组，两小数最大可能值为 2.4 和 4.4，最小可能值为 1.5 和 3.5，相乘积最大为 2..4×4.4＝10.56，最小为 $1.5\times3.5=5.25$。

综上可得，原小数相乘积，最大为 11.76，最小为 3.75。

例 3 给循环小数 $0.14285\dot{7}$ 再加上一个表示循环的小圆点，使得新的循环小数点后面第 100 位上的数字是 8，这个新的循环小数是多少？

【分析】 解答此题，先要分析再加上的一个表示循环的小圆点，在 1、4、2、8 这五个数字上时，是否能达到小数点后面第 100 位上的数字是 8（显然，不可能加在 5 上面）。

【解】(1) 当这个表示循环的小圆点加在 1 上时,每个循环节有 6 位,数字 8 在第 4 位上,因为 $100-4=96$ 是循环节位数 6 的整数倍,所以这个表示循环的小圆点加在 1 上符合小数点后面第 100 位是 8 的要求。

(2) 当这个表示循环的小圆点加在 2 上时,每个循环节有 4 位,数字 8 在循环节第 2 位上,因为 $100-2-2=96$ 是循环节位数 4 的整数倍,所以这个表示循环的小圆点加在 2 上符合小数点后面第 100 位是 8 的要求。

(3) 当这个表示循环的小圆点加在 8 上时,每个循环节有 3 位,数字 8 在循环节第 1 位上,因为 $100-3-1=96$ 是循环节位数 3 的整数倍,所以这个表示循环的小圆点加在 8 上符合小数点后面第 100 位是 8 的要求。

(4) 当这个表示循环的小圆点加在 4 上时,每个循环节有 5 位,数字 8 在循环节第 3 位上,因为 $100-1-3=96$ 不是循环节位数 5 的整数倍,所以这个表示循环的小圆点加在 4 上不符合小数点后面第 100 位是 8 的要求,因此这个表示循环的小圆点不能加在 4 上。

综上可得,这个新的循环小数是 $0.\dot{1}4285\dot{7}$,$0.14\dot{2}85\dot{7}$ 或 $0.142\dot{8}5\dot{7}$。

三、分数概念问题

解答分数概念问题,首先要理解分数的含义,懂得分数线、分子、分母和分数单位的意义,掌握真分数、假分数、带分数的含义,理解并掌握分数与整数、小数的相互关系及其互化方法,理解分数与除法、比的关系,掌握分数的基本性质及其通分、约分的基本方法,理解并掌握分数加法、减法、乘法和除法的计算法则。

例 1 观察三道算式:

$\frac{1}{10}=\frac{1}{11}+\frac{1}{110}$; $\frac{1}{10}=\frac{1}{15}+\frac{1}{30}$; $\frac{1}{10}=\frac{1}{12}+\frac{1}{60}$。

你受到什么启发?想一想,下面的两个式子怎么填?

$\frac{1}{12}=\frac{1}{(\quad)}+\frac{1}{(\quad)}$;$\frac{1}{6}=\frac{1}{(\quad)}+\frac{1}{(\quad)}+\frac{1}{(\quad)}+\frac{1}{(\quad)}+\frac{1}{(\quad)}$。

【析解】此题要求将一个分数单位改写成若干个分数单位的和。改写不是盲目进行的,而是有一定的规律可以遵循的。观察上面的三道算式,也能找出一些规律,但难以找出一个普遍的规律。这个普遍规律就是:找出分母的所有约数,用任意几个约数和与原分母的积作分母,用这几个约数分别作分子,然后化成最简分数即可。如$\frac{1}{12}$,找出分母 12 的约数为 1,2,3,4,6,12。用任意两个约数如 1 与 2 的和 3 与 12 的积 $12\times3=36$ 作分母,用这两个约数 1 与 2 分别作分子,然后化成最简分数即成。其过程为:

$$\frac{1}{12}=\frac{1}{12\times(1+2)}+\frac{2}{12\times(1+2)}=\frac{1}{36}+\frac{1}{18}。$$

第 2 题可先找出 6 的约数 1,2,3,6,仿照上面的办法,将$\frac{1}{6}$改写成四个分数单位的和，即：

$$\frac{1}{6}=\frac{1}{6\times(1+2+3+6)}+\frac{2}{6\times(1+2+3+6)}+\frac{3}{6\times(1+2+3+6)}+\frac{6}{6\times(1+2+3+6)}$$
$$=\frac{1}{72}+\frac{1}{36}+\frac{1}{24}+\frac{1}{12}。$$

例 2 下面分数加法算式中的七个字母，分别代表 1、2、3、4、5、7、9。那么该算式中的两个分母之和是多少？

$$\frac{ab}{cde}+\frac{86}{mn}=7$$

【析解】 先分析第二个分数的分母应是多少。根据第一个分数是真分数，小于 1，可得第二个分数应大于 6 小于 7。又根据 $86\div6=14\cdots\cdots2$，$86\div7=12\cdots\cdots2$，则分母可能是 13 或 14。若是 13，则第二个分数的值为 $\frac{86}{13}=6\frac{8}{13}$，那第一个分数应为 $7-6\frac{8}{13}=\frac{5}{13}=\frac{5\times19}{13\times19}=\frac{95}{247}$。这样分数加法算式中的七个字母正好为 1、2、3、4、5、7、9。若分母取 14，经计算，结果与题中的条件不符。所以这两个分数分母的和应为 $247+13=260$。

例 3 一个带分数，若整数部分缩小为 $\frac{1}{5}$，则该带分数变为 $1\frac{3}{20}$；若整数部分缩小为 $\frac{1}{8}$，则该带分数变为 1。这个带分数是多少？

首先要求出这个带分数的整数部分。根据“整数部分缩小为 $\frac{1}{5}$，则该带分数变为 $1\frac{3}{20}$；整数部分缩小为 $\frac{1}{8}$，则该带分数变为 1”，可知整数部分的 $\frac{1}{5}$ 减去整数部分的 $\frac{1}{8}$，等于 $1\frac{3}{20}-1=\frac{3}{20}$。所以这个带分数的整数部分就是 $\frac{3}{20}\div\left(\frac{1}{5}-\frac{1}{8}\right)=\frac{3}{20}\div\frac{3}{40}=\frac{3}{20}\times\frac{40}{3}=2$。

根据这个带分数的整数部分是 2，可得其分数部分是：$1\frac{3}{20}-2\times\frac{1}{5}=1\frac{3}{20}-\frac{8}{20}=\frac{3}{4}$ 或 $1-2\times\frac{1}{8}=1-\frac{1}{4}=\frac{3}{4}$。

所以这个带分数是 $2+\frac{3}{4}=2\frac{3}{4}$。

例 4 把 $\frac{2}{5}$ 的分子、分母乘以一个相同的数后，又各加上 15，再约分得到 $\frac{3}{5}$。问与分子、分母相乘的数是多少？

【解】 有两种方法。

(1) 利用分数的基本性质来解答。根据分数的基本性质，分数分子、分母乘或除以同一个非零的数后，其值不变，因此，$\frac{2}{5}$ 的分子、分母乘一个相同的数后，其值仍为 $\frac{2}{5}$。但又各加上 15，因此值就变成了$\frac{3}{5}$。原因是分子多加了 $15-15\times\frac{2}{5}=15-6=9$。所以这时的分母应为 $9\div\left(\frac{3}{5}-\frac{2}{5}\right)=9\div\frac{1}{5}=45$。则与分子、分母相乘的数是$(45-15)\div5=30\div5=6$。

（2）采用列方程的方法来解答。

设与分子、分母相乘的数为 x，根据题意，则有

$$\frac{2x+15}{5x+15}=\frac{3}{5}$$

$$10x+75=15x+45$$

$$5x=30$$

$$x=6$$

所以与分子、分母相乘的数是 6。

例 5 分数$\frac{97}{181}$的分子和分母同减去同一个数，得到的新分数约分后是$\frac{2}{5}$，那么减去的数是多少？

【解】有三种方法。

（1）根据倍数特点，采用试算的方法来解答。根据题意，新分母应是 5 的倍数，新分子应是 2 的倍数，根据 5 的倍数的个位数字只能是 5 或 0，2 的倍数只能是偶数，所以，分母可减去的数有 1、6、11、16、21、26、…、91、96，分子可减去的数只能是小于 97 的奇数。综上考虑，分子、分母可以减去的同一个数只能是小于 97 的个位数是 1 的 10 个数。经试验，分子、分母同减去 41，即$\frac{97-41}{181-41}=\frac{56}{140}=\frac{2}{5}$，而分子、分母同减去其他的 9 个数，都不合题意。所以减去的同一个数应是 41。

（2）采用倍比的方法来解答。根据原分数分子、分母减去同一个数后，得到的新分数约分后是$\frac{2}{5}$，可将新分数分子看作 2 份，那新分数分母就应看作 5 份，其差就是 3 份。而新分数分子、分母的差等于原分数分子、分母的差，即 $181-97=84$，那 1 份就是 $84\div3=28$，2 份就是 $28\times2=56$，5 份就是 $28\times5=140$，新分数应是$\frac{56}{140}$，所以减去的同一个数应是 $181-140=41$ 或 $97-56=41$。

（3）根据分数基本性质，采用倒过来试算的方法来解答。根据原分数分子、分母减去同一个数后，得到的新分数约分后是$\frac{2}{5}$，可知新分数可能为$\frac{4}{10}$、$\frac{6}{15}$、$\frac{8}{20}$、$\frac{10}{25}$、…、$\frac{56}{140}$、$\frac{58}{145}$、…、$\frac{72}{180}$等 35 个分数，经试验，这 35 个分数中，只有一个分数$\frac{56}{140}$分子、分母的差等于原分数分子、分母的差，所以新分数应是$\frac{56}{140}$，减去的同一个数应是 $181-140=41$ 或 $97-56=41$。

例 6 用同一个分数分别去除三个分数：$\frac{14}{27}$，$\frac{7}{18}$，$\frac{35}{36}$，所得的商恰好都是整数，这个分数最大是多少？

【分析】 解答此题，可以这样来思考：因为除以一个分数等于乘这个分数的倒数，所以我们可将此题转化为乘法，然后再进行分析。

【解】 设这个分数是$\frac{b}{a}$，则有$\frac{14}{27}\div\frac{b}{a}=\frac{14}{27}\times\frac{a}{b}$，$\frac{7}{18}\div\frac{b}{a}=\frac{7}{18}\times\frac{a}{b}$，$\frac{35}{36}\div\frac{b}{a}=\frac{35}{36}\times\frac{a}{b}$，观察上面三个式子可知，$b$ 是 14、7、35 的公约数，a 是 27、18、36 的公倍数。又因为这个分数要求最大，所以 b 应是 14、7、35 的最大公约数，a 应是 27、18、36 的最小公倍数。即 $a=[27,18,36]=108$，$b=(14,7,35)=7$。所以这个分数最大是$\frac{7}{108}$。

例 7 在下面"□"内填上各自合适的整数。

$$5.2<\frac{\square}{5}<5.6<\frac{\square}{100}<5.62<\frac{17}{\square}$$

【分析】 解答此题，先将三个未知分数用$\frac{a}{5}$、$\frac{b}{100}$和$\frac{17}{c}$来表示，考虑到本题实际包含了三组大小比较，我们可以把题目分解成 $5.2<\frac{a}{5}<5.6$，$5.6<\frac{b}{100}<5.62$ 和 $5.62<\frac{17}{c}$ 三个问题，然后再将每组中的各数分别化成分母相同或分子相同的分数或将三个求分数的问题转化成除法来探究，都可以把"□"内的数求出来。

【解】 对于第一组不等式，可化成$\frac{52}{10}<\frac{2a}{10}<\frac{56}{10}$，得 $26<a<28$，所以 $a=27$；对于第二组不等式，可化成$\frac{560}{100}<\frac{b}{100}<\frac{562}{100}$，得 $560<b<562$，所以 $b=561$；对于第三组不等式，由 $5.62<\frac{17}{c}$，$c<17\div5.62\approx3$。

综上可知，三个"□"内应填的整数分别是 27，561 和 3。

例 8 已知$\frac{a}{2}$，$\frac{b}{3}$，$\frac{c}{4}$是三个最简真分数，如果把每个分数的分子同时加上 a，而分母保持不变，所得三个新分数之和是 $2\frac{1}{6}$。求这三个最简真分数。

【解】 根据$\frac{a}{2}$是最简真分数，可知 $a=1$；则有：$\frac{b+1}{3}+\frac{c+1}{4}=2\frac{1}{6}-1$。又根据$\frac{b}{3}$、$\frac{c}{4}$也是最简真分数，可知 b 只能是 1 或 2，c 只能是 1 或 3，那$\frac{b}{3}+\frac{c}{4}=2\frac{1}{6}-1-\frac{1}{3}-\frac{1}{4}=\frac{7}{12}$，即$\frac{4b}{12}+\frac{3c}{12}=\frac{7}{12}$，$4b+3c=7$。由此可得，$b=1$，$c=1$。所以这三个最简真分数分别是$\frac{1}{2}$，$\frac{1}{3}$和$\frac{1}{4}$。

练习一

1. 王兰在计算有余数除法时，把被除数 137 错写成 173。这样的商比原来多 3，而余数正好相同。请你算出这道题的除数和余数各是多少。

2. 在做一道加法题时，一个学生把个位的一个 6 看成 9，把十位上的一个 8 看作 3，结果和得 123。那么正确的得数应是多少？

3. 小明在计算一道减法时，把被减数个位上的 2 写成了 5，将减数十位上的 6 写成了 8，算得的结果是 65。正确的结果应该是多少？

4. 两个两位数的和是 92，小林计算这道题时，把一个加数个位上的“0”丢掉了，结果算出来的和是 47。这两个加数各是多少？

5. 甲、乙、丙三人做玩牌游戏，共有三张牌，牌上分别写着不同的自然数。洗牌后，分发给每人一张，按每人得的牌上自然数得分。像这样玩了三次，甲得了 13 分，乙、丙两人各得了 7 分。问三张牌上的自然数各是多少？

6. $3^{1001}\times7^{1002}\times9^{1003}$的尾数是几?

7. 某校学生总数是一个三位数,平均每个班 35 人。统计员提供的学生总数比实际人数少 270。原来,他在记录时粗心地将这个三位数的百位数字与十位数字对调了。那么这个学校学生最多有多少人?

8. 王老师家的电话号码是七位数,将前四位组成的数与后三位组成的数相加,得 9063;将前三位组成的数与后四位组成的数相加,得 2529。王老师家的电话号码是多少?

9. 张龙、赵虎、王方和马圆四个小朋友共有 45 个球,但不知道每个人各有几个球。如果变动一下,张龙的球减少 2 个,赵虎的球增加 2 个,王方的球数乘 2,马圆的球数除以 2,四个人的球数就一样多。求原来每个人各有几个球。

10. 比赛用的足球是由黑、白两色皮缝制的,其中黑色皮为正五边形,白色皮为正六边形,并且黑色正五边形与白色正六边形的边长相等。缝制的方法是:每块黑色皮的 5 条边分别与 5 块白色皮的边缝在一起;每块白色皮的 6 条边中,有 3 条边与黑色皮的边缝在一起,另 3 条边则与其他白色皮的边缝在一起。如果一个足球表面上共有 12 块黑色正五边形皮,那么这个足球应有白色正六边形多少块?

11. 读一本儿童故事书，如果每天读 45 页，第 16 天看完；如果每天读 54 页，第 14 天看完。这本儿童故事书最多有多少页？最少有多少页？

12. 小明在超市帮妈妈买回一袋纸杯，他把纸杯整齐地叠放在一起，如图所示。请你根据图中 9 cm 及 14 cm 的信息，若小明把 100 个杯子放在一起时，它的高度应是多少厘米？

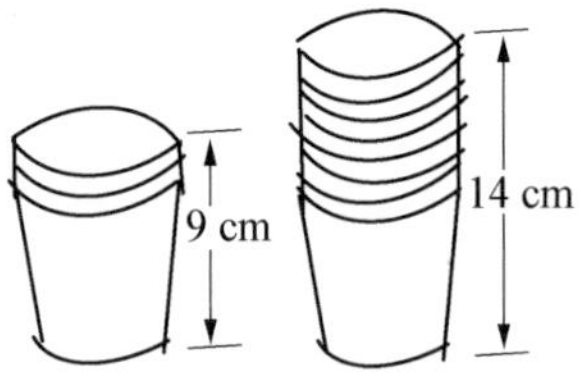

13. 有甲、乙、丙三个油桶，各盛油若干千克。先将甲桶的油倒入乙、丙两桶，使各桶增加原有油量的一倍，再将乙桶的油倒入丙、甲两桶，使它们现在有的油量各增加一倍，最后同样将丙桶的油倒入甲、乙两桶，这样各桶的油都是 16 千克。问各桶原来各盛油多少千克？

14. 已知 A,B,C,D 和 $A+C,B+C,B+D,D+A$ 分别表示 1 至 8 这八个自然数，且互不相等。如果 A 是 A,B,C,D 这四个数中最大的一个数，那么 A 是几？

15. 下面四道题中的 $\square$ 里是同一个数，想一想填什么数，才能使 a、b、c、d 的总和是 100。

$\square+\square=a$　　$\square-\square=b$　　$\square\times\square=c$　　$\square\div\square=d$

16. 老师在黑板上写了 7 个自然数，让乐乐计算它们的平均数(结果保留两位小数)。乐乐的计算结果是 14.73，老师说：“除最后一位数字外，其他都对了。”问：正确的得数应该是多少？

17. 养老院有 13 位老人，小芳计算了这些老人的平均年龄(结果保留两位小数)，结果是 62.45 岁。后来经过检验，发现前三个数字都是对的，只有最后一个数字错了。请问：这些老人的平均年龄应该是多少岁？

18. 哥哥有钱 60 多元，弟弟有钱 40 多元，哥哥比弟弟最多多多少钱？最少多多少钱？

19. 一个最简分数，如果把它的分子扩大 2 倍，分母缩小为$\frac{1}{2}$后，就得到 $3\frac{1}{3}$。这个最简分数是多少？如果把这个最简分数的分子增加 5，要使分数的大小不变，它的分母应该增加多少？

20. 一个最简分数的分子与分母之和为 86，如果分子与分母都减去 9，得到的新分数约分后为$\frac{8}{9}$，求原分数。

21. $\frac{a}{3}$，$\frac{b}{4}$，$\frac{c}{6}$是三个真分数，如果把每个分数的分子同时加上 c，而分母保持不变，所得的三个新分数之和是 6，求这三个最简真分数。

22. 一个最简真分数分子与分母的差是 5，若分子减少 4、分母加上 1，化简后为$\frac{1}{3}$。求原来真分数是多少。

23. 致远学校篮球队在上半赛季的比赛中赢了 50％的场次，在下半赛季的比赛中赢了 65％的场次。如果下半赛季的比赛场次是上半赛季的 2 倍，那么在整个比赛中，致远学校篮球队所赢场次的百分率是多少？

24. 黑板上写着从 1 开始的若干连续自然数，擦去其中的一个后其余各数的平均数是 $35\frac{7}{17}$，擦去的数是多少？

2

第二讲

填数问题

填数问题是小学数学中一种关于数的规律的基本问题。一般来说，小学数学中的填数问题可以分为两大类，一类是找规律填数的问题，另一类是按要求填数的问题。

一、找规律填数

找规律填数的问题又可分为单进式、奇偶式、组团式等几种类型。解答此类问题的关键是找规律，找到了规律，问题就容易解决了。找规律要根据不同类型问题的特点，循序渐进探寻数列之间的结构特点和规律。通过多看多练多想，逐步掌握找规律的方法，熟悉找规律的技巧。

（一）单进式填数

所谓单进式填数问题，就是给定几个按固定规律形成的数，再让你按照这一规律，续写几个符合条件的数。给定的几个数的特点，一般是从第二个数起，后一个数是由前一个数加、减、乘或除以一个固定的数而成的，这是最简单的一种。比较复杂的，是从第二个数起，后一个数是由前一个数乘方而成的，或是由前一个数加、减、乘或除以一个不固定的但有规律的数而成的。更为复杂的，则是从第二个数起，后一个数是由前一个数经过两次以上运算甚至还要在运算中联系序数才形成的。

例 找出下列各数列的规律，在括号里填上合适的数。

(1) 0,3,8,15,24,(　　),(　　),(　　);

(2) 1,6,13,22,33,(　　),61,(　　);

(3) 1,6,31,156,(　　),(　　);

(4) 1,3,8,21,55,(　　),(　　);

(5) 1,9,33,105,321,(　　),(　　);

(6) $\frac{3}{4}$,1,$1\frac{1}{10}$,$1\frac{2}{13}$,$1\frac{3}{16}$,(　　),(　　)。

【析解】(1) 前五个数是递增的，但找不到是加一个数或是乘一个数得到的，看来乘方也不可能，而当每个数加 1 后，分别是 1,4,9,16,25，可见它们分别是所在位置序数的平方，由此就可知道其规律，即每个数都是其所在位置序数的平方与 1 的差，由此可得后面括号里应填的数分别是 35、48 和 63;解答此题,也可这样考虑:即由 3－0＝3,8－3＝5,15－8＝7,24－15＝9,可知下面应填的三个数依次比前一个数多 11,13,15,那这三个数应为 35、48 和 63。

(2) 前五个数和第七个数是递增的,但找不到是加一个数或是乘一个数得到的,看来乘方也不可能,而从第二数起,每个数都是前一个数加一个数得到的,但加的数虽不是固定的,但又是有规律的,即加的数分别是 5、7,9,11,按照这样的规律,第六个数是由第五个数加 13,为 46,第七个数是由第六个数加 15,即 61,那第八个数,则是由第七个数 61 加 17,即为 78。

(3) 前四个数是递增的,但找不到是加一个数或是乘一个数得到的,看来乘方也不可能,而从第二个数起,每个数都是前一个数乘 5 后加 1 得到的,由此可知,那后两个括号里应填的数分别是 781 和 3906。

(4) 前五个数是递增的,但找不到是加一个数或是乘一个数得到的,看来乘方也不可能,而从第三个数起,每个数都是前一个数乘 3 减去隔着的前一个数得到的。依此规律,那后两个括号里应填的数分别是 144 和 377。

(5) 前五个数是递增的,但找不到是加一个数或是乘一个数得到的,看来乘方也不可能,而从第二个数起,每个数都是前一个数与 2 的和乘 3 所得的积,如第四个数就是第三个数 33 加 2 的和 35 乘 3 的积,即 105。由此可知,那后两个括号里应填的数分别是 969 和 2913。

(6) 前五个数是递增的,但找不到是加一个数或是乘一个数得到的,看来乘方也不可能,而把其中的整数、带分数都化成假分数后,规律就可看出来了,即从第二个数起,每一个数都是前一个数的分子加 4、分母加 3 得来的,如第四个数,就是由第三个数 $1\frac{1}{10}=\frac{11}{10}$分子加 4、分母加 3 得来的,即$\frac{15}{13}=1\frac{2}{13}$。由此可知,那后两个括号里应填的数分别是 $1\frac{4}{19}$、$1\frac{5}{22}$。

(二) 奇偶式填数

所谓奇偶式填数问题,就是给定一些按照奇、偶位次有着不同规律的一些数,再让你按照这样不同的规律续写几个符合条件的数。多数情况下,奇、偶位次上的数的规律是没有联系的。其规律的特点和单进式是相近的,找规律的方法和途径也和前面叙述的一样,只要把奇、偶位次上的数分开来找,实在找不出来,再把奇、偶位次上的数联系起来找。

例 找规律填数:3,6,5,10,9,18,(　　),(　　),(　　),(　　)。

【析解】 观察前六个数,把奇、偶位次上的数分开来找,很难找到规律,把奇、偶位次上的数联系起来找,就可看出,偶位上的数是由前奇位上的数乘 2 得到,奇位上的数是由前偶位上的数减 1 得到,按照这样办就可求出后面括号里应填的数依次是 17、34、33、66。

（三）组团式填数

所谓组团式填数问题，就是给定三个以上有固定规律的数编成的几个组，再让你按照这一规律在以后数组中的空白处填上符合条件的数。解答这类问题，关键是要找出同一组内几个数之间的相互联系。一般来讲，同一组内的几个数，第一个是基数，其他数都与第一个数有联系，有的以后每个数与前面几个数都有联系。联系一般表现为数学运算，有时还和不同的数位上的数字相联系，需要细心观察。

例 1 找规律，填上空白处。

2	3	4	15	12
3	4	5	28	20
4	5	6	45	
5	6	7	66	42
6	7	8		56

【析解】 横向看，每行五个数为一组，共有五组。每组前三个数是连续自然数；纵向看，前三列数也是连续自然数，纵横交叉最小一个数是 2，其中横行一、二、四三组数是完整出现的，需要填的只有第三组第五个数和第五组第四个数。通过观察横行完整的三组数，可知第五个数是第二、三两个数的乘积，第四个数是第一、二两个数的和与第二个数的乘积，由此可得，第三行空白处应填的数是 5 和 6 的乘积 30，第五行的空白处应填的数是 6 与 7 的和 13 与 7 的乘积 91。

例 2 填在下面 4 个方格里的数有相同的规律，找出这一规律后，推出 A、B、C 等于多少。

1	2		2	3		3	4		5	A
4	8		9	54		16	192		B	C

【析解】 此题要通过观察，找出前三组数中四个数的相互关系，即第二个数是第一个数与 1 的和，第三个数是第二个数的平方，第四个数是前三个数的乘积，由此可得，第四方格中的 $A=5+1=6$，$B=6\times6=36$，$C=5\times6\times36=1080$。

二、按要求填数

按要求填数的问题，可分为算术式和表格式两种。解答此类问题的关键，是要掌握并灵活运用四则运算的法则。

（一）算术式填数

所谓算术式填数问题，就是根据要求，正确完成算式中的文字、字母及空格的数字的填写任务。算术式填数涉及加、减、乘、除，有竖式，也有横式，有的还需要填写符号的。

例 1 在下面□里填上合适的数。

(1)

```
          □□□
    9□ )□□□□
         □□
         ————
          □□□
          □□9
         ————
             0
```

(2)

```
      □□
    × □□
   ——————
     1□□
   □□1
   ——————
   □□1□
```

【析解】(1) 对于除法竖式，可采用由下向上推导，即依据除数是两位数，且十位数字是 9，最后余数是 0，可推得商的个位数字和除数的个位数字可以是 3 和 3 或 9 和 1。若是 3 和 3，则商的个位数字 3 与除数 93 的积是 279；依据第二次被除数的前两位数不够 93 除，推得商的十位数字是 0；依据商的百位数字与除数 93 的积是两位数，可以推得商的百位数字是 1，与除数 93 的积是 93，进而推得，整个被除数为 9579，则此题的第一个答案是 9579÷93＝103。

若是 9 和 1，因为商的个位数字为 1 时，它与除数 99 相乘的积不可能得到三位数，所以，9 是商的个位数字，1 是除数的个位数字；依据最后余数是 0，推得商个位数字与除数 91 的积是 819，即第三次被除数是 819；依据第二次被除数不够除数 91 除，推得商的十位数字是 0；依据除数是 91，与商百位数字的积是两位数，推得商的百位数字是 1，与除数 91 的积是 91，进而推得，整个被除数是 9919。由此可得，此题的第二个答案是 9919÷91＝109。

(2) 对于乘法竖式，根据乘法运算法则，可知乘数个位数字与被乘数十位数字相乘的积是 10，那乘数个位数字与被乘数十位数字只能是 2 或 5，又因为乘数个位数字与被乘数个位数字相乘的积是一位数，再根据乘数的十位数字与被乘数个位数字相乘积的末位是 1，以及表内乘法得数个位是 1 的只有“九九八十一”和“三七二十一”，所以乘数的个位数字只能是 2，被乘数的十位数字是 5，被乘数的个位数字是 3，乘法的十位数字是 7，由此可得，此乘法算式是 53×72＝3816。

例 2 下面的各个竖式中，不同的文字和字母代表不同的数字，相同的文字和字母代表相同的数字，请把文字和字母换成数字，使式子成立。

```
          科 学
       爱 科 学
    我 爱 科 学
 + 我 们 爱 科 学
 ————————————————
   2  0  0  0  0
```

```
    A B C D E F
  + A B C D E F
  ——————————————
    J E G H B A
```

```
   儿 童 俱 乐 部
 ×             儿
 ————————————————
 部 部 部 部 部 部
```

【分析】解答上面三题，首先要明确填数的要求，即不同的文字和字母代表不同的数字，相同的文字和字母代表相同的数字，要求把文字和字母换成数字，并符合运算法则。前面两式是加法竖式，第三式是乘法竖式。

【解】第一式的加法有四个加数，每个加数的个位和十位数字都分别相同，且和的个位都是0，由此可以推出，个位上的“学”可以是0或5，若“学”是0，那十位上的“科”只能是5；若“学”是5，那十位上的“科”只能是2。由此就容易推导出“爱”是6或3，“们”是7或8，“我”是1。因此答案有两个，即：

50＋650＋1650＋17650＝20000和25＋325＋1325＋18325＝20000。

【解】第二式加法是两个相同的六位数相加，其和仍是六位数，且个位上的和等于首位数字，十位上的和等于第二个数字，和的第二位数又等于加数的十位数字，据此可以推定，E、F小于5，C大于5。

再通过试算，此题可有下面两个答案：

267431＋267431＝534862和468532＋468532＝937064。

【解】第三式是乘法，即五位数乘一位数，积是六位数，这里有几个相同的数字，即积的各位数字都与五位数因数的个位数字相同，一位数因数与五位数因数的首位数字相同，根据表内乘法口诀可知，积的各位数字与五位数因数的个位数字相同的情况只有两种，即两个因数与积的个位数字都是1或积的各位数字与五位数因数的个位数字都是5，而一位数因数只能是奇数。

根据五位数乘一位数积是六位数，可见第一种情况不可能，那只有第二种情况可能存在，即积的六个数字和五位数因数的个位数字都是5，再根据一位数因数与五位数因数的首位数字相同且相乘的积是两位数，积的十位数字又是5，这个数又必须是奇数，可见，这个数只能是7，由此五位数的因数即可求出，所求的乘法算式是79365×7＝555555。

（二）表格式填数问题

所谓表格式填数问题，就是按照要求，正确完成表格中数字的填写任务。表格式填数问题，一般有五格、七格、九格和十一格等。解答表格式填数问题，关键是要找出各个不同格子中的数重复计算的次数，然后找出重复计算次数最多的格子中所能允许填数的各种情况，从而找出其余格子中可能填的数。这里特别要关注中心格子中数的填写。

例1 把5、6、7、8、9五个数分别填在右面五个格子中，使横、竖三个格子中填的数的和相等。

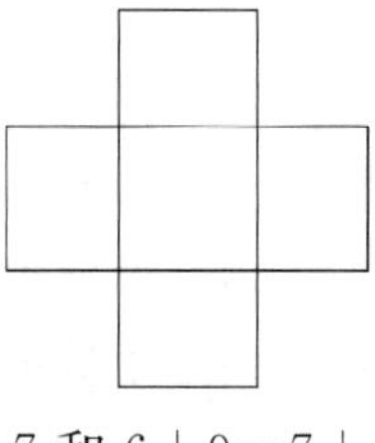

【分析】此题要求所填的五个数，使横、竖三个格子中填的数的和相等，则中间填的数重复计算过两次，因此，剩下的四个数，两两相加，和必须相等。

【解】在这五个数中，和相等的两组数分别有5＋9＝6＋8，5＋8＝6＋7和6＋9＝7＋8。根据这三个等式，可知相应的三个答案的中间格子中应填的数分别为7，9和5。

由此可得，此题的答案有三个，即：

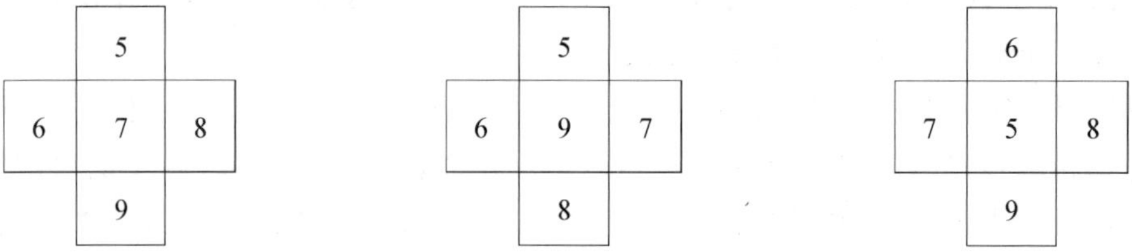

例 2 把 10、20、30、40、50、60、70 七个数分别填在小圆圈里，使每条直线上与每个圆周上的三个数的和都相等。

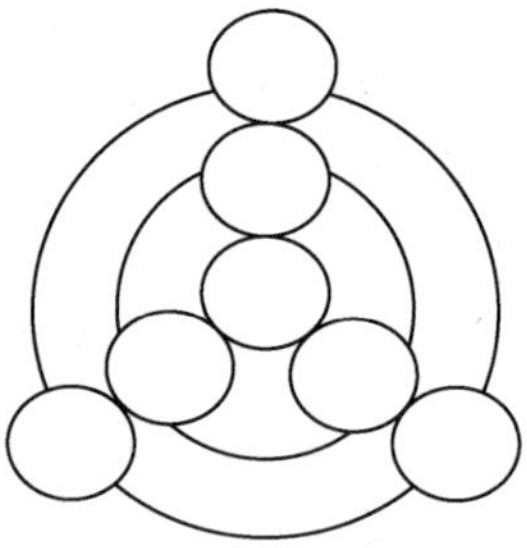

【分析】此题要求七个数分别填在小圆圈里，每条直线上与每个圆周上三个数的和都相等，只有中间小圆圈里填的数重复计算过三次，其余的六个数只重复计算过两次，因此，重复计算过两次的六个数必须是和相等的三组数。

【解】据题意可以推得，符合条件的六个数有三种可能，即：

10＋70＝20＋60＝30＋50，20＋70＝30＋60＝40＋50，

10＋60＝20＋50＝30＋40。

这三个相等的和则分别是 120，100 和 140，相对应的，中间小圆圈里应填的数则分别是 40、10 和 70。

再看这三个等式中的六个数能否找出三个数使其和分别等于 120，100 和 140，观察结果，只有第一组三个等式各抽出一个数，和分别等于 120，即 10＋50＋60＝70＋20＋30＝120，其余两组都不符合要求。由此可以得出，此题只有一个答案，见右面。

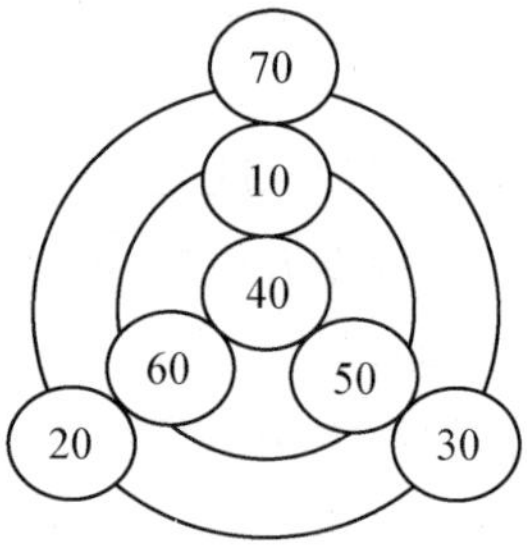

例 3 把 1、2、3、4、5、6、7、8、9 分别填在小方格里，使每行、每列三个数的和相等。你有哪几种填法？

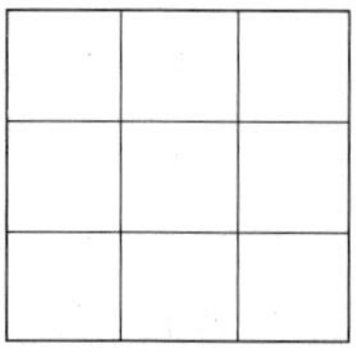

【分析】此题要求将 1、2、3、4、5、6、7、8、9 九个数分别填在小方格里，使每行、每列三个数的和都相等，那三行三列的数可以组成六个连加算式，且九个数要在这连加算式中各出现两次，据此可算出每行每列三个数的和，然后再对这 9 个数进行分组。

【解】据题意，每行每列三个数的和是：

(1＋2＋3＋4＋5＋6＋7＋8＋9)×2÷6＝45×2÷6＝15。

然后，再从九个数中排出和为 15 的不重复的三个数的数组来，即：1、5、9，1、6、8，2、4、9，2、5、8，2、6、7，3、4、8，3、5、7，4、5、6 共八组。

这八组数中，九个数都出现过两次以上。因此 可以将出现过两次的其中一个数填在中心格里，然后，再将含有这个数的数组的其他数填在与中心格同行或同列的方格中，再根据三个数的和等于 15 的要求，将九个数的其余四个数填在相应的方格里，就可得到符合要求的答案来。如将 1 填在中心格里，再将与 1 同在一数组中的其他两个数 5、

3	5	7
8	1	6
4	9	2

9和6、8填在与中心格同行和同列的另外两格中，然后，再将九个数中的其余四个数填在相应的方格里，使其满足每行、每列三个数的和都要等于15的要求，由此就可得到此题的一个答案，见上面九公格中。

依照上面的方法分别将2、3、4、5、6、7、8、9八个数填在中心格里，其他数填在相应的格子里，就可得出此题的其他八个答案来。即：

5	7	3
9	2	4
1	6	8

9	5	1
4	3	8
2	7	6

5	3	7
9	4	2
1	8	6

6	1	8
7	5	3
2	9	4

5	1	9
7	6	2
3	8	4

4	2	9
3	7	5
8	6	1

9	1	5
4	8	3
2	6	7

6	1	8
2	9	4
7	5	3

例4 有容积分别为8升、5升和3升的瓶子各一只，其中8升瓶子盛满了水，请你通过七次操作，得到两个瓶子里的水都是4升，并把你操作的过程填在下面的表格里。

【分析】解答此题，要细致分析已知条件及题目的目标和要求，此题的已知条件是有容积分别为8升、5升和3升的瓶子各一只，其中8升瓶子盛满了水，题目的目标是要将8升水均等倒进两个瓶子里，即每个瓶子盛4升水，要求操作七次。再根据三个瓶子的容积，因此，最后各盛4升水的瓶子只能是①号瓶和②号瓶。再根据6－2＝4和5－1＝4，通过试操作，即可得到上面的答案。

【解】如下表。

操作过程	①瓶(8升)	②瓶(5升)	③瓶(3升)
①→②	3升	5升	0
②→③	3升	2升	3升
③→①	6升	2升	0升
②→③	6升	0升	2升
①→②	1升	5升	2升
②→③	1升	4升	3升
③→①	4升	4升	0升

在小学数学中，还有一类与填数相类似的问题，那就是填图问题。顾名思义，填图问题与填数问题所不同的，就是填的对象是图形，而不是数。填图也有找规律填图和按要求填图两大类。无论哪一类，解答填图问题，都要在理解题意的基础上，认真分辨图形的差异，包括图形的构成、每个结构的形状和颜色等，从而准确地找出答案来。

练习二

1. 找规律，在下面括号里填上合适的数。
   (1) 1，4，13，40，121，(　　)，(　　)，(　　)；
   (2) 2，9，44，219，1094，(　　)，(　　)，(　　)；
   (3) 2，5，10，17，26，(　　)，(　　)，(　　)；
   (4) 1，3，7，15，(　　)，(　　)，(　　)；
   (5) 1，5，13，25，41，(　　)，(　　)，(　　)；
   (6) 1，2，9，38，161，(　　)，(　　)，(　　)；
   (7) 1，1，2，4，3，9，4，16，(　　)，25，6，(　　)；
   (8) 2，3，5，7，11，15，(　　)，(　　)，(　　)，63；
   (9) 1，2，2，4，8，32，(　　)，(　　)，(　　)；
   (10) 15，16，13，19，11，22，(　　)，25，7，(　　)；
   (11) 1，$1\frac{2}{7}$，$1\frac{2}{3}$，2.2，(　　)，(　　)，(　　)；
   (12) $\frac{1}{2}$，$\frac{3}{4}$，$1\frac{1}{8}$，$1\frac{11}{16}$，(　　)，(　　)，(　　)；
   (13) 1，2，4，5，10，11，(　　)，(　　)，(　　)，(　　)。
2. 有一列数：2、9、8、2、6、2、2、4、……从第三个数起，每个数都是它前面两个数的积的个位数字，这一列数的第 99 个数是几？

3. 观察前三个方框内的数，按其规律求第四方框里 A、B 和 C 的值。

1	0
0	1

2	3
6	11

3	8
24	35

4	A
B	C

4. 观察各题中的变化规律，然后填上各题中所缺的数。

(1)

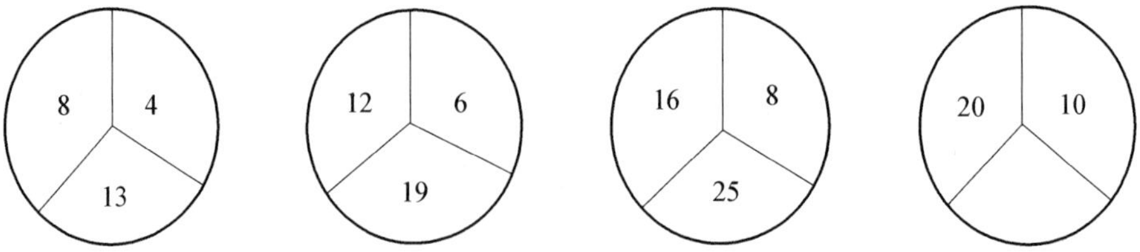

(2)

4	12
9	5

7	21
12	8

6	18
11	7

5	15
10	

5. 观察前三个方框内的数，按其规律求第四方框里 A、B 和 C 的值。

0	4	2	6	4	8	6	B
2	8	4	22	6	44	A	C

6. 找出规律，按规律将空白处的数填上。

(1)

6	14	22
13		31
20	30	40

(2)

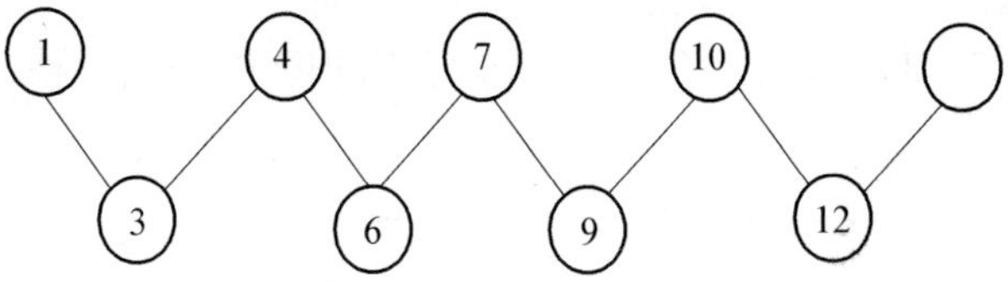

7. 下面图形中各有多少个三角形？有什么规律？按规律填写下表的空白处。

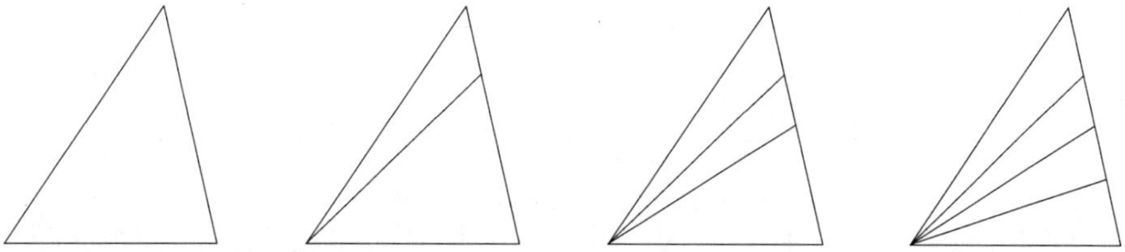

线段条数	0	1	2	3	4	5	6	7	…
三角形个数	1	3	6						…

8. 经过两个点可以画一条直线，经过三个点中任意两点最多可以画 3 条直线，经过 4 个点呢？5 个点呢？6 个点呢？你发现了什么规律？依规律填写下表。

点数	2	3	4	5	6	7	8	…
条数	1	3	6					…

9. 多边形的内角和与边数有关，三角形的内角和为 180 度，四边形内角和为 360 度，找出规律，填写下表。

边　数	3	4	5	6	7	…
内角和度数	180	360				…

10. 下面 A、B、C 三行是按不同规律排列的，那么，当 $A=32$ 时，$B+C=$？

A	2	4	6	8	10	…	32
B	1	5	9	13	17	…	
C	2	5	10	17	26	…	

11. 找出下面平面图形中点（个数）、域（个数）和线段（条数）的规律，求当平面图中有 199 个点时，域的个数和线段的条数是多少。

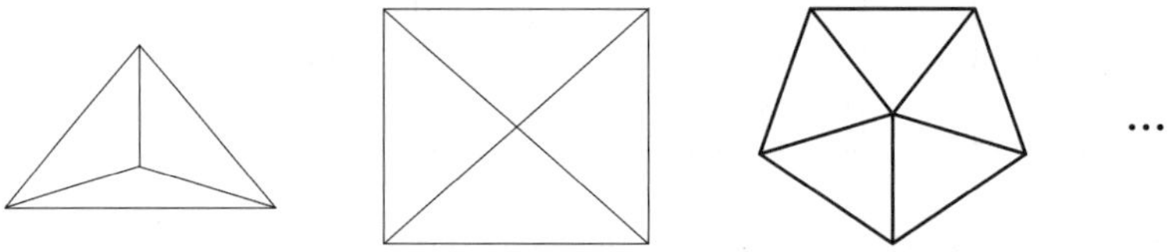

12. 根据下表的 8×8 方格盘中已填好的左下角 4×4 方格显现的规律，找出方格盘中 a 与 b 的数值，并计算其和。

			b				
10	14	19	25				
6	9	13	18				
3	5	8	12	a			
1	2	4	7				

13. 下表粗线框出的 9 个数的和是 207。在表中移动这个框，可以使每个框出的 9 个数的和各不相同。

(1) 任意框几次，看看每次框出的 9 个数的和与中间的数有什么关系？

(2) 如果框出的 9 个数的和是 225，那么应该怎么框？能框出和是 180 的 9 个数吗？为什么？

(3) 一共可以框出多少个不同的和？

1	2	3	4	5	6	7	8	9	10
11	12	13	14	15	16	17	18	19	20
21	22	23	24	25	26	27	28	29	30
31	32	33	34	35	36	37	38	39	40
41	42	43	44	45	46	47	48	49	50
51	52	53	54	55	56	57	58	59	60

14. 下面表格中每行字、字母或数字都是按照一定规律排列的。

数	学	好	玩	数	学	好	玩	数	学	好	玩	…
M	T	D	J	C	M	T	D	J	C	M	T	…
1	2	3	1	2	3	1	2	3	1	2	3	…

(1) 照这样排列下去，第 20 列表格中的字、字母和数字分别是(　　)、(　　)、(　　)。

(2) 第一列的字、字母和数字分别是数、M、1，第几列上的字、字母和数字与它一样？这里面有规律吗？请用含有字母的式子将这个规律表示出来。

15. 观察规律。

从 2 开始，连续的偶数相加，它们的和的情况如下：

加数 n 的个数	和(s)
1	$2=1\times2$
2	$2+4=2\times3$
3	$2+4+6=12=3\times4$
4	$2+4+6+8=20=4\times5$
5	$2+4+6+8+10=30=5\times6$

(1) 当 $n=6$ 时，和为________。

(2) 从 2 开始，n 个连续的偶数相加，它们的和 s 与 n 之间的关系，用含有字母的式子表示出来是________。

(3) 应用上述公式计算：$2+4+6+\cdots+200=$________。

(4) 应用上述公式计算：$202+204+206++208+\cdots+300=$________。

16. 找出下面等式的规律，并按规律再写出三个等式来。

(1) $4\frac{1}{2}\div3=4\frac{1}{2}-3$，$5\frac{1}{3}\div4=5\frac{1}{3}-4$，$6\frac{1}{4}\div5=6\frac{1}{4}-5$，……

(2) $\frac{25}{6}\div\frac{5}{2}=\frac{25}{6}-\frac{5}{2}$，$\frac{49}{12}\div\frac{7}{4}=\frac{49}{12}-\frac{7}{4}$，……

17. 观察下面三个乘法算式，找出其规律，并依照规律，写出 3333333×3333334 的得数来。

3×4=12，33×34=1122，333×334=111222

18. 1+1，2+3，3+5，4+7，1+9，2+11，3+13，4+15，1+17，…那么，其中第多少个算式的结果是 1992？

19. 观察下面一列数的规律并填空：0，3，8，15，24，…则它的第 30 个数是多少？

20. 如图①是一块瓷砖的图案，用这种瓷砖来铺设地面，如果铺成一个 2×2 的正方形图案（如图②），其中完整的圆共有 5 个，如果铺成一个 3×3 的正方形图案（如图③），其中完整的圆共有 13 个，如果铺成一个 4×4 的正方形图案（如图④），其中完整的圆共有 25 个，若这样铺成一个 10×10 的正方形图案，则其中完整的圆共有多少个？$n\times n$ 个图形中完整的圆有多少个？

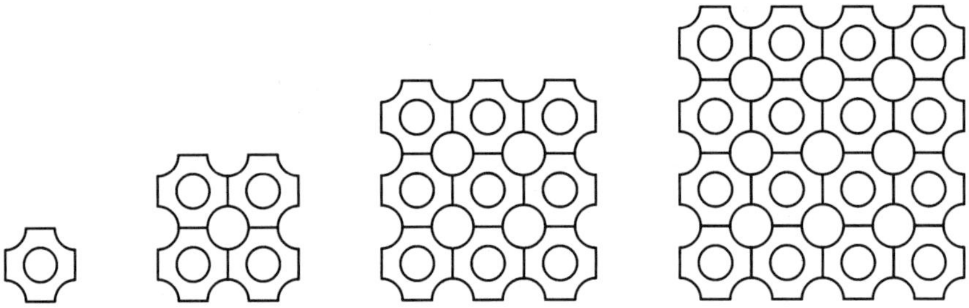

图①　图②　图③　图④

21. 如图所示，根据三个图所表示的规律，依此下去，第 n 个图中含多少个平行四边形？

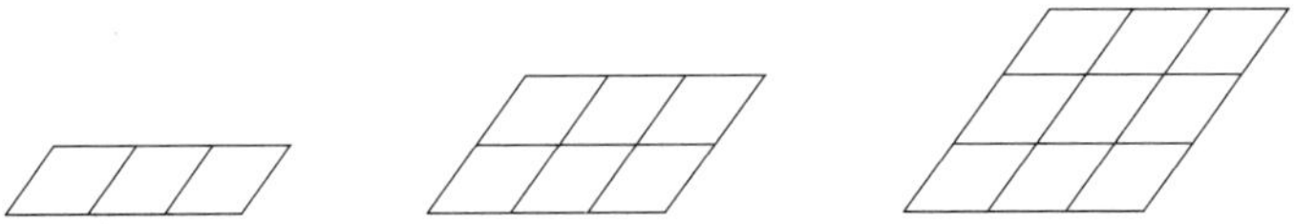

图①　图②　图③

22. 计算下面各题，并观察其计算结果，请用字母将其规律表示出来。

$1^3=1^2$

$1^3+2^3=(\quad)=(\quad)^2$

$1^3+2^3+3^3=(\quad)=(\quad)^2$

$1^3+2^3+3^3+4^3=(\quad)=(\quad)^2$

23. 先计算下面各题，找出其规律，并利用这一规律计算出 $1+2+3+\cdots+100+99+98+\cdots+3+2+1$ 的结果。

$1+2+1=$

$1+2+3+2+1=$

$1+2+3+4+3+2+1=$

24. $+$和$\times$是数学上两种截然不同的运算符号，但确实存在着一些奇妙的等式，两个数或几个数相加的和等于这两个数或几个数相乘的积。如：

$2+2=2\times2$，

$1+2+3=1\times2\times3$，

$1+1+2+4=1\times1\times2\times4$，

请你按上面的规律，写出含有 5 个、6 个和 7 个数字的三个等式来。

25. 右面的三角形数组是我国古代数学家杨辉发现的，称为“杨辉三角形”，请你仔细观察该三角形数组，回答以下问题：

1
1　1
1　2　1
1　3　3　1
1　4　6　4　1
1　5　10　a　5　1
…　……　…　……　…

(1) 根据该三角形数组构成的规律，a 所表示的数是几？

(2) 除第一行外，这个个数组的每一行的左起第二个数有什么规律？由此推测这个数组的第 2004 行的第二个数是多少？

(3) 这个数组每一行左起第三个数有什么规律？由此推测这个数组第 2004 行的第三个数是多少？

26. 分母为 2 的所有真分数的和是$\frac{1}{2}$;分母为 3 的所有真分数的和是$\frac{1}{3}+\frac{2}{3}=1$;分母为 4 的所有真分数的和是$\frac{1}{4}+\frac{2}{4}+\frac{3}{4}=\frac{3}{2}$;分母为 5 呢?请你认真思考填写下表。

分母	2	3	4	5	…	n
真分数的和	$\frac{1}{2}$	1	$\frac{3}{2}$	…		

分母是 90 的所有真分数的和是多少?

27. 将从 1 开始的自然数按右面的排列方式摆成一个三角形数阵,第八行最右边的数和第十行最左边的数各是多少?

1

2　3　4

5　6　7　8　9

10　11　12　13　14　15　16

…　…　…　…　…　…　…　…　…

28. 将 6 个灯泡排成一行,用○和●表示灯亮和灯不亮。下图是这一行灯的五种情况,分别表示五个数字:1、2、3、4、5。那么,○●●○●○表示的数是多少?

●●●●●○　1

●●●●○●　2

●●●●○○　3

●●●○●●　4

●●●○●○　5

29. 用一根长 96 厘米的绳子在地上摆正方形。

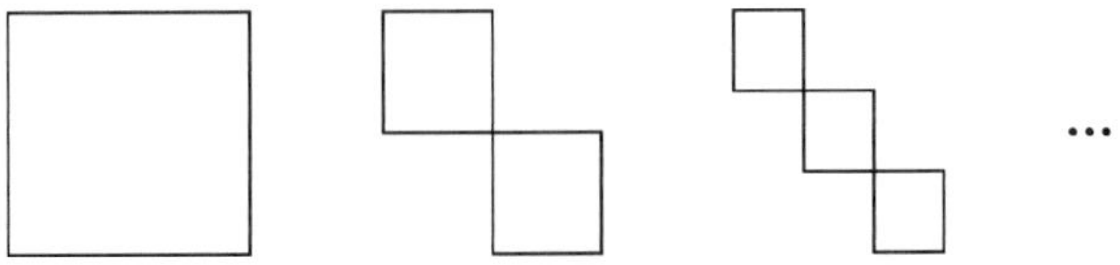

正方形个数	1	2	3	4
正方形边长/厘米	24			
顶点数	4			

当用这根绳子摆出 48 个正方形时，正方形的边长是多少厘米？当用这根绳子摆出 n 个正方形时，顶点数是多少？

30. 将整数 1，2，3，…，25 按如右图所示的方式排列。这样，第一次转弯的是 2，第二次转弯的是 3，第三次转弯是 5，第四次转弯是 7，第十六次转弯的是多少？

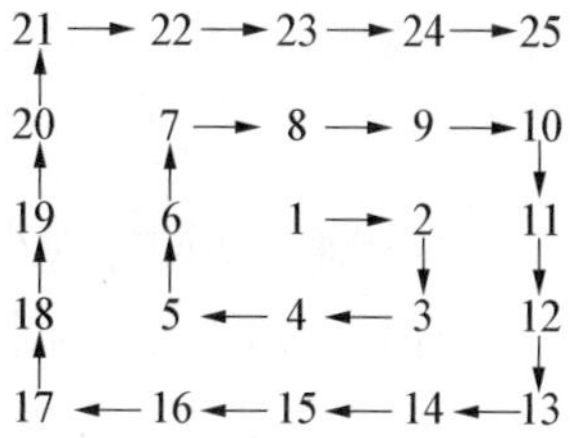

31. 将 1，2，3，4，5，…按一定规律排列如下：

第 1 行　1

第 2 行　2　3

第 3 行　4　5　6

第 4 行　7　8　9　10

第 5 行　11　12　13　14　15

问：第 20 行从左至右第 10 个数是多少？

32. 如下面右图，在正六边形 A 周围画出六个同样的正六边形（阴影部分），这六个正六边形叫作第一圈；在这六个正六边形外面，再画出 12 个正六边形叫作第二圈。

(1) 按这个方法继续画下去，第五圈有多少个与 A 相同的正六边形？

(2) 第 n 圈有多少个与 A 相同的正六边形？

(3) 当画完第 10 圈时，图中共有多少个与 A 相同的正六边形？（包括 A）

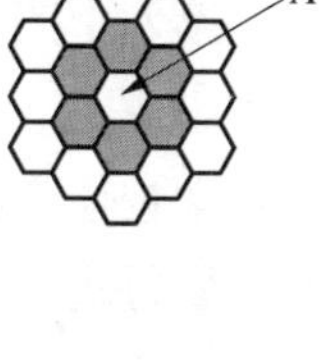

33. 如图，在 2×2 的方格中，画一条直线最多穿过 3 个方格；在 3×3 方格中，画一条直线最多穿过 5 个方格。

（1）请继续操作下去，直到找到其规律。

（2）在 2006×2006 方格中，画一条直线，最多能穿过多少个方格？

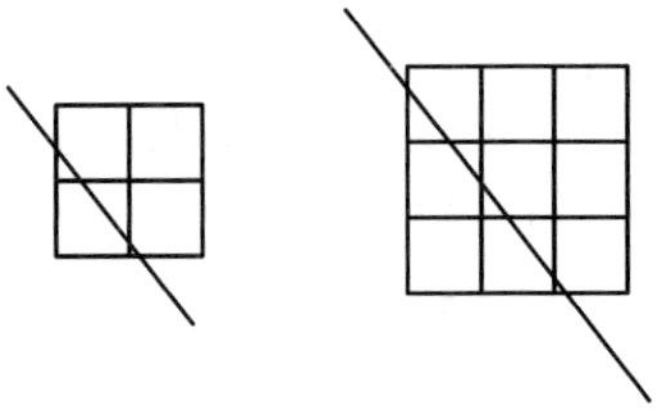

34. 小王将一些同样大小的正三角形纸片摆放在桌上，第一次放 1 张纸片；第二次在这个小正三角形纸片四周再放 3 张纸片；第三次在第二次摆好的图形四周再摆放纸片；……摆放要求是：每次摆放的每张纸片必须和上一次摆放的纸片至少有一边重合，且纸片之间除边之外，无重合（见下图）。第 20 次摆放后，该图形共用了小正三角形纸片多少张？

35. 观察下面图形的规律，再填空。

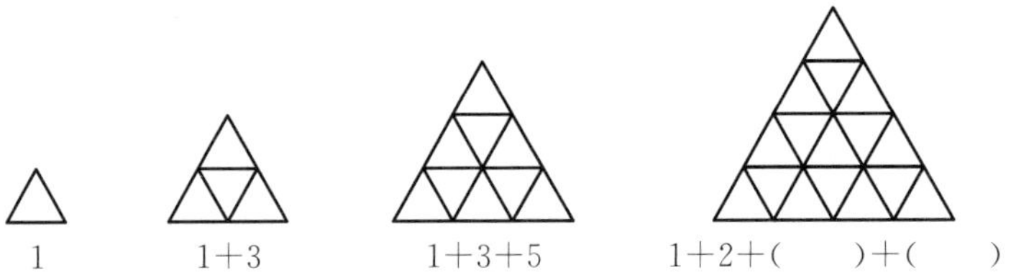

第六个图形一共有(　　)个小三角形组成，第 n 个图形一共由(　　)个小三角形组成。

36. 学校体育队的同学排成一个方阵表演“中国功夫”，最外一层的人数是 60，方阵最外一层每边有多少人？这个方阵一共有多少人？

37. 下面是一幢四层楼房的背面图，每层楼房有 3 个窗户，每个窗户有 4 块玻璃，每个窗户都有涂着颜色的玻璃，不同的涂法代表不同的数字，每层三个窗户表示一个三位数。请你找出规律，把下面四个三位数 275、463、918、625 分别填写在不同的括号里。

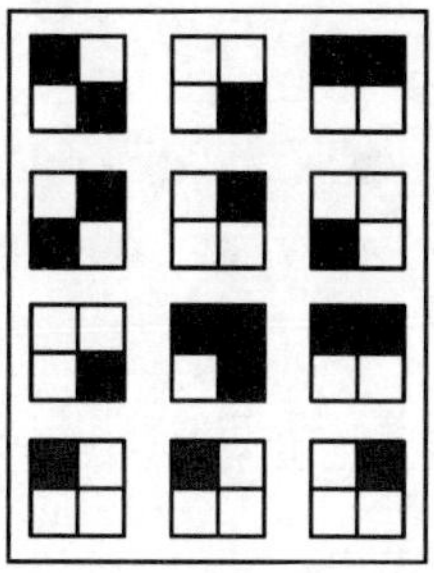

(　　　　)

(　　　　)

(　　　　)

(　　　　)

38. 下面各个竖式中，相同的字母代表相同的数字，不同的字母代表不同的数字，请把下面各个字母所代表的数字求出来。

$$\begin{array}{r} STVA \\ +\ VTST \\ \hline TTVTT \end{array} \qquad \begin{array}{r} ABAC \\ +\ BCBD \\ \hline DDADD \end{array} \qquad \begin{array}{r} ABC \\ -\ CBA \\ \hline 5A4 \end{array} \qquad \begin{array}{r} 732 \\ -\ AAA \\ \hline AA \end{array}$$

39. 下面各个乘法竖式中，相同的字母代表相同的数字，不同的字母代表不同的数字，请你把下面各个字母所代表的数字求出来。

$$\begin{array}{r} EFAE \\ \times\quad E \\ \hline ABCCC \end{array} \qquad \begin{array}{r} ABCAB \\ \times\quad E \\ \hline AAAAAA \end{array} \qquad \begin{array}{r} ABCDEF \\ \times\quad 3 \\ \hline BCDEFA \end{array} \qquad \begin{array}{r} ABCDEFGH \\ \times\quad H \\ \hline AAAAAAAAA \end{array}$$

40. 下面两个乘法式中，相同的汉字代表相同的数字，不同的汉字代表不同的数字，请你把每个汉字代表的数字求出来。

春夏×秋冬＝夏秋春冬　　　　春冬×秋夏＝春夏秋冬

41. 摆棋子，找规律。

第 9 个图有多少个棋子？第 20 个图有多少个棋子？

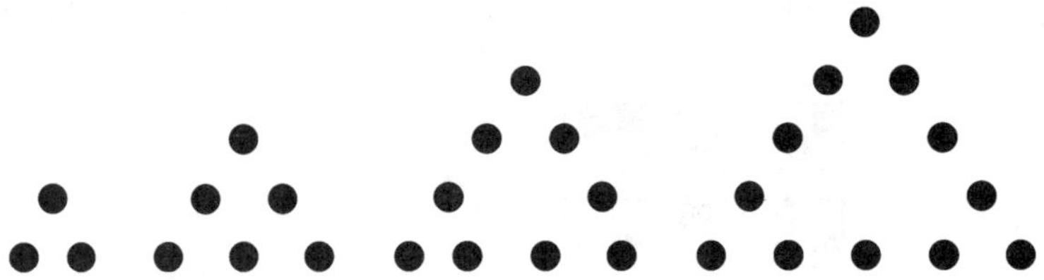

42. 在下图的○里填上合适的数，使每个方形上四个角上的数加起来和都等于 1。

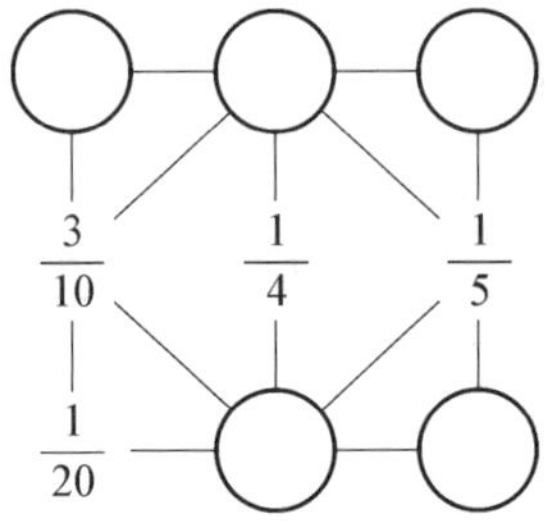

43. 把 1～9 九个数填入奥运会的会徽五环中的九个空白处，使每个圆内数字之和等于 13。

44. 在下式括号里填上不同的分母是 100 以内的分数单位，并使等式成立。

(　　)+(　　)+(　　)+(　　)+(　　)+(　　)+(　　)+(　　)+(　　)+(　　)=1。

45. 在下面各题竖式中的□填上合适的数，并确定原来被乘数和被除数中小数点的位置。

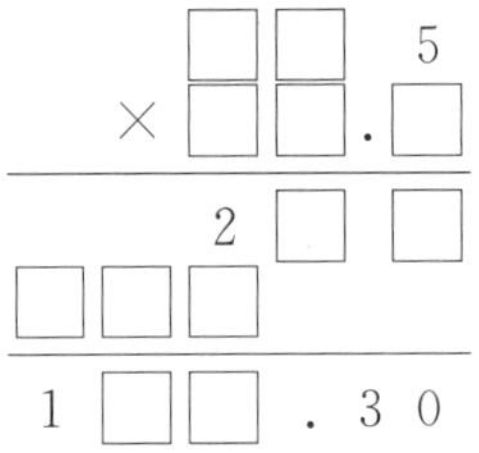

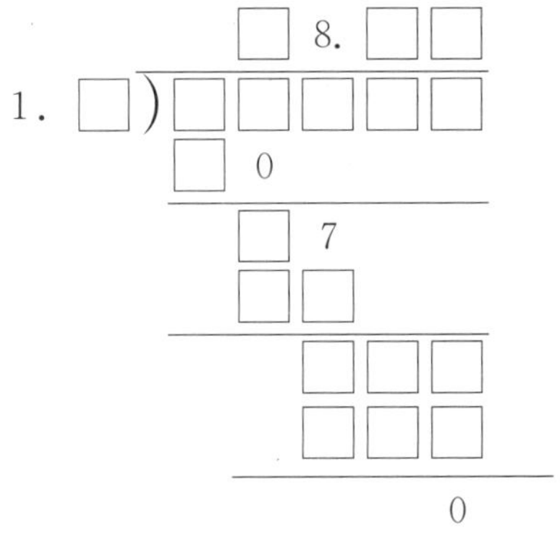

46. 一油篓有油 10 斤，另有两个空油瓶，大的能盛 7 斤，小的能盛 3 斤。如何把这 10 斤油平均分成两份放到两个容器里？

47. 桌子上有 21 只墨水瓶，其中：装满墨水的有 7 瓶，剩半瓶的有 7 瓶，余下的是空瓶。请你把这些分成三份（不能倒墨水），使每份的瓶数相等，且墨水的重量也相等。把分的结果填入下表。

	第一份	第二份	第三份
满瓶数			
半瓶数			
空瓶数			

48. 把$\frac{3}{4}$、$\frac{5}{6}$、$\frac{5}{7}$、$\frac{5}{4}$、$\frac{9}{8}$、$\frac{16}{15}$、$\frac{21}{16}$这七个数填入下边的圆圈里，使每条线上三个数的乘积都是 1。

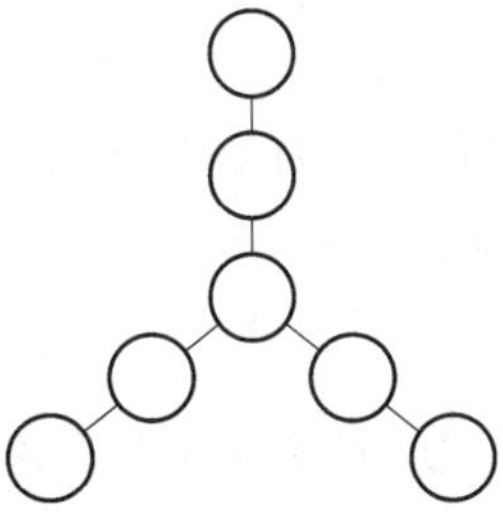

49. 找出下面各题中图形的规律，在空白处填图。

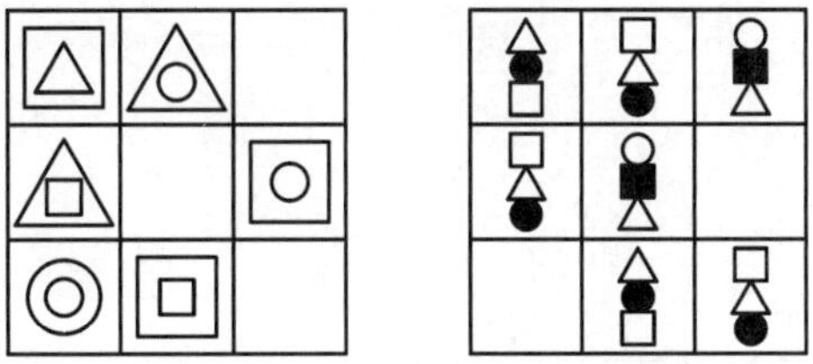

50. 刘叔叔的办公桌上有 5 个抽屉，他用图形设置了密码。前四个抽屉上的图形如下图，密码分别为 273，516，136，617，但不知道哪幅图对应哪个密码。

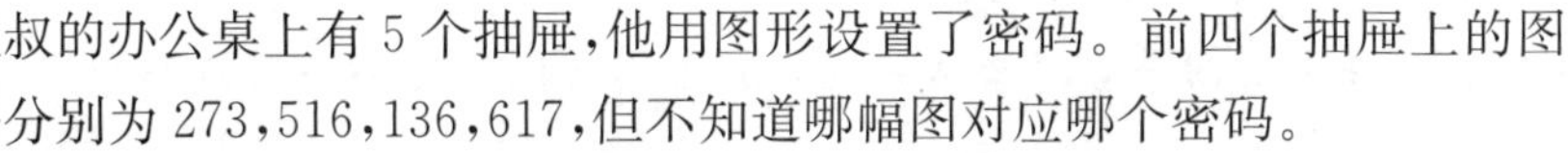

第五个抽屉上的是 132，你把这个抽屉上的图形画出来。

51. 仿下面解法求出 $1+3+3^2+3^3+\cdots+3^n$ 与 $1+a+a^2+a^3+\cdots+a^n$。

求 $1+2+2^2+2^3+\cdots+2^n$。

解：设 $1+2+2^2+2^3+\cdots+2^n=S$，两边同乘 2，得 $2+2^2+2^3+\cdots+2^{n+1}=2S$。

两式相减，$2S-S=2^{n+1}-1$，由此可得，$1+2+2^2+2^3+\cdots+2^n=2^{n+1}-1$。

3 第三讲

简便运算问题

小学数学四则运算，有一种特殊的问题，即简便计算问题。所谓简便计算问题，就是要求运用四则运算的定律、性质、公式以及重组、替换等方法，使复杂的计算变得简单。

一、利用四则运算的定律、性质进行简便计算

四则运算的定律主要有加法交换律、结合律，乘法交换律、结合律和分配律。四则运算的性质有多条，诸如一个数减去两个数的和（或差），等于这个数连续减去这两个数（或减去被减数，加上减数）；一个数除以两个数的积（或商）等于这个数连续除以这两个数（或除以被除数，乘除数）；一个数除两个数的和（或差），等于这个数分别除这两个数所得商的和（或差）等等。运用这些定律和性质，可以使一些复杂的计算变得简单。

例 运用四则运算的定律、性质简便计算下面各题。

(1) $1+2-3-4+5+6-7-8+9+10-\cdots+1993$

(2) $55555\times666667+44445\times666666-155555$

(3) $39\times\frac{148}{149}+148\times\frac{86}{149}+148\div\frac{149}{24}$

(4) $\left(0.37\times2400\times0.25+3\times8.75+28.25\div\frac{1}{3}\right)\div\frac{9}{11}$

(5) $\frac{17}{125}\div\left(\frac{4}{25}\div1\frac{2}{3}\right)-\left(\frac{3}{168}+\frac{7}{144}\right)\div\frac{1}{12}$

【分析】(1) 可考虑每四个数结合成一组，由 $1993\div4=498\cdots\cdots1$，可知分成 498 组余一个数。

从前面开始分组，分了 498 组后，还余 1993 这个数，又知每组数的计算结果都是一样的。

【解】 原式 $=1993-(3+4-1-2)\times498=1993-4\times498=1993-1992=1$。

注：此题也可以这样分组：把“1”放在一边，从“2”开始每四个数分在一组，正好可分为 $(1993-1)\div4=1992\div4=498$（组），每组的结果是 $2-3-4+5=0$，所以此式等于 $1+0\times498=1$。

【分析】(2) 通过观察，前两个乘式的数有着明显的联系，即两式第一个乘数的和为

100000,两式第二个乘数相差1,由此可找出简便计算的途径来。

【解】原式$=666666\times(55555+44445)+55555\times1-155555$

$=666666\times100000-100000$

$=100000\times(666666-1)$

$=100000\times666665$

$=66666500000$。

【分析】(3) 通过观察,三个乘除式有很多相同的数字,如两个分母、一个分子都是149,一个分子、一个因数和一个被除数都是148,那通过变换,即可找到公因数,简便途径也就找到了。

【解】原式$=39\times\frac{148}{149}+86\times\frac{148}{149}+24\times\frac{148}{149}=\frac{148}{149}\times(39+86+24)$

$=\frac{148}{149}\times149=148$。

【分析】(4) 通过观察,可知括号里三个乘除算式都可以变换成为含有公因数3的乘法算式,这样就可进行简便计算了。

【解】原式$=(37\times2\times3+8.75\times3+28.25\times3)\times\frac{11}{9}$

$=3\times(74+8.75+28.25)\times\frac{11}{9}=3\times3\times37\times\frac{11}{9}=37\times11=407$。

【分析】(5) 总体看,是两个式子相减,就前一个式子来看,是一个数除以两个数的商,若把括号里的除数$1\frac{2}{3}$变成假分数$\frac{5}{3}$,那括号里被除数和除数的分母和分子分别为25和5,与第一个数分母125有公因数,可以化简;再看后一个式子,是两个数的和除以一个数,这个式子中组成和的两个分数的分母与除数的分母有公因数,也可以化简。由此就可按照这样的思路通过变形,再利用除法的性质进行简便计算。

【解】原式$=\frac{17}{125}\div\frac{4}{25}\times\frac{5}{3}-\frac{3}{168}\times12-\frac{7}{144}\times12$

$=\frac{17}{125}\times\frac{25}{4}\times\frac{5}{3}-\frac{3}{14}-\frac{7}{12}$

$=\frac{17}{12}-\frac{3}{14}-\frac{7}{12}=\frac{17}{12}-\frac{7}{12}-\frac{3}{14}$

$=\frac{5}{6}-\frac{3}{14}=\frac{35}{42}-\frac{9}{42}=\frac{26}{42}=\frac{13}{21}$。

【小结】 观察是解答数学问题经常用到的一种最基本的方法。观察要细致、深入。上面例题结构,不是一下子就能看出能否运用四则运算定律和性质,而是要通过仔细观察结构特点,找出并利用共同点,进行变形,使其达到能使用四则运算定律和性质的程度。

二、利用公式进行简便计算

小学数学计算中可以引用的公式主要有平方差公式与和(差)平方公式,可以使计算得以简便。

例 简便计算下面各题。

(1) $1234567891^2-1234567890\times1234567892$

(2) $\underbrace{999\cdots99}_{2015\text{个}}\times\underbrace{999\cdots99}_{2015\text{个}}+1\ \underbrace{999\cdots99}_{2015\text{个}}$

【分析】(1) 通过观察,可知乘式中两个乘数分别是第一个平方底数与1的和与差,由此可以运用平方差公式使计算得以简便。

【解】 原式$=1234567891^2-(1234567891-1)\times(1234567891+1)$

$=1234567891^2-1234567891^2+1=1$。

【分析】(2)通过观察,可将加上的数改写成$\underbrace{999\cdots99}_{2015\text{个}}\times2+1$,这样就可利用和平方公式使计算得以简便。

【解】 法1:原式$=\underbrace{999\cdots99}_{2015\text{个}}{}^2+2\times\underbrace{999\cdots99}_{2015\text{个}}+1$

$=(\underbrace{999\cdots99}_{2015\text{个}}+1)^2$

$=\underbrace{1000\cdots00}_{2015\text{个}}{}^2=\underbrace{1000\cdots00}_{4030\text{个}}$。

此题也可这样简便,即:

法2:原式$=\underbrace{999\cdots99}_{2015\text{个}}{}^2+2\times\underbrace{999\cdots99}_{2015\text{个}}+1$

$=\underbrace{999\cdots99}_{2015\text{个}}\times(\underbrace{999\cdots99}_{2015\text{个}}+2)+1$

$=\underbrace{999\cdots99}_{2015\text{个}}\times1\underbrace{000\cdots00}_{2014\text{个}}1+1$

$=\underbrace{999\cdots99}_{4030\text{个}}+1=1\underbrace{000\cdots00}_{4030\text{个}}$。

法3:原式$=\underbrace{999\cdots99}_{2015\text{个}}\times\underbrace{999\cdots99}_{2015\text{个}}+\underbrace{999\cdots99}_{2015\text{个}}+1\underbrace{000\cdots00}_{2015\text{个}}$

$=\underbrace{999\cdots99}_{2015\text{个}}\times(\underbrace{999\cdots99}_{2015\text{个}}+1)+1\underbrace{000\cdots00}_{2015\text{个}}$

$=\underbrace{999\cdots99}_{2015\text{个}}\times1\underbrace{000\cdots00}_{2015\text{个}}+1\underbrace{000\cdots00}_{2015\text{个}}$

$=1\underbrace{000\cdots00}_{2015\text{个}}\times(\underbrace{999\cdots99}_{2015\text{个}}+1)=1\underbrace{000\cdots00}_{2015\text{个}}\times1\underbrace{000\cdots00}_{2015\text{个}}$

$=1\underbrace{000\cdots00}_{4030\text{个}}$。

三、运用重组、替换等方法进行简便计算

小学中还可以运用重组、替换等方法,恒等变换原来的式子,从而使计算变得简便。

例 简便计算下面各题。

(1) $41\frac{1}{3}\times\frac{3}{4}+51\frac{1}{4}\times\frac{4}{5}+61\frac{1}{5}\times\frac{5}{6}$

(2) $9\frac{3}{5}\div\left[3.2\times\left(1-\frac{3}{8}\right)+3\frac{2}{5}+1\div\frac{5}{21}\right]$

(3) $\left(\frac{321}{123}+\frac{345}{234}+\frac{432}{543}\right)\times\left(\frac{345}{234}+\frac{432}{543}+\frac{123}{321}\right)-\left(\frac{321}{123}+\frac{345}{234}+\frac{432}{543}+\frac{123}{321}\right)\times\left(\frac{345}{234}+\frac{432}{543}\right)$

(4) $\frac{1}{2}+\frac{5}{6}+\frac{11}{12}+\cdots+\frac{109}{110}$

(5) $1998\times\left(\frac{1}{11}-\frac{1}{2009}\right)+11\times\left(\frac{1}{1998}-\frac{1}{2009}\right)-2009\times\left(\frac{1}{11}+\frac{1}{1998}\right)+3$

【分析】(1) 将每个乘式中的带分数改写成一个整数加上一个假分数，就能使运算简便得多。

【解】原式$=\left(40+\frac{4}{3}\right)\times\frac{3}{4}+\left(50+\frac{5}{4}\right)\times\frac{4}{5}+\left(60+\frac{6}{5}\right)\times\frac{5}{6}$

$=40\times\frac{3}{4}+\frac{4}{3}\times\frac{3}{4}+50\times\frac{4}{5}+\frac{5}{4}\times\frac{4}{5}+60\times\frac{5}{6}+\frac{6}{5}\times\frac{5}{6}$

$=30+1+40+1+50+1=123$。

【分析】(2) 乍看也比较繁杂，因为被除数是一个数而除数是一个式子的除法不好进行简便运算，只有把被除数和除数位置对调后，方可考虑能否进行简便运算，因此，若把被除数与除数颠倒过来，计算就简便多了。

【解】原式$=\dfrac{1}{\left[3.2\times\left(1-\frac{3}{8}\right)+3\frac{2}{5}+1\div\frac{5}{21}\right]\div9\frac{3}{5}}$

$=\dfrac{1}{\left(\frac{16}{5}\times\frac{5}{8}+\frac{17}{5}+\frac{21}{5}\right)\times\frac{5}{48}}=\dfrac{1}{\frac{48}{5}\times\frac{5}{48}}=1$。

【分析】(3) 通过假设，用字母替换复杂的式子，计算起来就方便多了。

设$\frac{345}{234}+\frac{432}{543}=a$，$\frac{321}{123}=b$，则

【解】原式$=(a+b)\times\left(a+\frac{1}{b}\right)-\left(a+b+\frac{1}{b}\right)\times a$

$=a^2+ab+\frac{a}{b}+1-a^2-ab-\frac{a}{b}$

$=1$。

此题也可以采用其他假设的方法，同样可以解答出来，但上面这种假设计算起来最简便。

【分析】(4) 按常规方法计算相当麻烦，但通过转换，可以使计算变得简单。根据$\frac{1}{n(n+1)}=\frac{1}{n}-\frac{1}{n+1}$，可以将分数乘法转化为分数减法来做，就可以简化计算流程。具体

过程如下：

【解】原式$=\left(1-\frac{1}{2}\right)+\left(1-\frac{1}{6}\right)+\left(1-\frac{1}{12}\right)+\cdots+\left(1-\frac{1}{110}\right)$

$=1\times10-\left(\frac{1}{2}+\frac{1}{6}+\frac{1}{12}+\cdots+\frac{1}{110}\right)$

$=10-\left(\frac{1}{1\times2}+\frac{1}{2\times3}+\frac{1}{3\times4}+\cdots+\frac{1}{10\times11}\right)$

$=10-\left(1-\frac{1}{2}+\frac{1}{2}-\frac{1}{3}+\frac{1}{3}-\frac{1}{4}+\cdots+\frac{1}{10}-\frac{1}{11}\right)$

$=10-\left(1-\frac{1}{11}\right)=10-1+\frac{1}{11}=9\frac{1}{11}$。

有时此类题目分母分别是 3、5，5、7，7、9，…的积，这需要根据$\frac{1}{(2n-1)(2n+1)}=\frac{1}{2}\left(\frac{1}{2n-1}-\frac{1}{2n+1}\right)$来变换，解答起来更要细心。

【分析】(5) 观察可以发现题中的三个数有着一定的联系，即 11＋1998＝2009，据此可将此式重新分组，然后再运用乘法分配律就可简便地计算出来。

【解】原式$=1998\times\frac{1}{11}-1998\times\frac{1}{2009}+11\times\frac{1}{1998}-11\times\frac{1}{2009}-2009\times\frac{1}{11}-2009\times\frac{1}{1998}+3$

$=3-\frac{1}{11}\times(2009-1998)-\frac{1}{1998}\times(2009-11)-\frac{1}{2009}\times(1998+11)$

$=3-1-1-1=0$。

上面讲的三种方法是主要的常见的方法，这三种方法遇到比较复杂的问题，需要综合运用，灵活掌握。对于运算定律、性质和公式的应用，有时还需要反过来使用，要因题目的变化而变化。不管使用哪种方法，都要遵循从易到难的原则。

练习三

用简便方法计算下面各题。

1. $555\times9+111\times5$

2. $559+69\times999+510$

3. $1989\times1999-1988\times2000$

4. $200.2\times20.01-200.1\times19.99$

5. $1998\times19991999-1999\times19981998$

6. $172.4\times6.2+2724\times0.38$

7. $2005\times200620062006-2006\times200520052005$

8. $(12345678+23456781+34567812+45678123+56781234+67812345+78123456+81234567)\div66$

9. $1+3+5+\cdots+99$

10. $2+4+6+\cdots+100$

11. $(2006+2004+\cdots+4+2)-(1+3+\cdots+2003+2005)$

12. $48\times2.49+2.4\times50.2$

13. $9999\times1.26+3333\times6.22$

14. $7.7+7.97+7.997+\cdots+7.9999999997$

15. $38\times5\frac{3}{8}+3\frac{4}{5}\times36.25+19\div\frac{1}{2}$

16. $\frac{18}{29}\times0.625+\frac{5}{8}\times\frac{6}{29}+\frac{5}{29}\times0.625$

17. $\frac{7}{13}\times\frac{3}{5}+\frac{2}{13}\times1\frac{2}{5}$

18. $6.8\times\frac{8}{25}+0.32\times4.2-8\div25$

19. $\frac{7}{15}\times\frac{3}{8}+\frac{1}{15}\times\frac{7}{16}+\frac{1}{15}\times3\frac{1}{2}$

20. $54\frac{2}{5}\div17$

21. $\left(1+\frac{19}{99}\times1\right)+\left(1+\frac{19}{99}\times2\right)+\left(1+\frac{19}{99}\times3\right)+\cdots+\left(1+\frac{19}{99}\times10\right)$

22. $35.59+4.77-2.53\times3$

23. $2000-1+9\times111\times999$

24. 1001^2-2001

25. $56^2-55^2+54^2-53^2+\cdots+2^2-1^2$

26. $2016\frac{1}{2014}\times\frac{2014}{2015}$

27. $2018\times\frac{2016}{2017}$

28. $(2+1.23+2.34)\times(1.23+2.34+3.45)-(1.23+2.34)\times(2+1.23+2.34+3.45)$

29. $(0.1+0.12+0.123+0.1234)\times(0.12+0.123+0.1234+0.12345)-(0.1+0.12+0.123+0.1234+0.12345)\times(0.12+0.123+0.1234)$

30. $\left(1+\frac{1}{2}\right)\times\left(1-\frac{1}{2}\right)\times\left(1+\frac{1}{3}\right)\times\left(1-\frac{1}{3}\right)\times\cdots\times\left(1+\frac{1}{99}\right)\times\left(1-\frac{1}{99}\right)$

31. $\left(1-\frac{3}{2\times4}\right)\times\left(1-\frac{3}{3\times5}\right)\times\left(1-\frac{3}{4\times6}\right)\times\cdots\times\left(1-\frac{3}{9\times11}\right)$

32. $97\times\left(\frac{1}{79}-\frac{1}{176}\right)-176\times\left(\frac{1}{79}-\frac{1}{97}\right)-79\times\left(\frac{1}{176}-\frac{1}{97}\right)$

33. $\frac{362+548\times361}{362\times548-186}$

34. $\left(1\frac{5}{99}+3\frac{5}{33}+9\frac{5}{11}\right)\div\left(1\frac{1}{99}+3\frac{1}{33}+9\frac{1}{11}\right)$

35. $\frac{1}{2004\times2005}+\frac{1}{2005\times2006}+\frac{1}{2006\times2007}+\frac{1}{2007\times2008}+\frac{1}{2008\times2009}+\frac{1}{2009}$

36. $\frac{1}{5}+\frac{1}{10}+\frac{1}{20}+\frac{1}{40}+\cdots+\frac{1}{1280}$

37. $1\frac{2}{3}+2\frac{2}{15}+3\frac{2}{35}+4\frac{2}{63}+5\frac{2}{99}$

38. $\frac{1}{2\times5}+\frac{1}{5\times8}+\frac{1}{8\times11}+\cdots+\frac{1}{98\times101}$

39. $\frac{1}{3}+\frac{1}{6}+\frac{1}{12}+\frac{1}{24}+\cdots+\frac{1}{768}+\frac{1}{1536}$

40. $1\frac{1}{2}\times1\frac{1}{3}\times1\frac{1}{4}\times1\frac{1}{5}\times\cdots\times1\frac{1}{98}\times1\frac{1}{99}$

41. $3\frac{3}{5}\times25\frac{2}{5}+37.9\times6\frac{2}{5}$

42. $1\frac{2}{3}-\frac{7}{12}+\frac{9}{20}-\frac{11}{30}+\frac{13}{42}$

43. $3780\times99-(376.8\times295+3768\times70.5)\div1\frac{1}{99}$

44. $198\div198\frac{198}{199}+\frac{1}{200}$

45. $\frac{46}{73}\times67+69\times\frac{27}{73}$

46. $\frac{47}{73}\times67+69\times\frac{27}{73}$

47. $\left(1+\frac{1}{2}+\frac{1}{3}+\frac{1}{4}\right)\times\left(\frac{1}{2}+\frac{1}{3}+\frac{1}{4}+\frac{1}{5}\right)-\left(1+\frac{1}{2}+\frac{1}{3}+\frac{1}{4}+\frac{1}{5}\right)\times\left(\frac{1}{2}+\frac{1}{3}+\frac{1}{4}\right)$

48. $\frac{1}{3}+\frac{1}{15}+\frac{1}{35}+\frac{1}{63}+\frac{1}{99}+\frac{1}{143}$

49. $\frac{3}{10}+\frac{3}{40}+\frac{3}{88}+\frac{3}{154}$

50. $\frac{5}{6}+\frac{11}{12}+\frac{19}{20}+\frac{29}{30}$

51. $11-\frac{180+543\times374}{543\times375-363}$

52. $\frac{2013\times2014-1}{2013+2012\times2014}$

53. $\frac{5}{42}+\frac{5}{56}+\frac{5}{72}+\frac{5}{90}+\frac{5}{110}+\frac{5}{132}$

54. $\frac{1^2+2^2}{1\times2}+\frac{2^2+3^2}{2\times3}+\frac{3^2+4^2}{3\times3}+\cdots+\frac{199^2+200^2}{199\times200}$

第四讲

整除、约数和倍数问题

整除、约数和倍数是小学数学中的重要内容，它阐述整数的性质及其相互关系，有利于进一步深化学生对整数的认识。解答这类问题，首先要对整除、约数和倍数的概念有个清晰的了解，然后才能联系实际探索解答此类问题的规律，从而提高解答此类问题的能力。

一、整除问题

小学数学中的整除问题除了关于整除的概念外，主要涉及能被 2、3、4、5、6、7、11 等整除的整数的特点以及数的整除知识应用等问题。理解整除的概念，要与“除尽”相区别。

例 1 五位数 $3A6B5$ 能被 75 整除，这个五位数是多少？

【分析】 解答此题，首先要搞清能被 75 整除数的特点。一个数能被 75 整除，就是说这个数既能被 3 整除，又能被 25 整除。根据被 25 整除的数的特征，这五位数的末两位数应是 25 的倍数，已知这五位数的个位数字是 5，那么，十位数字 B 只能是 2 或 7。

【解】 当 $B=2$ 时，要使这个五位数能被 3 整除，那么 $5+2+6+3+A=16+A$ 的和一定要是 3 的倍数。因 A 是小于 10 的自然数，所以是 3 倍数的这个和可以是 18，21，24 三个数，那么 $A=2$，5 或 8；

当 $B=7$ 时，要使这个五位数能被 3 整除，那么 $5+7+6+3+A=21+A$ 的和一定要是 3 的倍数。因 A 是小于 10 的自然数，所以是 3 倍数的这个和可以是 21，24，27，30 四个数，那么 $A=0$，3，6 或 9。

综上可得，符合条件的五位数应是 32625，35625，38625，30675，33675，36675 和 39675 七个。

例 2 六位数 $A1994B$ 能被 44 整除，这个六位数是多少？

【分析】 首先要搞清能被 44 整除的数的特点。一个数能被 44 整除，就要求这个数既能被 4 整除，又能被 11 整除。一个数能被 4 整除，就要求这个数的末两位能被 4 整除。对于六位数 $A1994B$ 要能被 4 整除，就要求 $B=0$，4 或 8 这三个数。

【解】 当 $B=0$ 时，这个六位数奇数位上的数字和减去偶数位上的数字和得到的差，即 $A+9+4-1-9-0=A+3$ 应是 11 的倍数。因 A 是小于 10 的自然数，所以当 $A=8$ 时，这个六位数才能被 44 整除；

当 $B=4$ 时，这个六位数奇数位上的数字和减去偶数位上的数字和得到的差，即 $A+$

$9+4-1-9-4=A-1$ 应是 11 的倍数。因 A 是小于 10 的自然数，所以当 $A=1$ 时，这个六位数才能被 44 整除；

当 $B=8$ 时，这个六位数奇数位上的数字和减去偶数位上的数字和得到的差，即 $A+9+4-1-9-8=A-5$ 应是 11 的倍数。因 A 是小于 10 的自然数，所以当 $A=5$ 时，这个六位数才能被 44 整除。

综上可得，六位数 $A1994B$ 要能被 44 整除，这个六位数应是 819940，119944 和 519948 三个。

例 3 有 2000 盏亮着的电灯，各有一个拉线开关控制着。现按其顺序编号为 1，2，3，…，2000。然后将编号为 2 的倍数的灯线拉一下，再将编号为 3 的倍数的灯线拉一下，最后，将编号为 5 的倍数的灯线拉一下。三次拉完后，亮着的灯有多少盏？

【分析】 原来亮着的灯拉一次熄灭，拉两次亮着，拉三次熄灭。据此可通过先求出灯灭了的盏数来解答。为了方便理解，可画出下面的示意图。大长方形表示 2000 盏灯整体，圆 A、B、C 分别表示能被 2、3、5 整除的灯的盏数，两圆重复的部分分别表示同时能被 2 和 3、2 和 5 及 3 和 5 整除的灯的盏数，三圆重复的部分则表示同时能被 2、3 和 5 整除的灯的盏数，那灭了的灯的盏数就是只拉一次灯的盏数与只拉三次灯的盏数之和。

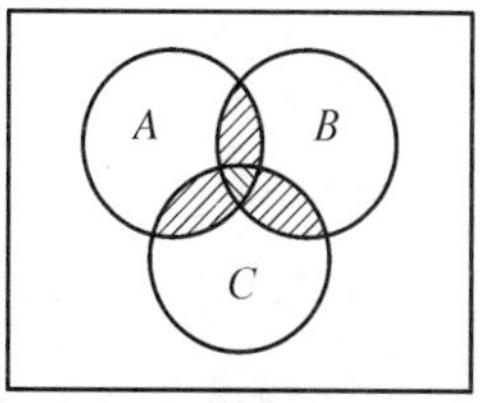

【解】 灯的编号能被 2 整除的有 $[2000\div2]=1000$（盏），

灯的编号能被 3 整除的有 $[2000\div3]=666$（盏），

灯的编号能被 5 整除的有 $[2000\div5]=400$（盏），

灯的编号同时能被 2、3 整除的有 $[2000\div6]=333$（盏），

灯的编号同时能被 2、5 整除的有 $[2000\div10]=200$（盏），

灯的编号同时能被 3、5 整除的有 $[2000\div15]=133$（盏），

灯的编号同时能被 2、3、5 整除的有 $[2000\div(2\times3\times5)]=66$（盏）。

故三次拉完后灭了的灯有：$(1000-333-200+66)+(666-333-133+66)+(400-200-133+66)+66=533+266+133+66=998$（盏）；$2000-998=1002$（盏）。

答：三次拉完后，亮着的灯还有 1002 盏。

例 4 将一个三位数连写两遍，得到一个六位数。这个六位数一定能被 7、11 和 13 整除吗？为什么？

【解】 假设三位数为 abc，则将这个三位数连写两遍得到的六位数是 $abcabc$。

$abcabc=abc\times1000+abc=abc\times1001$，因为 $1001=7\times11\times13$，所以六位数 $abcabc$ 一定能被 7、11 和 13 整除。

一个由几个数连乘得到的积中，有任一个因数能被一个或几个数整除，那么这个积也一定能被这同一个数或几个数整除。这是整除运算中一条重要的规律，会经常用到的。

二、约数问题

学习约数，必须先要学习质数和合数的知识。质数又称素数，是指只能被 1 和本身整除的整数；合数是除 1 和本身以外，还能被其他数整除的整数；1 既不是质数，也不是合数。根据质数和合数的定义可知，平方数的约数个数是奇数，非平方数的约数个数是偶数。解答约数有关问题，也要用到整除的知识。

例 1 a,b,c 都是 100 以内的质数，满足 $a+b=c$ 的质数有多少组？

【分析】100 以内的质数有：

2,3,5,7,11,13,17,19,23,29,31,37,41,43,47,53,59,61,67,71,73,79,83,89,97。

不难看出，上面 25 个质数，除了 2 是偶数外，其余都是奇数。因此，满足 $a+b=c$ 条件的三个质数不能都是奇数，a,b 中必有一个是偶数 2。

【解】满足 $a+b=c$ 条件的质数有以下八组，即 $2+3=5$，$2+5=7$，$2+11=13$，$2+17=19$，$2+29=31$，$2+41=43$，$2+59=61$，$2+71=73$。

例 2 有一个自然数，它的最小两个约数的和是 4，最大两个约数的和是 100，求这个自然数。

【分析】首先要弄清楚一个数的约数出现的特点，约数是成对出现的，对应的首尾两个约数的积相等。

【解】根据这个自然数最小两个约数的和是 4，那这两个最小的约数只能是 1 和 3，而根据最大的两个约数的和是 100，由约数的特点可知这两个最大约数之比也是 $1:3$，故两个最大约数为 $100\times\frac{1}{1+3}=100\times\frac{1}{4}=25$，$25\times3=75$，而 75 是 1、3、25 和 75 的最小公倍数，所以这个自然数是 75。

例 3 一个圆周上有 60 个白色点，现将其中的若干点（大于 1 而小于 60）染成黑色，使得每相邻两个黑色点之间的白色点个数都相等，那么，共有多少种不同的染色方法？

【分析】根据题意，可知将一些白点染成黑色后，其相邻的每一组黑白点个数必须能整除 60，即每组点数都是 60 的约数。

【解】因为 $60=2^2\times3\times5$，所以，60 的约数的个数共有 $(2+1)\times(1+1)\times(1+1)=3\times2\times2=12$（个）。根据已知条件，点数要大于 1 而小于 60，所以，60 的约数 1 和 60 不符合已知条件，要去掉。因此，共有 $12-1-1=10$（种）不同的染色方法。即染 1 个黑点间隔 1 个白点再染 1 个黑点，染 1 个黑点间隔 2 个白点再染 1 个黑点，染 1 个黑点间隔 3 个白点再染 1 个黑点，染 1 个黑点间隔 4 个白点再染 1 个黑点，染 1 个黑点间隔 5 个白点再染 1 个黑点，染 1 个黑点间隔 9 个白点再染 1 个黑点，染 1 个黑点间隔 11 个白点再染 1 个黑点，染 1 个黑点间隔 14 个白点再染 1 个黑点，染 1 个黑点间隔 19 个白点再染 1 个黑点和染 1 个黑点间隔 29 个白点再染 1 个黑点。

例 4 把一时钟改成玩具钟，时针转 1 圈，分针转 16 圈，秒针转 36 圈。时针、分针和秒针在同一起点同时按顺时针方向转动，除起点和终点重合外，问在时针转动一周的时间里，时针、分针和秒针最多能重合几次？

【分析】根据题意，可知在时针转动一周的时间里，分针比时针多转动 $16-1=15$（周），秒针比时针多转动 36－1＝35(周)。

【解】时针、分针和秒针在同一起点同时按顺时针方向转动，当时针离开起点 $\frac{1}{n}$ 周，那分针就转动过 $\frac{16}{n}$ 周，比时针多转动 $\frac{15}{n}$ 周；秒针就转动过 $\frac{36}{n}$ 周，比时针多转动 $\frac{35}{n}$ 周。要使时针、分针和秒针重合在一个位置上，那么 $\frac{15}{n}$ 周和 $\frac{35}{n}$ 周都应该是整数周，故 n 是 15 和 35 的公约数。15 和 35 的公约数除 1 外，只有 5。当 $n=5$，$1\div\frac{1}{n}=1\div\frac{1}{5}=5$，由此可得，除起点和终点重合外，在时针转动一周的时间里，时针、分针和秒针最多能重合 5－1＝4(次)。这重合点就是从起点开始的 $\frac{1}{5}$ 周、$\frac{2}{5}$ 周、$\frac{3}{5}$ 周和 $\frac{4}{5}$ 周位置上。

例 5 班主任李老师带领三(1)班同学去植树，全班同学恰好可以平均分成 3 组。大家一共种了 364 棵树，并且李老师与每个同学植树的棵数一样多。问三(1)班有学生多少人？每人植树多少棵？

【分析】根据题意，可知大家种树的总棵数 364 应等于每人植树的棵数乘师生总数的积，且每人植树棵数一样多。

【解】因为学生数是 3 的倍数，$364=2^2\times7\times13$。这样 $364=7\times52=7\times(51+1)$，$364=13\times28=13\times(27+1)$ 或 $364=4\times91=4\times(90+1)$。根据一个班学生数不可能是 90，所以此题的结果有两种，即一种情况是三(1)班有学生 51 人，每人植树 7 棵；另一种情况是有学生 27 人，每人植树 13 棵。

例 6 已知两数的最大公约数是 16，这两数的和是 112，求这两个数。

【解】设这两个自然数分别是 A 和 B，根据题意，则有短除式：

$$\begin{array}{r|cc} 16 & A & B \\ \hline & a & b \end{array}$$

因为 16 是 A 和 B 的最大公约数，所以 a 和 b 互质，$A=16a$，$B=16b$。又因为 $A+B=112$，所以 $16a+16b=112$，$a+b=7=1+6=2+5=3+4$。由此可得，有三组答案，即① $A=16\times1=16$，$B=16\times6=96$；② $A=16\times2=32$，$B=16\times5=80$；③ $A=16\times3=48$，$B=16\times4=64$。

三、倍数问题

倍数问题涉及面广，除了倍数的概念以及求几个数的最小公倍数外，倍数的应用问题很多，如求一个数是另一个数的几倍，求一个数的几倍是多少，以及已知一个数的几倍是多少，求这个数，还有和倍问题、差倍问题，也还有一些比较复杂的问题。解答比较复杂的倍数问题，要细致理清元素之间的相互关系，从而找出解决问题的途径。

例 1 已知两个合数的最大公约数与最小公倍数的和是 143，那么这两个合数是多少？

【分析】因为两个数的最小公倍数是最大公约数的倍数，可先求出最大公约数来。

【解】由 $143=11\times13$，可知这两个合数的最大公约数是 11 或 13。

若 11 是最大公约数，则最小公倍数为 $143-11=132$，则这两个合数除以最大公约数的商的积为 $132\div11=12$。因为 12 是互质数 3 和 4 的积，所以这两个合数为 $11\times3=33$ 和 $11\times4=44$。

若 13 是最大公约数，则最小公倍数为 $143-13=130$，则这两个合数除以最大公约数的商的积为 $130\div13=10$。因为 10 是互质数 2 和 5 的积，所以这两个合数为 $13\times2=26$ 和 $13\times5=65$。

综上可得，这两个合数是 33 和 44 或 26 和 65。

例 2 求满足下列条件的最小自然数，它可以表示成 9 个连续自然数的和，又可表示成 10 个连续自然数的和，还可以表示成 11 个连续自然数的和，这个数最小是多少？

【分析】首先看所求的最小自然数的特点。根据这个数可以表示成 9 个连续自然数的和，可知这个数就是这 9 个连续自然数的中间数的 9 倍，所以，这个数是 9 的倍数；根据这个数又可以表示成 10 个连续自然数的和，可知这个数就是这 10 个连续自然数首尾两个数和的 5 倍，所以，这个数是 5 的倍数；根据这个数还可以表示成 11 个连续自然数的和，可知这个数就是这 11 个连续自然数的中间数的 11 倍，所以，这个数是 11 的倍数。

【解】根据题意，这个数是 9，5，11 的倍数。满足题目条件的最小自然数就是 9、5、11 的最小公倍数，即 $9\times5\times11=495$。

这个最小自然数 495 表示成 9 个、10 个、11 个连续自然数的和的形式分别是：

$495=51+52+53+54+55+56+57+58+59$；

$495=45+46+47+48+49+50+51+52+53+54$；

$495=40+41+42+43+44+45+46+47+48+49+50$。

例 3 甲、乙、丙三人年龄和为 94，甲的年龄的 2 倍比乙的年龄多 5，丙的年龄的 2 倍比乙的年龄多 19，求甲、乙、丙三人年龄各是多少岁。

【分析】解答此题，知道三人的年龄和，可确定一个人的年龄作为标准数，再找出其他两人年龄与标准数之间的关系，就可以找到解答问题的途径。根据选择不同的标准数，有着不同的解题途径。这里我们以乙的年龄作为参照。

【解】由“甲的年龄的 2 倍比乙的年龄多 5，丙的年龄的 2 倍比乙的年龄多 19”，可得甲的年龄比乙的年龄的$\frac{1}{2}$多 $5\div2=2\frac{1}{2}$，丙的年龄比乙的年龄的$\frac{1}{2}$多 $19\div2=9\frac{1}{2}$，那么甲、丙的年龄和比乙的年龄多 $2\frac{1}{2}+9\frac{1}{2}=12$。

所以乙的年龄是 $(94-12)\div2=82\div2=41$(岁)，甲的年龄是 $(41+5)\div2=46\div2=23$(岁)，丙的年龄是 $(41+19)\div2=60\div2=30$(岁)。

例 4 甲、乙两个仓库，甲仓库存粮的重量是乙仓库的 3 倍。如果甲仓库运进 30 吨，乙仓库运进 100 吨，则甲仓库是乙仓库的 2 倍。那么，乙仓库存粮多少吨？

【分析】解答此题可有四种途径。

【解法 1】根据甲仓库运进 30 吨，乙仓库运进 100 吨后，甲仓库是乙仓库的 2 倍，由此时甲仓库存粮是由原来乙仓库的 3 倍和 30 吨组成的，所以原来乙仓库存粮的 $3\div2=1.5$ 倍与 $30\div2=15$(吨)的和就等于原来乙仓库存粮与 100 吨的和，则原来乙仓库存粮的 $1.5-1=0.5$ 倍，就等于 $100-15=85$(吨)，所以原来乙仓库存粮 $85\div0.5=170$(吨)。

【解法 2】根据甲仓库运进 30 吨，乙仓库运进 100 吨后，甲仓库是乙仓库的 2 倍，可得乙仓库原来存粮的 2 倍与 $100\times2=200$(吨)的和等于乙仓库原来存粮的 3 倍与 30 吨的和，所以，乙仓库原来存粮就是 $(200-30)\div(3-2)=170\div1=170$(吨)。

【解法 3】根据要使甲仓库运进 30 吨后存粮的重量仍是乙仓库的 3 倍，那乙仓库只要运进 $30\div3=10$(吨)，又根据甲仓库运进 30 吨，乙仓库运进 100 吨后，甲仓库是乙仓库的 2 倍，可得 $100-10=90$(吨)相当于乙仓库运进 10 吨后的 $\frac{1}{2}\div\frac{1}{3}-1=1.5-1=0.5$ 倍，所以乙仓库原来存粮 $90\div0.5-10=180-10=170$(吨)。

【解法 4】根据题意，若要保持运进粮后，甲仓库存粮的重量仍是乙仓库的 3 倍，那甲仓库需要再运进粮食 $100\times3-30=300-30=270$(吨)，由此可得，乙仓库运进 100 吨后的粮食总数为 $270\div(3-2)=270\div1=270$(吨)，所以，乙仓库原来存粮 $270-100=170$(吨)。

练习四

1. 三个自然数中的每一个数都不能被另外两个数整除，而任意两个数的积却能被第三个数整除。那么这样的三个自然数和的最小值是多少？

2. 有四个不同的自然数，其中任意两个数的和都能被 2 整除，任意三个数的和都是 3 的倍数。这四个数的和最少是多少？

3. 在 1～100 之间，既不能被 2 整除，又不能被 3 整除，也不能被 5 整除的自然数共有多少个？

4. 四个相邻的偶数的乘积为一组五位数 A838A，则这四个偶数分别是多少？

5. 有三个质数，它们的积是 1001，这三个质数各是多少？

6. 小明把 6 个数分别写在三张卡片的正面和反面，每个面上写一个数，每张卡片上的两个数的和相等，然后他将卡片放在桌子上，发现正面上写着 28、40、49，反面上的数都只能被 1 和自身整除。那么反面上三个数的平均数是多少？

7. 桌子上有 7 个杯子都口朝下放着，每回将其中 6 个杯子各翻动一次。试说明：无论翻动多少回，都不能使杯口全部朝上。

8. 在射箭比赛中，每射一箭得到的环数是小于 10 的自然数(其中“0”为脱靶)。甲、乙两名运动员各射了 5 箭，每人 5 箭得到的环数的积都是 1764。但是甲的总环数比乙少 4。求甲、乙总环数各是多少。

9. 一排电线杆，原来每两根之间的距离是 30 米，现在改为 45 米。如果起点的一根电线杆不动，至少再隔多远又有一根电线杆不需要移动?

10. 一张长方形纸片长 24 厘米，从左边开头起，沿着长先每隔 3 厘米点一个点，再从右边起，每隔 4 厘米点一个点，你知道有多少个点是重复的吗?

11. 一个能被 3 整除的自然数，其因数比奇因数多 6 个。这个自然数最小是多少?

12. 采购员用 180 元购买磁盘。如果每张磁盘降价 1 元，那么就可以多买 2 张磁盘。问：采购员原本可以购买多少张磁盘?

13. 若两个自然数的和是 432，最大公约数是 36，求这两个数。

14. 已知两数的最大公约数是 13，最小公倍数 78，求这两个数。

15. 希望小学某班的教材不够，暂时每两人用一本语文课本，每三人用一本数学课本，每四人用一本英语课本。全班共用了 91 本课本。问：全班有多少人？

16. 有两堆煤，甲堆比乙堆多 75 吨。如果两堆煤各运走 100 吨后，甲堆煤是乙堆煤的 4 倍。甲、乙两堆煤各有多少吨？

17. 建筑工地有两堆水泥，一共 600 袋。如果从甲堆取出 50 袋放入乙堆，那么甲堆剩下的袋数是乙堆 4 倍。两堆水泥原来各有多少袋？

18. 甲数的 3 倍与乙数的 2 倍的和为 240，甲数的 2 倍与乙数的 3 倍的和为 235，甲、乙两数各是多少？

19. 甲 9 年后的年龄与乙 7 年前的年龄一样大。已知乙现在的年龄比甲现在年龄的 3 倍少 4 岁。甲、乙现在各多少岁？

20. 解放军连队的人数在 90～110 之间。队列训练时，如果排成 3 列，人数正好。如果排成 5 列，其中一列少 2 人。如果排成 7 列，其中一排少 4 人。你能推算出这个连队的人数吗？

21. 小明的储蓄筒里存有 2 分和 5 分的硬币若干，他把这些硬币倒出来，估计有五、六元。小明把这些硬币分成钱数相等的两堆，第一堆中 2 分硬币和 5 分硬币的个数相等；第二堆中 2 分硬币和 5 分硬币的钱数相等。你知道小明存了多少钱吗？

22. 甲、乙、丙三个班向希望工程捐赠图书。已知甲班有 1 人捐 6 册，有 2 人各捐 7 册，其余人各捐 11 册；乙班有 1 人捐 6 册，有 3 人各捐 8 册，其余人各捐 10 册；丙班有 2 人各捐 4 册，有 6 人各捐 7 册，其余人各捐 9 册。还知甲班捐书比乙班多 28 册，乙班比丙班多捐 101 册，每个班捐书总数都在 400～550 册之间。问丙班捐书有多少人？

23. 甲对乙说："你给我 100 元钱，我的钱就比你多 1 倍。"乙对甲说："你给我 10 元钱，我的钱就比你多 5 倍。"问甲、乙二人各原有钱多少元？

24. 育英小学举办两次演讲比赛，参赛的人数相同。第一次及格人数比不及格人数的 3 倍多 4，第二次及格人数增加 5，正好是不及格人数的 6 倍。参加竞赛的有多少人？

25. 如果甲、乙两个小朋友各有一个袋糖，每袋糖不到 20 粒。如果甲给乙一定数量的糖后，甲的糖就是乙糖粒数的 2 倍；如果乙给甲同样的数量的糖后，甲的糖就是乙糖粒数的 3 倍。那么甲、乙两个小朋友共有糖多少块？

26. 一筐鸡蛋，两个两个地数多 1 个，三个三个地数多 1 个，四个四个地数少 3 个，五个五个地数少 4 个，六个六个地数又多 1 个，七个七个地数正好。这筐鸡蛋至少有多少个？

27. 六年级共六个班的学生进行广播操比赛。如果每行 3 人就多 1 人，如果每行 7 人就多 5 人，如果每行 11 人就多 9 人。六年级共有多少个学生？

28. 一个小数，若把它的小数部分扩大 4 倍，则这个数变为 3.4；若把它的小数部分扩大 7 倍，则这个数变为 5.2，原来的小数是多少？

29. 教室里的男生人数比女生人数的 3 倍少 4，走掉 7 名男生和 3 名女生后教室里剩下的男生人数正好是女生人数的 2 倍多 1。问教室里现有学生多少人？

30. 文艺小组中的女生人数是男生人数的 4 倍。又有 7 名男生加入文艺小组后，女生人数是男生人数的 3 倍。问：现在文艺小组共有多少人？

31. 甲、乙两块地共 100 公顷，已知甲块地的 4 倍比乙块地的 3 倍多 120 公顷。问：甲、乙两块地各有多少公顷？

32. 王琳读一本书，原来没有读的是已读的 4 倍。现在他又读了 30 页，这时没有读的是已读的 2 倍。求这本书共有多少页？

33. 有甲、乙两盒钢笔，若从甲盒取出 1 支放入乙盒，则两盒钢笔数相等；若从乙盒取出 1 支放入甲盒，则甲盒里的钢笔数是乙盒的 2 倍。甲、乙两盒原来各有钢笔多少支？

5 第五讲

植树问题

植树问题是小学数学中较早出现的典型应用题。常见的植树问题有直线植树问题、圆周植树问题以及三角形、四边形周边植树问题等。另外，还有一些类似的问题，如摆设、安装的问题，爬楼问题，折木棍、折铁条问题以及时钟整点时敲几下所需时间的问题等等。这些问题大多与直线上植树问题有联系。直线上植树有株数与间隔个数多1、相等还是少1的问题，这要视具体情况而定。这是解答植树问题必须注意的关键点。

植树问题还有一类引申的问题，即种植成片林和农作物种植问题。解答此类问题，不同于直线植树问题，也不同于圆、三角形、四边形周边植树问题，而是要考虑到每棵树或每株农作物（包括处于边缘的每棵树或每株农作物）四周都要留有一定的空间，占有一定面积的土地，这是解答此类问题必须要注意的。

例1 张庄村要在新铺的水泥路两边植树，原计划每2米植一棵，共需树苗62株。如果改为每1.5米植一棵，需要准备树苗多少株?

【分析】 此题要求改为每1.5米植一棵树需要准备树苗多少株，这就要求得水泥路的长度。而要求水泥路的长度，就要根据“原计划每2米植一棵，共需树苗62株”，且是在水泥路的两边植树。

【解】 每边植树 $62\div2=31$（棵），再由每两棵树之间距离为2米，再根据“植树棵数比间距多1”，可得水泥路长为 $2\times(31-1)=2\times30=60$（米）。

株距改为1.5米后需要准备树苗的株数为：

$(60\div1.5+1)\times2=41\times2=82$。

例2 工人叔叔测量公路时，先在起点立一根标杆，以后每隔50米立一根。已经立了9根。算一算，第一根和第九根相距多少米。

【分析】 此题类似于植树问题，这里50米就相当于株距，9根就相当于植树的株数，求的是距离。

【解】 根据间隔个数比株数少1，可得第一根和第九根相距 $50\times(9-1)=50\times8=400$（米）。

例3 国庆节期间，小区要在间距20米的两幢楼房间插两行彩旗。每隔2米插一面红旗，每隔1米插一面绿旗，每隔0.5米插一面黄旗，插旗的顺序是先红旗，再绿旗，后黄旗，每点只插一面旗。求这两幢楼之间插红旗、绿旗、黄旗各多少面?

【分析】 对于两幢楼房间插旗、摆盆景等，不同于路边植树，插旗面数或摆盆景盆数比间距数少 1。

【解】 由“间距 20 米”“每隔 2 米插一面红旗”和“插两行彩旗”，可得两幢楼之间插红旗的面数为：

$(20\div2-1)\times2=9\times2=18$；

再由“每隔 1 米插一面绿旗，每隔 0.5 米插一面黄旗，插旗的顺序是先红旗，再绿旗，后黄旗，每点只插一面旗”可得两幢楼之间插绿旗的面数为：

$(20\div1-1)\times2-(20\div2-1)\times2=19\times2-9\times2=38-18=20$；

两幢楼之间插黄旗的面数为：

$(20\div0.5-1)\times2-(20\div1-1)\times2=39\times2-19\times2=78-38=40$。

例 4 大雪后的一天，亮亮和爸爸共同步测一个圆形花圃的周长，他俩的起点和走的方向完全相同。亮亮每步长 54 厘米，爸爸每步长 72 厘米。由于两人的脚印有重合，所以，雪地上留下了 60 个脚印。这个花圃的周长是多少米？

【分析】 此题类似于植树问题，这个圆形花圃的周长就是距离，步长 54 厘米和 72 厘米就是株距，60 个脚印就相当于植树的株数。这里的 60 个脚印有的是亮亮留下的，有的是爸爸留下的，有的是亮亮和爸爸共同留下的。亮亮和爸爸共同留下的脚印间距离则是亮亮步长 54 厘米和爸爸步长 72 厘米的公倍数。

【解】 54、72 最小公倍数是 $2\times2\times2\times3\times3\times3=216$，由 $216\div54=4$，$216\div72=3$，$4+3-1=6$，可知 216 厘米路途，除第一个脚印外，亮亮和爸爸共留下的脚印是 6 个。

所以这个花圃的周长是 $216\times(60\div6)=216\times10=2160$(厘米)$=21.6$ 米。

例 5 木工师傅要等分一根圆木。已知锯 3 次等分后的段长比锯 4 次的长 10 厘米。求这根圆木的长度。

【分析】 此题类似于植树问题，这里的 3 次和 4 次相当于株数，这里锯的次数比段数少 1，所以锯 3 次有 $3+1=4$(段)，锯 4 次有 $4+1=5$(段)。

【解】 根据锯 3 次等分后的段长比锯 4 次的长 10 厘米，可得锯 4 次的每段长 $10\times4\div(5-4)=40$(厘米)，

所以这根圆木长 $40\times5=200$(厘米)。

当学过分数知识后，也可这样解答，即 $10\div\left(\frac{1}{3+1}-\frac{1}{4+1}\right)$

$=10\div\frac{1}{20}=10\times20=200$(厘米)。

例 6 小芳和妈妈同时上楼。小芳到了二楼，妈妈到了四楼。小芳到了三楼，妈妈到了几楼？

【分析】 此题类似于植树问题，这里的楼数相当于植树的株数，层数则相当于间距的个数，层数比楼数少 1。

【解】 根据小芳到了二楼，妈妈到了四楼，可得此时小芳只爬了 $2-1=1$(层)，而妈妈却爬了 $4-1=3$(层)，可得妈妈爬楼的速度是小芳的 3 倍。当小芳到了三楼，小芳爬

了 3－1＝2(层)，妈妈则爬了 2×3＝6(层)。所以小芳到了三楼，妈妈则到了 6＋1＝7(楼)。

【创新应用】

例 7 在校园里要把 7 棵小树平均种成 6 行，每行 3 棵，该怎样种，摆摆看。

【析解】 解答此题，可以采用逐层推理的方法进行。按通常思维，每行 3 棵，种 6 行，需种 3×6＝18(棵)树，而现在只种 7 棵树，这就需要我们有新的思维，采用新的办法。问题的实质是要求每棵树都必须在几个行上出现才行。如每棵树出现在 2 行上，还不止 6 行；如每棵树出现在 3 行上，又怎样栽呢？让学生感到，只有在三角形中，再作如图所示的交于一点且分别与三角形三条边相交的三条线段，这样在图中的各交点处种树，就符合题目中“把 7 棵小树平均种成 6 行，每行 3 棵”的要求。

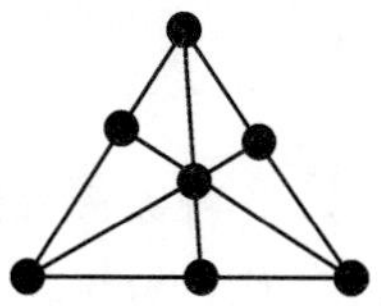

教学此题时，要不断提出问题，激发学生去探索，进行思维发散，从而培养学生的创新思维和能力。

练习五

1. 学校要在相距 40 米的两幢楼之间的一垂直线上栽树，每隔 2 米栽 1 棵，一共可栽多少棵树？

2. 小红家住五楼，她从一楼到三楼要用 2 分钟。如果速度保持不变，她从一楼到五楼要用几分钟？

3. 小华和奶奶同时上楼。小华上楼的速度是奶奶的 2 倍，奶奶到达三楼时，小华到了几楼？

4. 木工师傅将 2 米长的木头锯断。若 40 厘米锯一段，需要 40 分钟；若 50 厘米锯一段，需要多少分钟？

5. 小林剪一根铁丝，每次剪下 45 厘米长的一段。他剪了 7 次，正好把这根铁丝剪成了同样长的几段。这根铁丝全长有多少厘米？

6. 在学校正方形操场四周均匀轮流插上红、黄、绿三种小旗。已知每两面小旗之间相距 5 米，操场一边插小旗 61 面。问操场四周共插多少面小旗？操场的周长是多少米？红、黄、绿小旗各插多少面？

7. 57 辆军车排成一列通过一座桥，前后两辆车之间都保持 2 米的距离，每辆军车长 5 米。从第一辆车头到最末一辆车尾共长多少米？

8. 8 路公交车站每隔 5 分钟开出一辆汽车，1 小时开出多少辆汽车？

9. 林老师家里的钟 5 时敲 5 下，8 秒敲完。12 时，时钟敲完需要多少秒？

10. 张师傅用 18 分钟把一根木头锯成了 7 段。如果锯了 36 分钟，那么这根木头被锯成了多少段？

11. 时钟在 5 时整敲了 5 下，需要 8 秒。那么在 10 时时敲了 10 下，需要多少秒？

12. 小明家住三楼，每次上楼需要 2 分钟。小强和小明住同一幢楼，小强上楼的速度和小明一样快，小强到家的时间是小明的 2 倍。小强家住在几楼？

13. 李老师家住 7 楼，他用同样的速度上楼。从 1 楼到 3 楼共用了 16 秒，那么他从 3 楼到家还要用多少秒？

14. 4 个苹果摆 6 行,每行 2 个。试试看,有几种摆法?

15. 6 棵树栽 3 行,每行栽 3 棵,怎样栽(画出示意图来)?

16. 9 棵树栽 8 行,每行栽 3 棵,怎样栽(画出示意图来)?

17. 同学们做操。小林站在左起第 7 列,右起第 13 列;从前面数是第 8 个,从后面数是第 14 个。已知每行、每列的人数各同样多。做操的同学一共有多少人?

18. 农民在一块长 60 米、宽 15 米的长方形土地上种植玉米,玉米行距 40 厘米,株距 30 厘米。已知每株玉米平均收获玉米 120 克,问这块地可收获玉米多少千克?照这样计算,每公顷可收获玉米多少吨?

第六讲

排列和组合问题

排列和组合问题是高中数学内容之一，近些年来，小学数学教材中也引进一些这方面的内容，但没有涉及排列和组合的概念，引进的是解题的思路和方法，即“简单列举法”。教学这些内容，要在对问题的分析和推理上下功夫，特别要注意有无“顺序”或者是否“分步”，思考要严密周全，既要防止重复，也要防止遗漏。

例 1 19 名乒乓球运动员分成三队，规定同队运动员不比赛，不同的队运动员两两比赛一场。那么比赛的总场数最多是多少？

【分析】根据题意，同队运动员不比赛，不同的队运动员两两比赛一场，因此，两队运动员之间比赛的场数等于两队人数之积，总场数则是三队中任两队队员人数之积的和。根据两数之和不变，两数最接近时的积最大的规律，可知要使总场数最多，则要使三队人数尽可能接近。

【解】总人数 19，就要按 6 人、6 人、7 人分为三队。所以比赛的总场数最多是 $6\times6+6\times7+6\times7=36+42+42=120$。

例 2 如下图，把 A、B、C、D、E 这五部分用四种不同的颜色着色，且相邻部分不能使用同一种颜色，不相邻的部分可以使用同一种颜色。那么这幅图一共有多少种不同的着色方法？

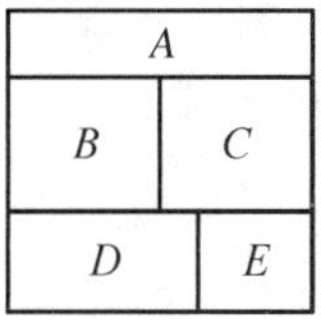

【分析】可依次考虑 A、B、C、D、E 的着色种数。A 共有 4 种颜色可供选择；当 A 选定一种颜色后，因 B 与 A 相邻，所以 B 只有 $4-1=3$(种)颜色可供选择；当 A、B 各选定一种颜色后，因 C 与 A、B 都相邻，所以，C 只有 $4-1-1=2$(种)颜色可供选择；对于 D，因与 B、C 都相邻，当 B、C 各选定一色后，D 只有 $4-1-1=2$(种)颜色可供选择；对于 E，因与 C、D 相邻，当 C、D 各选定一色后，E 也只有 $4-1-1=2$(种)颜色可供选择。

【解】这幅图一共有 $4\times3\times2\times2\times2=96$(种)不同的着色方法。

例 3 有长度分别是 1，2，3，4，5，6，7，8，9，10 的小棒各一根，从中选出几根小棒摆出边长是 10 的正方形，有多少种选法？

【分析】考虑能凑成长度为 10 的情况有 9 种，即 $1+9=2+8=3+7=4+6=10=1+$

2+7=1+3+6=2+3+5=1+2+3+4。

【解】先根据有无重复的小棒来考虑，在 1+9=2+8=3+7=4+6=10=1+2+7=1+3+6=2+3+5=1+2+3+4 的前 5 种组合的小棒没有重复，故可组成 5 种不同组合的正方形，再考虑剩余的四种组成 10 的小棒是否能替换上面五种类型中哪一种，即 1+2+7，1+3+6 和 1+2+3+4 不能替换，2+3+5 既能替换 10、1+9、2+8、4+6(这组)中的 2+8，又能替换 10、1+9、3+7、4+6(这组)中的 3+7，由此可形成 2 种新的不同组合的正方形。综上可得，共有 5+2=7(种)不同的选法。

例 4 有一个由 9 个小正方形组成的大正方形，将其中两个涂黑，有多少种不同的涂法？(如果几个涂法能够由旋转而重合，这几种涂法只能看作是一种。)

【分析】根据题意，为了表述方便，可将 9 个小正方形分别标上①、②、③、④、⑤、⑥、⑦、⑧、⑨，见右图。

①	②	③
④	⑤	⑥
⑦	⑧	⑨

考虑两个涂黑，又要考虑“如果几个涂法能够由旋转而重合，这几种涂法只能看作一种”的要求，再根据大正方形由 9 个小正方形组成的图形既是中心对称图形，又是轴对称图形的特点，可知这 9 个小正方形中除中间一个小正方形处在中心点位置上，其余 8 个小正方形可分为性质相同的两大类，即处在四角的 4 个小正方形和处在边线中点位置上的 4 个小正方形，因此考虑有多少种不同的涂法，只要考虑一个处在四角的小正方形与对称轴一边(含对称轴)的小正方形能否组合和一个处在边线中点位置上的小正方形与对称轴一边(含对称轴)的小正方形能否组合即可。

【解】如考虑处在四角的小正方形①与对称轴左下方(含对称轴)的小正方形组合时，则有 5 种，即 ①、④，①、⑤，①、⑦，①、⑧，①、⑨，再考虑处在边线中点位置上的小正方形②与对称轴左边(含对称轴)的小正方形组合时，也有 5 种，即②、①，②、④，②、⑤，②、⑦，②、⑧。所以涂法共有 5+5=10(种)。

例 5 甲、乙、丙、丁四位同学进行围棋比赛。每人都要赛一场。结果甲胜了丁，甲、乙和丙胜的场数一样多。你知道丁胜了几场吗？

【析解】采用分析法，根据 4 人每人都要赛一场，可得一共要赛 3+2+1=6(场)。根据甲、乙和丙胜的场数一样多，则有两种可能，即甲、乙和丙三人各胜 1 场或 2 场。若甲、乙和丙三人各胜 1 场，则丁 3 场全胜，这与已知条件中甲胜了丁相矛盾。若甲、乙和丙三人各胜 2 场，由于 6-2×3=6-6=0，所以丁未胜 1 场。

例 6 有 8 级台阶，小明从下往上走，若每次只能跨 1 级或 2 级，他走上去可有多少种不同的方法？

【分析】先考虑有几类走法，然后再考虑每类走法有多少种不同的方法，得出他走上去可能有多少种不同的方法。

【解】根据题意，可知小明从下往上走的方法可以分为每次都跨 1 级、每次都跨 2 级、一级一级跨 2 级及两级两级跨 6 级、一级一级跨 4 级及两级两级跨 4 级和一级一级跨 6 级其余 2 级一起跨等五种类型。

第一、二两种类型，各有 1 种走法；

第三种类型有 10 种走法，具体见下列图示：

(1) △△△△△△△△△，(2) △△△△△△△△△，

(3) △△△△△△△△△，(4) △△△△△△△△△，

(5) △△△△△△△△△，(6) △△△△△△△△△，

(7) △△△△△△△△△，(8) △△△△△△△△△，

(9) △△△△△△△△△，(10) △△△△△△△△△；

第四种类型有 15 种走法，具体见下列图示：

(1) △△△△△△△△△，(2) △△△△△△△△△，

(3) △△△△△△△△△，(4) △△△△△△△△△，

(5) △△△△△△△△△，(6) △△△△△△△△△，

(7) △△△△△△△△△，(8) △△△△△△△△△，

(9) △△△△△△△△△，(10) △△△△△△△△△，

(11) △△△△△△△△△，(12) △△△△△△△△△，

(13) △△△△△△△△△，(14) △△△△△△△△△，

(15) △△△△△△△△△；

第五种类型有 7 种走法，具体见下列图示：

(1) △△△△△△△△△，(2) △△△△△△△△△，

(3) △△△△△△△△△，(4) △△△△△△△△△，

(5) △△△△△△△△△，(6) △△△△△△△△△，

(7) △△△△△△△△△。

综上可得，小明从下往上走，共有 1＋1＋10＋15＋7＝34(种)不同的方法。

练习六

1. 小红有硬币 5 分 1 枚，2 分 4 枚，1 分 8 枚。妈妈叫她拿出 8 分钱，想一想，小红能有几种拿法。

2. 有 0、2、4、5 四个数字，你能组成多少个三位数？

3. 组成的一个四位数的四个数字中，至少有三个数字是 6。这样的四位数一共有多少个？

4. 有 1、2、3、4 数字卡片各一张，每次取两张，组成一个两位数。其中能被 2 整除的有多少个？

5. 甲、乙两人比赛乒乓球，谁先连胜两局谁赢。如果没有人连胜两局，谁先胜三局谁赢。那么在比赛过程中，可能出现的情况有多少种？

6. 学校要在高年级学生中挑选男、女播音员各一人。男播音员在晓明、大伟和小杨 3 人中产生；女播音员在宁宁、小颖、梦云和婷婷 4 人中产生。挑选的结果会出现多少种可能？

7. 在一次男子排球比赛中，中国队以 3∶0 战胜韩国队。中国队三局的总分为 78 分，韩国队三局的总分为 69 分，且每一局的比分差不超过 4 分。三局的比分分别是多少？

8. 今有长度是1厘米、2厘米、3厘米、…、9厘米的木棍各一根(规定不许折断),从中选用若干根组成正方形,可有多少种不同的方法?

9. 用红、黄、蓝三种颜色给边长分别为3、4、5、6、7的五边形的各边染色,要求相邻两边不同颜色。共有多少种不同的染法?

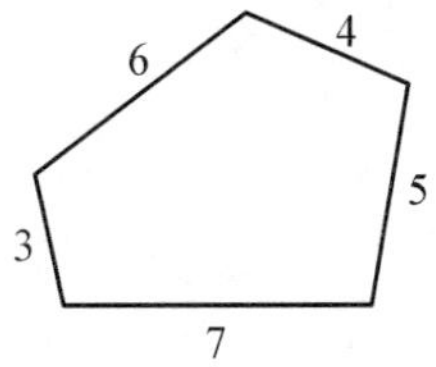

10. 在圆周上5个点,过每三个点可画一个三角形,一共可以画出多少个三角形?

11. 现有若干个边长为1、边长为2、边长为3的小正方形,用这些小正方形拼成一个边长为4的大正方形,不同的拼法有多少种?(只要各种小正方形的位置不同,就算不同的拼法。)

12. 小明有4角钱的邮票2张,2角钱的邮票4张,1角钱的邮票8张。如果每次都要贴8角钱的邮票,请算一算,小明可能有几种贴法。

13. 王明给在外地工作的爸爸寄一封挂号信,需要贴2元的邮票。如果只有5角、2角和1角三种面值的邮票,一共有多少种不同的贴法?

14. 一辆从南京往返于北京的特快列车,中途要停靠4个站。铁路部门要为这趟列车准备多少种不同的车票?

15. 某管理员忘记自己小保险柜的密码，只记得是由两个数字组成，且两个数字的和是 9。那么正确打开保险柜最多要试几次？

16. 书架上有 4 本不同的画报和 5 本不同的书，从中最多拿 2 本(不能不拿)，有多少种不同的拿法？

17. 到早餐店吃早餐，有包子、馒头、油条和大饼四种早点供选择，最少吃一种，最多吃四种，有多少种不同的选择方法？

18. 从 5 个同学中选 4 人参加数学竞赛，求分别满足下列条件的选法各有多少种。

(1) 某两人必须入选。

(2) 某两人中至少有一人入选。

(3) 某三人不能同时都入选。

19. 一张纸上共有 $4\times4=16$ 个小方格。要把 A、B、C、D 四枚不同的棋子放在方格里，每行和每列都只能出现一枚棋子，共有多少种放法？

20. 有 5 张币值分别为 1 角、2 角、5 角、1 元和 2 元的人民币，能组合多少种不同的币值？能组成最小币值(1 角)和最大币值(总和)之间的所有币值吗？

21. 有写着数字 1、2、3、…、7 的七张卡片，任取出两张卡片，求出这两张卡片上数字的和。一共有多少个不相同的和？

22. 某次数学测验一共出了 5 道题，评分方法如下：每答对一题得 5 分，不答题得 0 分，答错一题倒扣 2 分，每个考生预先给 10 分作为基础分。问：此次测验至多有多少种不同的分数？

23. 小白兔拎一只桶打水，妈妈两手各提一只桶打水，爸爸肩挑两只桶又手提一只桶打水。三人同时到达井边，已知打一桶水需要 1 分钟，规定每人要一次连续完成打水任务。问：有几种不同的打水顺序安排？各种顺序安排各耽误多少时间？哪种安排耽误的时间最少？

24. 在 2014“世界杯”足球赛中，甲、乙、丙、丁 4 支队伍分在同一小组。在小组赛中，这 4 支队伍都要与另外 3 支队伍比赛一场。根据规定：每场比赛获胜的队伍得 3 分；失败的队伍得 0 分；如果双方踢平，两支队伍各得到 1 分。

已知：(1) 这 4 支队伍比赛后的总得分为 4 个连续奇数；(2) 乙队总得分排在第一；(3) 丁队却有两场同对方踢平，其中有一场是与丙队踢平的。

根据以上信息推断：总得分排在第四的是哪支队伍。

25. 一次偶然的机会，阿凡提从他的朋友那里得到了 8 枚一模一样的金币，但是其中有一枚是假的，重量较轻。于是阿凡提找来一架天平，想用它找出那枚假的金币。他至少需要用天平称几次，才能保证找出那枚假金币？

26. 甲、乙、丙、丁四人同时参加一次数学竞赛，赛后，他们四人预测名次的谈话如下：甲说："丙第一名，我第三名。"乙说："我第一名，丁第四名。"丙说："丁第二名，我第三名。"丁没有说话。最后公布结果时，发现甲、乙、丙都只说对一半。请你说出这次竞赛四人的名次。

27. 连接正方形 $ABCD$ 的对角线，并将四个顶点染成红色或黄色，将顶点颜色全相同的三角形称为同色三角形，则图中有同色三角形的染色方法共有多少种？

28. 一只蚂蚁从正方体某个面的中心出发，每次都走到相邻面的中心，每个中心恰好经过一次，最终回到出发点。所有经过中心排出的序列共有多少种(两条序列不同指沿着行走方向经过的中心点顺序不一样)？

29. 某五位号码牌由英文字母和数字组成，前四位有且只有两位为英文字母(字母 I、O 不可用)，最后一位必须为数字。小李喜欢 18 这个数，希望自己号码牌中存在相邻两位为 1 和 8，且 1 在 8 之前，那么小李的号码牌有多少种不同的选择方式(英文共有 26 个字母)？

30. 某地区中学生举行篮球淘汰赛，共有 64 支篮球队，每场比赛淘汰 1 队。最后角逐出冠军。问：一共需要进行多少场比赛？

31. 从梅花 2、3、4 和方块 2、3、4 共 6 张扑克牌中，分别抽出两张梅花和两张方块，共有多少种不同的抽法？抽出的四张扑克牌上点数和可能性最大的是多少？

32. 有 300 串鱼、肉串，分成 100 份，每份 3 串。其中只有一串肉串的有 27 份，有 2 串鱼和 3 串肉的有 42 份，有 3 串鱼的份数等于有 3 串肉的份数。求肉串一共有多少串。

7 第七讲

分数和百分数问题

分数和百分数是小学数学中的重点内容，也是难点内容之一，教学中应当重视分数和百分数的基本问题的教学。

分数和百分数的基本问题主要有三类，第一类是求一个数是另一个数的几(百)分之几，第二类是求一个数的几(百)分之几是多少，第三类是已知一个数的几(百)分之几是多少，求这个数。解答分数和百分数的基本问题，就要搞清楚这三类问题的区别和联系。当我们把分数、百分数都当作整数来看待时，这三类问题和倍数中的三类问题是一致的，解答这三类问题的思路与解答倍数的三类问题也是一致的。第一类问题已知条件是两个数，求一个数是另一个数的几(百)分之几，用除法；第二类问题已知一个数，求它的几(百)分之几是多少，用乘法；第三类问题已知一个数的几(百)分之几是多少，求这个数，用除法。第三类问题与第二类问题又互为逆运算。

解答分数和百分数的三类基本问题，关键是要找准标准数。所谓标准数，就是作为题中其他数据参照的数，又称为“基数”，有时往往把它当作单位“1”。找标准数比较容易，但选好标准数也是有讲究的。相对来讲，解答具体问题时，一般要选择没有变动的数作为标准数。

例 1 两个牧童放羊，甲对乙说：“如果你的羊给我 5 只，那么你的羊就是我的一半。”乙对甲说：“如果你的羊给我 10 只，你的羊就是我的$\frac{5}{7}$。”两个牧童各有多少只羊？

【分析】 这是一道比较复杂的分数基本问题，三类问题纠缠在一起，且甲、乙说的话，都是把自己变化后羊的只数作为标准数的，按此解答，难度很大。但我们可以改变一下想法，即不论甲给乙几只羊，还是乙给甲几只羊，而甲、乙两人共有羊的只数是不变的，因此，可把甲、乙两人共有羊的总只数作为标准数。

【解】 根据甲说的话，可知乙给甲 5 只羊后，乙有羊的只数就相当于甲、乙两人共有羊的总只数的$\frac{1}{2}\div\left(1+\frac{1}{2}\right)=\frac{1}{2}\div\frac{3}{2}=\frac{1}{3}$；再根据乙说的话，可知甲给乙 10 只羊后，乙有羊的只数就相当于甲、乙两人共有羊的总只数的 $1\div\left(1+\frac{5}{7}\right)=1\div\frac{12}{7}=\frac{7}{12}$，而乙有羊的只数前后相差 5+10=15(只)，这 15 只就相当于甲、乙两人共有羊的总只数的$\frac{7}{12}-\frac{1}{3}=\frac{7}{12}-\frac{4}{12}=\frac{1}{4}$。由此就可看出，这属于分数基本问题中的第三类问题了，那甲、乙两人共有羊的

总只数就是 $15\div\frac{1}{4}=15\times4=60$。那甲有羊 $60\div\left(1+\frac{1}{2}\right)-5=60\div\frac{3}{2}-5=60\times\frac{2}{3}-5=35$(只)或 $60\div\left(1+\frac{5}{7}\right)\times\frac{5}{7}+10=60\div\frac{12}{7}\times\frac{5}{7}+10=25+10=35$(只)；乙有羊 $60-35=25$(只)。

所以甲有羊 35 只，乙有羊 $60-35=25$ 只。

例 2 有一堆糖果，其中奶糖占$\frac{9}{20}$，再放入 16 块水果糖后，奶糖就只占$\frac{1}{4}$。这一堆糖果原来有多少块？

【分析】 据题意可知，前后奶糖的占比都是以糖果总数作为标准数的，而糖果的总数前后又是变化的。但前后奶糖块数没有变化，可以把奶糖块数作为标准数。

【解】 由已知条件可得，原来这堆糖果的块数相当于奶糖块数的 $1\div\frac{9}{20}=\frac{20}{9}$，而放入 16 块水果糖后，这堆糖果的块数相当于奶糖块数的 $1\div\frac{1}{4}=4$ 倍，那后放入的 16 块水果糖，就相当于奶糖块数的 $4-\frac{20}{9}=\frac{16}{9}$，由此就可先求出奶糖的块数，这属于分数基本问题中的第三类问题，则奶糖的块数是 $16\div\frac{16}{9}=16\times\frac{9}{16}=9$。

所以这一堆糖果原来有 $9\div\frac{9}{20}=9\times\frac{20}{9}=20$(块)。

例 3 现在儿子的年龄是父亲的$\frac{1}{7}$，过 5 年后，儿子的年龄是父亲的$\frac{1}{4}$。父子现在年龄各是多少岁？

【分析】 此题已知条件中都是以父亲年龄作为标准数的，而这标准数是变化着的，前后相差 5 岁，但此题中也有不变量，那就是父亲与儿子年龄的差是不变的。

【解】 根据儿子现在的年龄是父亲的$\frac{1}{7}$，可得儿子现在的年龄相当于父亲与儿子年龄差的$\frac{1}{7}\div\left(1-\frac{1}{7}\right)=\frac{1}{7}\div\frac{6}{7}=\frac{1}{6}$；根据过 5 年后，儿子的年龄是父亲的$\frac{1}{4}$，可得儿子 5 年后的年龄相当于父亲与儿子年龄差的$\frac{1}{4}\div\left(1-\frac{1}{4}\right)=\frac{1}{4}\div\frac{3}{4}=\frac{1}{3}$。由此可得，5 岁就相当于父亲与儿子年龄差的$\frac{1}{3}-\frac{1}{6}=\frac{1}{6}$，求父、子的年龄差，就属于分数基本问题中的第三类问题，则父、子的年龄差为 $5\div\frac{1}{6}=5\times6=30$(岁)。所以父亲现在的年龄为 $30\div\left(1-\frac{1}{7}\right)=30\div\frac{6}{7}=30\times\frac{7}{6}=35$(岁)，儿子现在的年龄为 $35-30=5$(岁)或 $35\times\frac{1}{7}=5$(岁)。

例 4 山上有一棵桃树，上面结了很多桃子。小猴第一天吃了总数的$\frac{1}{10}$，第二天吃了余下的$\frac{1}{9}$，第三天吃了余下的$\frac{1}{8}$，……第九天吃了第八天余下的$\frac{1}{2}$后，树上还有10个桃子。问桃树上原来结有多少个桃子？

【分析】 此题每个分数指向的标准数都是在变化的。解答此题，可有两种途径。一是通过逐一算出小猴每天吃了总数的几分之几来解答，二是采用逆推的方法来解答。

【解法 1】 根据题意，可知第一天吃了总数的$\frac{1}{10}$，第二天吃了总数的$\left(1-\frac{1}{10}\right)\times\frac{1}{9}=\frac{9}{10}\times\frac{1}{9}=\frac{1}{10}$，第三天吃了总数的$\left(1-\frac{1}{10}\times2\right)\times\frac{1}{8}=\frac{4}{5}\times\frac{1}{8}=\frac{1}{10}$，……第九天吃了总数的$\left(1-\frac{1}{10}\times8\right)\times\frac{1}{2}=\frac{1}{5}\times\frac{1}{2}=\frac{1}{10}$，由此类推，九天中每天都吃了总数的$\frac{1}{10}$，所以桃树上原来结有$10\div\left(1-\frac{1}{10}\times9\right)=10\div\frac{1}{10}=100$(个)桃子。

【解法 2】 从最后树上剩下的10个桃子入手，逐一算出每天树上桃子的个数，直至算出桃子的总数。

$$10\div\left(1-\frac{1}{2}\right)\div\left(1-\frac{1}{3}\right)\div\cdots\div\left(1-\frac{1}{10}\right)$$
$$=10\times2\times\frac{3}{2}\times\frac{4}{3}\times\frac{5}{4}\times\cdots\times\frac{10}{9}$$
$$=10\times10=100(\text{个})。$$

即桃树上原来结有100个桃子。

分数和百分数基本问题中有些题目的标准数是要靠推理或推算得来的，这就需要更加周密的研判。

例 5 一次数学竞赛都是填空题，小军答错题数是题目总数的$\frac{1}{4}$，小莉答错5题，两人都答错的题目占总数的$\frac{1}{6}$，小军、小莉都答对的题目超过了总数的一半。问他们都答对的一共有多少题？

【析解】 此题中，题目的总数是要靠推理和推算才能得到，即根据“小军答错题数是题目总数的$\frac{1}{4}$，小莉答错5题，两人都答错的题目占总数的$\frac{1}{6}$”，可得小军答错而小莉没有答错的题数占题目总数的$\frac{1}{4}-\frac{1}{6}=\frac{1}{12}$，因为题目总数的$\frac{1}{4}$、$\frac{1}{6}$、$\frac{1}{12}$都是自然数，所以题目总数应是4、6、12的公倍数，即12，24，36，……又据“小莉答错5题，小军、小莉都答对的题目超过了总数的一半”以及小军答错而小莉没有答错的题数占题目总数的$\frac{1}{12}$，显然题目总数12是不可能的。当题目总数是24时，小军答错$24\times\frac{1}{4}=6$(题)，两人都答错的题目是

$24\times\frac{1}{6}=4$(题)，小军答错而小莉没有答错的是 $6-4=2$(题)，小莉答错而小军没有答错的是 $5-4=1$(题)，所以他们都答对的一共有 $24-4-2-1=17$(题)，符合超过总数一半的要求。若题目总数是 36，两人都错的题目为 $36\times\frac{1}{6}=6$(题)，而已知小莉答错的题目是 5 题，所以题目总数是 36 及其以上是不可能的。综上可知，题目总数只有 24，他们都答对的一共有 17 题。

例 6 甲、乙、丙三人去买书，乙买书的本数比甲买书的本数的 $\frac{3}{7}$ 多 3，丙买书的本数比甲买书的本数的 $\frac{2}{5}$ 少 1，则三人共计最少买多少本书？

【分析】 此题求的是三人合计最少买多少本书，根据题中所给的已知条件，都是以甲买书的本数作为标准数的，如果能把甲最少买书的本数求出来，那此题就容易解答出来了。而甲最少买书的本数是无法直接求出来的，但可通过已知条件推导出可能的本数来。

【解】 根据"乙买书的本数比甲买书的本数的 $\frac{3}{7}$ 多 3"，可得甲买书的本数必须能被 7 整除，又根据"丙买书的本数比甲买书的本数的 $\frac{2}{5}$ 少 1"，可得甲买书的本数必须能被 5 整除，综上可得，甲买书的本数至少是 7 和 5 的最小公倍数，即 $7\times5=35$。

由此就可得到，乙买书的本数为 $35\times\frac{3}{7}+3=15+3=18$，丙买书的本数为 $35\times\frac{2}{5}-1=14-1=13$，所以三人合计最少买书 $35+18+13=66$(本)。

【创新应用】

例 7 纸箱里有若干个乒乓球，其中 $\frac{1}{4}$ 是一级品，$\frac{n}{5}$(n 为正整数)是二级品，其余的 91 个是三级品。纸箱里共有多少个乒乓球？

【分析】 要求出乒乓球的个数，根据已知条件，必须确定 n 的值。解答此题，可有两种途径。

【解法 1】 根据其中一级品是 $\frac{1}{4}$，$\frac{n}{5}$ 是二级品，还有三级品，可得 n 只能是等于或小于 3 的正整数 $\left(\frac{1}{4}+\frac{n}{5}<1\right)$。

若 $n=1$，则三级品占总数的 $1-\frac{1}{4}-\frac{1}{5}=\frac{11}{20}$，乒乓球总数为 $91\div\frac{11}{20}=91\times\frac{20}{11}$，这不是整数，不可能存在；

若 $n=2$，则三级品占总数的 $1-\frac{1}{4}-\frac{2}{5}=\frac{7}{20}$，乒乓球总数为 $91\div\frac{7}{20}=91\times\frac{20}{7}=260$(个)；

若 $n=3$，则三级品占总数的 $1-\frac{1}{4}-\frac{3}{5}=\frac{3}{20}$，乒乓球总数为 $91\div\frac{3}{20}=91\times\frac{20}{3}$，这也不是整数，不可能存在。综上可知，$n$ 只能是 2，纸箱里共有 260(个)乒乓球。

【解法 2】 根据乒乓球总数"$\frac{1}{4}$是一级品，$\frac{n}{5}$(n 为正整数)是二级品"，可得 $1-\frac{1}{4}-\frac{n}{5}=\frac{20-5-4n}{20}=\frac{15-4n}{20}$是三级品。因为三级品是 91 个，则 $15-4n$ 应是 91 的约数，且小于 15，只可等于 1、7 或 13。若 $15-4n=1$，n 不是正整数，不合题意；若 $15-4n=7$，则 $n=2$；若 $15-4n=13$，n 不是正整数，不合题意。所以，$n=2$，纸箱里共有 $91\div\frac{15-4n}{20}=91\div\frac{7}{20}=91\times\frac{20}{7}=260$(个)乒乓球。

练习七

1. 有甲、乙两袋米，甲袋装米 10 千克。如果从乙袋中倒出$\frac{1}{3}$给甲袋，两袋米就一样重。乙袋米原来多少千克？

2. 甲校学生总数是乙校学生总数的$\frac{2}{5}$，甲校女生是甲校学生总数的$\frac{3}{10}$，乙校男生是乙校学生总数的$\frac{21}{50}$。问：甲、乙两校女生是甲、乙两校学生总数的几分之几？

3. 工厂有三个车间，第一车间完成任务的$\frac{2}{7}$，第二车间生产 1600 个，第三车间生产的零件是第一车间和第二车间生产零件总和的$\frac{1}{2}$。这个工厂生产的这批零件有多少个？

4. 学校运动队女队员占$\frac{3}{10}$，现在女队员增加了 5 人，女队员占$\frac{2}{5}$。问：现在运动队有队员多少人？

5. 一个圆柱形水池，用一根 5 米长的竹竿竖直地插入水池中。在竹竿与水面的交接处标上记号后取出，然后将竹竿倒过来，依照上述方法再做一次。如果两个记号间的距离是整个竹竿长度的$\frac{1}{5}$，那么水池中水深多少米？

6. 小红和小明参加一个联欢会，小红戴眼镜，小明不戴眼镜。小红看到不戴眼镜的是戴眼镜的 2 倍，小明看到戴眼镜的是不戴眼镜的$\frac{2}{3}$。那么参加联欢会的同学共多少人？

7. 操场上有 200 人，一部分人站着，另一部分坐着。如果站着的人中有 25%坐下，而坐着的人中有 25%站起来，那么站着的人就占操场上人数的 70%。问：原来站着的人有多少人？

8. 筐里、筐外各放了一些鸡蛋。如果从筐里拿 1 个鸡蛋放到筐外去，这时筐外鸡蛋的个数就是筐里的$\frac{1}{2}$；如果从筐外拿 1 个鸡蛋放到筐里去，这时筐外鸡蛋的个数就是筐里的$\frac{1}{3}$。问：筐里、筐外各有多少个鸡蛋？

9. 甲、乙两班人数相等，各有一些学生参加课外天文小组。甲班参加天文小组的人数恰好是乙班没有参加天文小组的人数的$\frac{1}{3}$，乙班参加天文小组的人数是甲班没有参加天文小组人数的$\frac{1}{4}$。问甲班没有参加天文小组的人数是乙班没有参加天文小组人数的几分之几？

10. 某班一次集会，请假人数是出席人数的$\frac{1}{9}$，中途又有 1 人请假离开。这样一来，请假人数是出席人数的$\frac{3}{22}$。这个班应有多少人参加集会？

11. 某工厂第一车间比第二车间的$\frac{4}{5}$少 30 人，如果从第二车间调 10 人到第一车间，这时第一车间的人数是第二车间的$\frac{3}{4}$。原来两个车间各有多少人？

12. 某校有学生 465 人，其中女生人数的$\frac{2}{3}$比男生人数的$\frac{4}{5}$少 20。男生比女生少多少人？

13. 某拖拉机耕一块地，第一天耕了这块地的 20%多 1200 平方米，第二天耕了这块地的 50%，这时剩下未耕的地是已耕地面积的$\frac{1}{4}$。问：这块地共有多少平方米？

14. 用一根绳子绕树 5 周还余下$\frac{1}{6}$米，如果把绳 3 折绕树一周还多$\frac{5}{6}$米。求树干的周长。

15. 某校六年级举行捐款活动，三个班共捐款 210 元。已知甲班捐的是乙、丙两班捐款之和的$\frac{2}{3}$，乙班捐的是甲、丙两班捐款之和的$\frac{2}{5}$。丙班捐款多少元？

16. 甲、乙两个修路队修一条公路，甲队每天修路比这条公路的$\frac{3}{4}$少 5 千米，乙队每天修路比这条公路的$\frac{1}{3}$少 2 千米。已知甲队比乙队每天多修路 1 千米，甲队每天修路多少千米？

17. 一只猴子偷吃桃树上的桃子，第一天偷吃了$\frac{1}{30}$，以后 28 天分别偷吃了当天现有桃子数量的$\frac{1}{29}$，$\frac{1}{28}$，…，$\frac{1}{3}$，$\frac{1}{2}$。偷吃了 29 天后，桃树上只剩下 2 个桃子。问：这只猴子 29 天一共吃了多少个桃子？

18. 一根铁丝，第一次剪去$\frac{1}{2}$，第二次剪去剩下的$\frac{1}{3}$，第三次剪去剩下的$\frac{1}{4}$，第四次剪去剩下的$\frac{1}{5}$，……照这样剪法，剪了 99 次后，剩下的铁丝长是原来的几分之几？

19. 有甲、乙两个水杯，甲杯有水 1 千克，乙杯是空的。第一次将甲杯水的$\frac{1}{2}$倒入乙杯里，第二次又将乙杯里水的$\frac{1}{3}$倒入甲杯里，第三次又将甲杯里水的$\frac{1}{4}$倒入乙杯里，第四次又将乙杯里水的$\frac{1}{5}$倒入甲杯里，照这样来回倒下去，一直倒了 1997 次，甲杯里的水还有多少千克？

20. 动物园饲养员给几个猴子分一篮香蕉。第一个猴子拿 1 根香蕉和剩下的$\frac{1}{10}$；第二个猴子拿 2 根香蕉和剩下的$\frac{1}{10}$；第三个猴子拿 3 根香蕉和剩下的$\frac{1}{10}$；……最后恰好分完。并且每个猴子的香蕉相等。问：一共有多少根香蕉？一共有多少个猴子？

21. 甲、乙、丙、丁四人养牛，平均每人养牛 30 多头。甲养牛的头数是乙的$\frac{2}{3}$，乙养牛的头数是丙的 $1\frac{1}{4}$，丁比甲多养了 3 头。丙养牛多少头？

22. 甲、乙两人各有钱若干元，现又有奖金 180 元。如果奖金全部给甲，这时甲有的钱正好是乙有的钱数的 2 倍；如果奖金全部给乙，这时乙有的钱正好是甲有的钱数的$\frac{7}{8}$。问：甲、乙两人原来各有钱多少元？

23. 甲、乙两人各带了若干元钱来到了邮票市场，他们同时看上了一套价值 20 元的邮票，若甲买了这套邮票，则甲剩下的钱是乙的$\frac{13}{14}$；若乙买了这套邮票，则乙剩下的钱是甲的$\frac{1}{2}$。问：甲、乙两人各带了多少钱？

24. 一个容器内装有一些水，现在倒掉其中$\frac{2}{7}$的水，剩下的水和容器共重 7.2 千克，再倒掉剩下水的$\frac{2}{3}$，此时水和容器的重量和是原来（第一次倒掉水之前）的$\frac{1}{3}$。问：容器里原来有水多少千克？

25. 某体育馆举行篮球比赛，第一天的门票价格是 40 元，但观众很少。第二天，主办方降低了票价，结果观众增加了六成，门票收入也比第一天多了 20%。问：第二天的门票价格是多少元？

26. 据了解个体皮鞋店销售皮鞋只要高出进价的 20%便可盈利，但老板们常以高出进价 50%～100%标价。如果你准备买一双标价 400 元的皮鞋，在保证老板盈利而你又不吃亏的情况下，最少要还价多少元？最多可还价多少元？

27. 某小贩从农民手中购进一批黄瓜，加价 150%出售。当这批黄瓜卖出一半时，该小贩已获利 60 元。如果余下的黄瓜售价不变，问：这笔黄瓜生意能为该小贩带来多少元的利润？

28. 有甲、乙两家商店，如果甲店的利润增加 20%，乙店的利润减少 10%，那么这两家商店的利润就相同。原来甲店的利润是乙店的百分之几？

29. 某商场购进一批服装，期望售完后能盈利 50%。起先按比进货价贵 50%的定价销售掉 60%的服装，商场为了加快资金周转，决定打折出售剩余服装，这样全部售完，盈利比照期望值减少了 18%。问剩余的服装出售时打了几折？

30. 在股票交易中，每买进或卖出一种股票，都必须按成交额的 0.2%交纳印花税，并付给证券公司 0.35%的佣金。张先生今年 4 月 1 日买进 3000 股 A 种股，每股 8.00 元，又以每股 15 元的价格买进 B 种股 4000 股。9 月 1 日，A 种股上涨到每股 900 元，B 种股则下跌部分，因此，张先生将两种股全部抛出，结果算上税费和佣金，只赚了 70.50 元。问：B 种股约下跌了百分之几？

31. 某企业在银行存入甲、乙两种不同用途的存款共有 20 万元，甲种存款的年利率为 5.5%，乙种存款的年利率为 4.5%，该企业一年可获利息 9500 元。问：甲、乙两种存款各有多少元？

32. 商店购进猴年生肖玩具 1000 个，运输中破损了一些。未破损的好玩具销售利润率为 50%；破损的玩具降价出售，亏损了 10%。最后结算，商店售出这批玩具总的利润率为 39.2%。问：商店卖出的好玩具有多少个？

33. 茶壶定价 50 元，成本是 30 元。茶杯的定价是成本的 125%。现在商店将一把茶壶与两只茶杯配成一套，按照它们的定价之和打九折出售，每套可获利 18 元。问：一只茶杯的成本是多少元？

34. 商场出售的 A 型冰箱每台售价 2190 元，每日耗电量为 1 度，而 B 型冰箱每台售价虽然比 A 型冰箱高出 10%，但每日耗电量却只有 0.55 度。现在商场决定将 A 型冰箱打折出售，问：商场至少打几折，消费者购买 A 型冰箱才合算？（每台冰箱按使用期 10 年，每年 365 天，每度电费 0.40 元）

35. 聪聪商店以每只 6 元的价格一批文具盒，然后以每只 9 元的价格出售，当卖出总数 $\frac{3}{4}$ 的多 5 时，不但收回了成本，而且还盈利 135 元。聪聪商店购进多少只文具盒？

36. 一批商品，按照能获利 50%定价，结果只销售了 70%的商品。为了尽快将剩下的商品销售出去，商店决定打折出售，售完后所获得的全部利润是原来能获得利润的 82%。剩下的商品打了多少折出售？

37. 水果店新进一批水果，自出售之日起，每天比前一天降价 20%。李明在出售的第二天买了 3 千克，在出售的第三天又买了 5 千克，两次共用去 42 元。这种水果出售的第一天单价是多少元？

38. 一块黄金放在水里称，重量减轻 $\frac{1}{19}$，一块白银放在水里称，重量减轻 $\frac{1}{10}$。有一块金银合金重 1540 克，放在水里称，减轻 100 克。这块合金含金、银各多少克？

39. 甲、乙两车同时从 A、B 两地出发相向而行，甲行完全程需 10 小时，乙行完全程需 15 小时，两车在途中相遇后，甲又行了 96 千米，这时甲车行完全程的 80%。问：A、B 两地相距多少米？

40. 六年级选出男生的$\frac{1}{11}$和 12 名女生参加数学竞赛，剩下的男生人数是女生人数的 2 倍。已知六年级共有学生 156 人，其中男生有多少人？

41. 某车间昨天生产的甲种零件比乙种零件多 700 个。今天生产的甲种零件比昨天少$\frac{1}{10}$，生产的乙种零件比昨天多$\frac{3}{20}$，两种零件共生产了 2065 个。昨天两种零件共生产了多少个？

42. 菜场购进一批小包装蔬菜，三天内卖完。第一天以盈利 60% 的价格卖出一部分，第二、三两天卖出的数量相同。已知第二天的价格是第一天的 80%，第三天的价格是第二天的 75%。最后计算一下，这批蔬菜获利 36%。问：三天各卖出蔬菜的几分之几？

43. 甲、乙各存款若干元，甲拿了存款的$\frac{1}{5}$给乙后，乙再拿出现有存款的$\frac{1}{4}$给甲，这时他们存款都有 180 元。他们原来各有存款多少元？

44. 李叔叔和张伯伯家一共养了 106 只鸡。李叔叔家的鸡中有$\frac{3}{8}$是公鸡，张伯伯家的鸡中有$\frac{7}{11}$是母鸡。他们两家一共养了多少只母鸡？

45. 盒子里有黑、白两种颜色的围棋子共 150 粒，先拿出白子的$\frac{1}{6}$，再拿出 7 粒黑子，剩下的白子和黑子正好一样多。盒子里原有白子多少粒？

46. 弟弟的钱数是姐姐的$\frac{2}{5}$，姐姐和弟弟都买了 40 元的机器猫后，这时弟弟的钱数是姐姐的$\frac{2}{7}$。姐姐原来有多少钱？弟弟原来有多少钱？

第八讲

浓度问题

浓度问题是分数和百分数基本问题中的特殊问题，解答浓度问题的途径仍然与分数和百分数基本问题的解法是一致的。一般浓度问题都涉及三个基本要素，即溶质、溶剂和溶液。解答浓度问题必须搞清楚这三个基本要素的关系。

$$溶质质量+溶剂质量=溶液的质量。$$

$$溶液的浓度=\frac{溶质质量}{溶液质量}\times100\%。$$

无论浓度问题如何复杂，解答时，都要从这三个要素的相互关系入手。

例 1 甲种酒精的纯酒精含量为 72%，乙种酒精的纯酒精含量为 58%，两种酒精各取出一些混合后，纯酒精含量为 62%。如果两种酒精所取数量都比原来多 15 升，混合后纯酒精的含量就为 63.25%。第一次混合时，甲、乙两种酒精各取多少升？

【分析】 解答此题，采用倒推法。先求出甲、乙两种酒精混合后的升数。根据两种不同浓度的溶液混合的规律，即：$V_1\times h_1+V_2\times h_2=(V_1+V_2)\times h_{混}$，可知参与混合的浓度高的溶液数量乘此溶液的浓度减去混合后溶液的浓度的差的积等于参与混合的浓度低的溶液数量乘混合后溶液的浓度减去参与混合的浓度低的溶液的浓度的差的积。

【解】 先将甲、乙两种酒精混合后的酒精当作参与混合的一种溶液，其浓度为 62%，将后取的两种酒精各为 15 升当作参与混合的另一种溶液，其浓度为$(72\%+58\%)\div2=65\%$，这两种溶液混合后产生的新溶液浓度为 63.25%，由此可得出甲、乙两种酒精混合后酒精数量，即 $15\times2\times(65\%-63.25\%)\div(63.25\%-62\%)=30\times1.75\%\div1.25\%=42$(升)。

再根据原来甲、乙两种酒精溶液的浓度，求出第一次混合时，甲、乙两种酒精各取的数量，即乙种酒精：

$(42\times72\%-42\times62\%)\div(72\%-58\%)=4.2\div14\%=30$(升).

甲种酒精：

$42-30=12$(升)或$(42\times62\%-42\times58\%)\div(72\%-58\%)=1.68\div14\%=12$(升)。

所以第一次混合时，甲种酒精取 12 升，乙种酒精取 30 升。

例 2 把 3 千克水加到盐水中，得到浓度 10%的盐水，再把 1 千克盐加到所得到的盐水中，这时盐水浓度 20%。原来盐水浓度是多少？

【分析】 抓住加 1 千克盐的前后水的质量没有变化，盐的质量增加了 3 千克，所以盐水浓度由10%增加到20%。

【解法1】浓度10%盐水中，盐是水的$10\%\div(1-10\%)=10\%\div90\%=\frac{1}{9}$；浓度20%盐水中，盐是水的$20\%\div(1-20\%)=20\%\div80\%=\frac{1}{4}$，可得加了3千克水后的盐水中的水是$1\div\left(\frac{1}{4}-\frac{1}{9}\right)=1\div\frac{5}{36}=7.2$(千克)，盐是$7.2\times\frac{1}{9}=0.8$(千克)。

所以原来盐水浓度是$0.8\div(7.2-3+0.8)\times100\%=16\%$。

【解法2】根据盐水再加1千克盐时，要保持盐水浓度仍为10%，需要加水$1\div10\%-1=10-1=9$(千克)。

浓度10%盐水中，水是盐的$(1-10\%)\div10\%=90\%\div10\%=9$倍，浓度20%盐水中，水是盐的$(1-20\%)\div20\%=80\%\div20\%=4$倍。

可得原来盐水含盐$9\div(9-4)-1=9\div5-1=1.8-1=0.8$(千克)。

又根据盐水是加了3千克水后浓度才是10%的，所以，原来盐水浓度是$0.8\div(0.8\div10\%-3)\times100\%=0.8\div5\times100\%=16\%$。

例3 浓度为20%、18%和16%的三种盐水混合后得到100克浓度18.8%的盐水。如果18%比16%的盐水多30克，三种盐水各有多少克?

【分析】此题无论多少种盐水怎么混合，其盐的重量是不变的。可以将浓度18%比16%的盐水多的30克剔除，由剩下100−30=70(克)盐水中含盐入手。

【解】$100\times18.8\%-30\times18\%=18.8-5.4=13.4$(克)，由此可把这70克盐水当成由浓度20%和$(18\%+16\%)\div2=34\%\div2=17\%$两种盐水混合而成，再求出这两种盐水的重量。

若把70克盐水都当成浓度20%的盐水，则含盐$70\times20\%=14$(克)，由此就可以求出浓度17%的盐水有：

$(14-13.4)\div(20\%-17\%)=0.6\div3\%=20$(克)。

所以，浓度20%的盐水有$70-20=50$(克)。

浓度17%盐水20克中，浓度18%和16%的盐水各占一半，所以浓度16%的盐水有$20\div2=10$(克)，浓度18%的盐水则有$10+30=40$(克)。

【创新应用】

在分数和百分数应用问题中还有一类漂洗衣服的问题，这不属于浓度问题，但也可效仿浓度问题的解答思路进行解答。漂洗衣服中残留的污渍可以看作溶质，漂洗用的水就是溶剂，污渍将随着漂洗用水的增多和漂洗次数的增加而减少，从而使衣服洗得越来越干净。

例4 星期天，小玲在家帮妈妈洗衣服。脏衣服在擦好肥皂揉搓充分之后，把衣服拧紧，排掉污水，再进行漂洗。假设拧紧后，衣服中还留存污水1千克。当时还有10千克清水，要想使清洗的衣服尽量清洁些，请你帮小玲设计漂洗衣服的方案(假设每次用清水整千克数）。

【分析】解答此题，要将各种漂洗衣服方案结果求出来，通过比较，才能确定最佳方案。

【解】设拧紧后衣服中留存的污物为“1”，则漂洗采用的方案以及留存的污物如下：

① 10 千克清水一次放入漂洗，留存的污物还有 $1\times\frac{1}{1+10}=1\times\frac{1}{11}=\frac{1}{11}$；

② 10 千克清水均分两次每次各 5 千克放入漂洗，留存的污物还有 $1\times\frac{1}{1+5}\times\frac{1}{1+5}=1\times\frac{1}{6}\times\frac{1}{6}=\frac{1}{36}$；

③ 10 千克清水分 2 千克、4 千克和 4 千克三次放入漂洗，留存的污物还有 $1\times\frac{1}{1+2}\times\frac{1}{1+4}\times\frac{1}{1+4}=1\times\frac{1}{3}\times\frac{1}{5}\times\frac{1}{5}=\frac{1}{75}$；

④ 10 千克清水分 3 千克、3 千克和 4 千克三次放入漂洗，留存的污物还有 $1\times\frac{1}{1+3}\times\frac{1}{1+3}\times\frac{1}{1+4}=1\times\frac{1}{4}\times\frac{1}{4}\times\frac{1}{5}=\frac{1}{80}$；

⑤ 10 千克清水分 1 千克、3 千克、3 千克和 3 千克四次放入漂洗，留存的污物还有 $1\times\frac{1}{1+1}\times\frac{1}{1+3}\times\frac{1}{1+3}\times\frac{1}{1+3}=1\times\frac{1}{2}\times\frac{1}{4}\times\frac{1}{4}\times\frac{1}{4}=\frac{1}{128}$；

⑥ 10 千克清水分 2 千克、2 千克、3 千克和 3 千克四次放入漂洗，留存的污物还有 $1\times\frac{1}{1+2}\times\frac{1}{1+2}\times\frac{1}{1+3}\times\frac{1}{1+3}=1\times\frac{1}{3}\times\frac{1}{3}\times\frac{1}{4}\times\frac{1}{4}=\frac{1}{144}$；

⑦ 10 千克清水均分 5 次每次各 2 千克放入漂洗，留存的污物还有 $1\times\frac{1}{1+2}\times\frac{1}{1+2}\times\frac{1}{1+2}\times\frac{1}{1+2}\times\frac{1}{1+2}=1\times\frac{1}{3}\times\frac{1}{3}\times\frac{1}{3}\times\frac{1}{3}\times\frac{1}{3}=\frac{1}{243}$；

⑧ 10 千克清水均分 10 次每次各 1 千克放入漂洗，留存的污物还有 $1\times\frac{1}{1+1}\times\frac{1}{1+1}\times\frac{1}{1+1}\times\frac{1}{1+1}\times\frac{1}{1+1}\times\frac{1}{1+1}\times\frac{1}{1+1}\times\frac{1}{1+1}\times\frac{1}{1+1}\times\frac{1}{1+1}=\frac{1}{1024}$。

根据留存的污物最少，衣服漂洗得最干净，由上面结果可知，采用第⑧种漂洗方法，漂洗结果的衣服最干净。

练习八

1. 现有浓度分别为3%、4%、8%的盐水各10克，混合在一起。混合后的盐水浓度是多少？

2. 现有浓度分别为3%、4%、8%的甲、乙、丙三种盐水。甲、乙两种盐水的重量之比为5∶3，乙、丙两种盐水的重量之比为2∶3。把这三种盐水混合在一起，混合后的盐水浓度约是多少？（百分号前保留整数）

3. 现有含盐量分别为16%和40%的甲、乙两种盐水，混合后得到含盐量为32%的盐水300千克。问：甲、乙两种盐水各有多少千克？

4. 原有含盐量20%的盐水1000克，需要加多少克水才能得到含盐量为10%的盐水？若将原有的盐水放在锅里加热后，盐水的重量减少200克，加热后盐水的浓度是多少？

5. 有甲、乙两个容器，分别装了若干纯酒精和水。第一次将甲的$\frac{1}{2}$倒给乙，混合后，再把乙的一半倒给甲。这样再做一次后，甲容器中有22%的酒精溶液300克。问：最初甲容器装纯酒精多少克？乙容器装水多少克？

6. 甲、乙两个容器，甲容器装有960克纯酒精，乙容器装有640克水。第一次将甲的一半纯酒精倒入乙混合后，再将乙的一半倒入甲。这样三次后，甲容器中的酒精的浓度是多少？

7. 甲、乙两个容器共有溶液 2800 千克，如果从甲容器里取出$\frac{1}{4}$，从乙容器里取出$\frac{1}{5}$，两个容器共剩下溶液 2100 千克。求两个容器原来各有溶液多少千克。

8. 有浓度为 30%的溶液若干，加了一定数量的水后，稀释成浓度为 24%的溶液。如果再加入同样多的水，溶液的浓度是多少？

9. 瓶中装满 100 克糖，用去 10 克后，加满水，又用去 10 克后，再加满水。问：现在瓶中糖水的浓度是多少？

10. A、B、C 三个试管中，各盛有 10 克、20 克、30 克的水。把某种浓度的盐水 10 克倒入 A 中，充分混合后，从 A 中取出 10 克倒入 B 中，再充分混合后，从 B 中取出 10 克倒入 C 中，最后得到盐水的浓度是 0.5%。一开始倒入 A 中的盐水浓度是多少？

11. A 种酒精中纯酒精含量为 40%，B 种酒精中纯酒精含量为 37%，C 种酒精中纯酒精含量为 35%，它们混合在一起，得到了纯酒精为 38%的酒精 1200 升。其中 B 种酒精比 C 种酒精多 5 升，那么其中 A 种酒精有多少升？

12. 一个 5 升的饮料瓶装满纯橘子汁。小林喝了 2 升后，又用纯净水将它装满摇匀，第二天，他再喝了 2 升饮料后，仍然用纯净水将它装满摇匀。这时的饮料中，纯橘子汁含量占的百分比是多少？

13. 一杯中水放入 10 克糖，再加入浓度为 5%的糖水 200 克，刚好配成了浓度为 2.5%的糖水。原来杯中有水多少克？

14. 有浓度为 10%的糖水 100 克，加入多少克糖后，糖水的浓度为 20%？

15. 衣服在擦好肥皂搓揉充分后，再拧干。设拧干后衣服中还留有含污物的水 1 千克，现有 12 千克清水分次按相等的整千克的水加入漂洗，可有多少种办法？哪种办法漂洗的衣服最干净？

9 第九讲

年龄和时间问题

年龄和时间问题是一类特殊的应用问题，它涉及常见的计时单位世纪、年、月、日、时（点）、分、秒。计时单位日，作为时刻，还称为号，如 3 月 2 日，又称为 3 月 2 号；作为经过的时间，还称为天，如完成一件事需要 5 日，一般说需要 5 天。还有一些少见的计时单位也要了解，如季度、旬、星期（周）和刻等。季度介于年和月之间，一年分为四个季度，3 个月为一个季度，1 至 3 月为第一季度，4 至 6 月为第二季度，7 至 9 月为第三季度，10 至 12 月为第四季度。旬介于月和日之间，一个月为 3 旬，1 至 10 日为上旬，11 至 20 日为中旬，21 日至月底为下旬，上、中旬各有 10 天，下旬大月有 11 天，小月有 10 天，二月的下旬有 8 天（平年）或 9 天（闰年）。星期（周）介于月和日之间，一个星期（周）有 7 天，星期（周）是按固定次序排列的，不受月的限制；刻介于时和分之间，1 刻等于 15 分钟，4 刻等于 1 时，1 时有 60 分钟，分为 4 刻，如 2 时 15 分，就是 2 时 1 刻，2 时 45 分，就是 2 时 3 刻。年龄问题涉及计时单位“年”，过一年，就增加 1 岁。

例 1 祖孙三代人，孙子与爷爷年龄之积是 1512，而爷爷、父亲、孙子三人年龄之积是完全平方数，则父亲年龄是多大？

【分析】 解答此题，一是要抓住数字 1512 因数的特点，二是要抓住三人年龄积是一个完全平方数，且是 1512 的倍数。

【解】 因为 $1512=2\times2\times2\times3\times3\times3\times7$，则可知爷爷、父亲、孙子三人年龄之积就是 1512 与父亲年龄之积。又因为这个积“是完全平方数”，所以这个数至少是 $2\times2\times2\times2\times3\times3\times3\times3\times7\times7$。比较前后两个不同的积的组成，可知父亲的年龄是 $2\times3\times7=42$（岁）。

例 2 一个三口之家，由爸爸、妈妈和儿子组成。今年，他们年龄之和是 66 岁，爸爸比妈妈大 4 岁。六年前，这个家庭成员的年龄之和是 50 岁。今年爸爸、妈妈和儿子各是多少岁？

【分析】 根据六年前这个家庭成员的年龄之和是 50 岁，若当时就有儿子，则今年他们的年龄和应为 $50+6\times3=50+18=68$（岁），而题中已知今年他们的年龄和为 66 岁，所以 6 年前儿子还没有出生，所以可先求儿子今年多少岁。

【解】 儿子今年的年龄是 $66-50-6\times2=4$（岁）。

爸爸、妈妈今年的年龄和为 $66-4=62$（岁），已知爸爸比妈妈大 4 岁，所以爸爸今年的年龄是 $(62+4)\div2=66\div2=33$（岁），妈妈今年的年龄是 $33-4=29$（岁）。

例 3 甲、乙、丙、丁四人现在年龄之和是 64 岁，甲 21 岁时，乙 17 岁；甲 18 岁时，丙的年龄是丁的 3 倍。丁现在是多少岁？

【分析】 此题是比较复杂的年龄问题，涉及三个年份，即现在的年份、甲 21 岁时的年份和甲 18 岁时的年份。要求丁现在是多少岁，仅靠现有的条件是难以求出来的。需要先找出三个年份的关系。

【解】 甲 21 岁时和甲 18 岁时的年份相差 21－18＝3(年)。甲 18 岁时，牵涉到乙、丙、丁三个人，根据“甲 21 岁时，乙 17 岁”，可得甲 18 岁时，乙 17－(21－18)＝17－3＝14(岁)。

根据 64－(18＋14)＝64－32＝32，32 正好能被 3＋1＝4 整除，再根据“甲 18 岁时，丙的年龄是丁的 3 倍”，可知甲 18 岁那一年正好是现在的年份。据此可得，丁现在应是 32÷4＝8(岁)。

例 4 父亲现在年龄是儿子的 4 倍，4 年后，父亲年龄是儿子的 3 倍。再过多少年后，父亲年龄是儿子的 2 倍？

【分析】 解答此题，采用先求出父、子 4 年后的年龄的途径来解答。

【解】 根据“父亲现在年龄是儿子的 4 倍，4 年后，父亲年龄是儿子的 3 倍”，可得 4 年后，儿子的年龄是 4×(4－1)÷(4－3)＝4×3÷1＝12(岁)，父亲的年龄是 12×3＝36(岁)，由此即可求出，再过(36－12)÷(2－1)－12＝24÷1－12＝24－12＝12(年) 后，父亲的年龄是儿子的 2 倍。

例 5 甲、乙、丙三人今年年龄从小到大排列(每人年龄都不超过 100 岁)，都为质数，他们三人的年龄之和也为质数，10 年前他们的年龄之和也为质数。已知乙一年后的年龄恰好是甲、丙两人今年年龄之和的一半，今年甲年龄的 3 倍比乙、丙两人年龄之和还大 3 岁。问甲、乙、丙今年的年龄分别是多少岁？

【分析】 从关于甲、乙、丙三人年龄特征开始推导。为此，先将 100 以内的质数排出来，即 2，3，5，7，11，13，17，19，23，29，31，37，41，43，47，53，59，61，67，71，73，79，83，89，97。根据已知条件中关于甲、乙、丙三人年龄特征，可知现在他们的年龄都是大于 10 的质数，且和也为质数，10 年前他们的年龄和也为质数，再根据乙一年后的年龄恰好是甲、丙两人今年年龄和的一半，可知这三人年龄是连续的三个质数。

【解】 符合题述条件的三人年龄可能是 11，13，17；17，19，23；19，23，29。但这三组数中，符合“甲年龄的 3 倍比乙、丙两人年龄之和还大 3 岁”的已知条件只有 11，13，17 这一组。由此可知，甲、乙、丙三人今年的年龄分别是 11 岁、13 岁、17 岁。

例 6 小乐问刘老师今年有多少岁.刘老师说：“当我像你这么大时，你才 3 岁；当你像我这么大时，我已经 42 岁了。”你能算出刘老师有多少岁吗？

【分析】 此题讲的是小乐与刘老师两人的年龄关系，根据刘老师的介绍，有三个节点上的年龄，即刘老师和小乐现在的年龄，刘老师像小乐现在的年龄以及小乐像刘老师现在的年龄。但无论是在哪一个节点上，小乐与刘老师两人的年龄差是不变的，这是解答此类题目的关键。为此，可以通过画图来帮助理解。

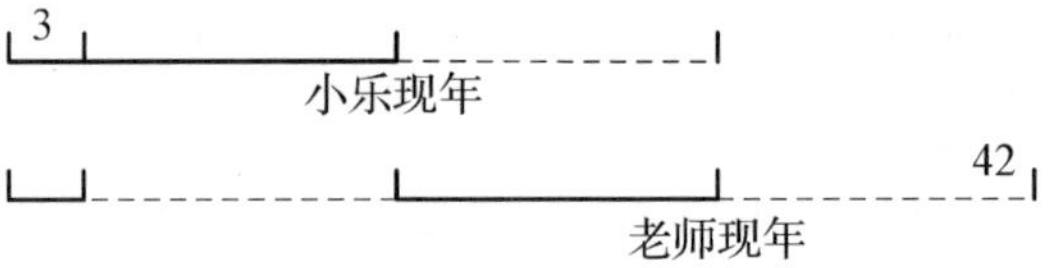

【解】观察上图，不难看出，42 与 3 的差是刘老师与小乐年龄差的 3 倍，由此就可得出刘老师现在的年龄，即：

42－(42－3)÷3＝42－39÷3＝42－13＝29(岁)，或

3＋(42－3)÷3×2＝3＋26＝29(岁)。

例 7 在干支纪年中，公元 2002 年是壬午年，公元 2008 年是农历什么年？中国近代史上的“戊戌变法”发生在十九世纪末的戊戌年，这一年是公元哪一年？

【分析】此题讲的干支纪年，是从公元 4 年开始使用的，它是以十天干：甲、乙、丙、丁、戊、己、庚、辛、壬、癸和十二地支：子、丑、寅、卯、辰、巳、午、未、申、酉、戌、亥顺序相配组合成干支。当天干 10 个符号排了六轮与地支 12 个符号排了五轮，可构成 60 干支，以此续排下去又将恢复原状，周而复始，用于纪年。

【解】已知公元 2002 年是壬午年，而 2008 年是 2002 年后的第 2008－2002＝6(年)，“壬”转到了“戊”，“午”转到了“子”，因此，2008 年是戊子年。

因为 2008 年是戊子年，2018，2028，……都是“戊”年，而“子”往后 10 年，即为“戌”年，所以，2018 年就是戊戌年。因此，2018 年向前倒推 60×2＝120 年，即 2018－120＝1898 年也为戊戌年。

例 8 一个月最多有 5 个星期日。在一年的 12 个月中，有 5 个星期日的月份最多有几个月？

【分析】此题乍看好像要一个一个月去推算是哪几个月有 5 个星期日，这样很难准确地得出答案来，所以应从全年考虑。

【解】从全年来考虑，根据 366÷7＝52……2，可知全年最多有 52＋1＝53(个)星期日。一年有 12 个月，再根据抽屉原理，由 52÷12＝4……5，可知在一年的 12 个月中，最多有 5 个月是有 4＋1＝5(个)星期日的。

【创新应用】

例 9 小明的爸爸工作 6 天休息 2 天，小明的妈妈工作 3 天休息 1 天，而小明是上 5 天学，休息 2 天。5 月 15 日这天全家都休息，问下一次全家同时休息日至少是几月几日？

【分析】此题的意思是要求全家从 5 月 15 日休息到下一次再同时休息需要的最少天数，需要排出休息日的规律。

【解】小明的爸爸工作 6 天休息 2 天，一个周期是 8 天，且 2 天休息日连续在末两日出现；小明的妈妈工作 3 天休息 1 天，一个周期是 4 天，休息日出现在末日；而小明是上 5 天学，休息 2 天，一个周期是 7 天，休息日两天连续在末两日出现。据上分析，妈妈两个周期是 4×2＝8(天)，等于爸爸的一个周期，若二人同时工作的话，第 8 天就是同时休息日。要使小明也在这一天休息，且保证天数最少，根据 1＋5＋2＝8(天)，可知小明前一次与爸爸妈妈共同休息的日期应是小明双休日的第一天。所以，下一个全家同时休息日至少是 5 月 15 日＋8 日＝5 月 23 日。

练习九

1. 一百多岁的老寿星，公元 x^2 年时，年龄为 x 岁。则此寿星 2001 年是多少岁？

2. 哥哥对弟弟说："到 21 世纪的 x^2 年，我恰好 x 岁。"问：哥哥生于哪一年？

3. 詹姆斯是在十九世纪出生的，而且他 x 岁时在 x^2 年。罗杰斯也是在十九世纪出生的，但他比詹姆斯晚出生，他 y 岁时在 y^2 年。他们两人相差多少岁？

4. 小亮和爸爸、妈妈的年龄分别是 6 岁、35 岁、31 岁。再过多少年，爸爸、妈妈的年龄之和是小亮的 5 倍？

5. 15 年前，妈妈的年龄是儿子的 7 倍，再过 10 年，妈妈年龄是儿子的 2 倍。现在，妈妈和儿子的年龄各是多少岁？

6. 小华去拜访一位老寿星，当问起老寿星的年龄时，老寿星笑着说"我的岁数是一个三位数，各位数字的和是 6。我的哥哥比我大 5 岁，他的岁数的各位数字的和是 2。"请你算算看，这位老寿星和他的哥哥各有多少岁。

7. 3 年后，姐、妹两人年龄之和为 27 岁。已知今年妹妹的年龄和姐、妹的年龄之差相等，今年姐姐和妹妹的年龄各多少岁？

8. 奶奶今年 60 岁，孙女今年 12 岁。再过多少年，奶奶的年龄是孙女的 3 倍？

9. 今年爷爷 78 岁，长孙 27 岁，次孙 23 岁，三孙 16 岁。问：几年后爷爷的年龄是三个孙子的年龄之和？

10. 四个人年龄之和是 77 岁，最小的是 10 岁，最大的与最小的年龄之和比另外两人年龄之和大 7 岁。问：最大的年龄是多少岁？

11. 王叔叔对小明说："我 15 年前的岁数和你 6 年后的岁数相同，7 年前，我的年龄是你的年龄的 8 倍。"问：小明今年多少岁？王叔叔今年多少岁？

12. 哥哥对弟弟说："当我是你今年岁数的那一年，你刚刚 3 岁。"弟弟对哥哥说："当我长到你今年的岁数时，你就是 15 岁了。"问：哥哥、弟弟今年各是多少岁？

13. 今年小刚年龄的 3 倍与小芳年龄的 5 倍相等。10 年后，小刚年龄的 4 倍与小芳年龄的 5 倍相等。小刚今年多少岁？

14. 5 年前爸爸的年龄是儿子年龄的 7 倍，5 年后爸爸的年龄是儿子年龄的 3 倍。今年爸爸的年龄是儿子年龄的几倍？

15. 小红家今年平均年龄 23 岁，可六年前，他家的平均年龄是 24 岁。问：小红的妹妹今年几岁？

16. 爷爷今年 75 岁,他的三个孙子分别是 12 岁,9 岁,4 岁。几年后,爷爷的年龄是三个孙子年龄和的 2 倍?

17. 奶奶今年 66 岁,她的三个孙女分别是 11 岁,7 岁,4 岁。几年前,奶奶的年龄是三个孙女年龄和的 4 倍?

18. 丽丽今年 12 岁,妈妈今年 42 岁。丽丽想请妈妈替她买一辆自行车,妈妈答应她,当我的年龄正好是你的年龄的 3 倍时,我就替你买一辆自行车。过几年,丽丽才能得到妈妈买的一辆自行车?

19. 妈妈对洋洋说:“孩子,10 年后,我们年龄之和是 55 岁。而我今年的年龄又是你 10 年后年龄的 2 倍。”请问:妈妈和洋洋今年各是多少岁?

20. 周末,邻居李华在公园里遇见丽丽的弟弟何旺,问道:“丽丽多大了呢?”何旺回答:“五年前姐姐的年龄是我的 5 倍,但是现在仅仅是我的 3 倍。”你知道丽丽多大吗?

21. 小斑马对大斑马说:“妈妈,我到你现在这么大时,你就 31 岁了。”大斑马说:“我像你这么大时,你只有 1 岁。”请问:大、小斑马现在各是多少岁?

22. 三位同学到少年宫参加课外活动,但活动时间不相同。甲每隔 3 天去一次,乙每隔 5 天去一次,丙每隔 9 天去一次。上次他们在少年宫同时见面时间是星期五,那么下次三人同时在少年宫见面是星期几?

23. 甲每 13 天去公园去一次，乙每 15 天去公园一次。甲 3 月 30 日曾去公园，乙是 4 月 1 日，去了公园。以后，他们在这公园第一次相遇的日期是几月几日？

24. 某人在打工的一段时间内，共赚得 3040 元（日工资 160 元，星期六半天工资 80 元，星期日休息无工资）。已知他打工是从 1 月下旬的某一天开始的，这个月的 1 日恰好是星期日，这人打工结束的那一天是几月几日？

25. 2015 年 6 月 1 日是星期一，10 月 1 日是星期几？2016 年的 6 月 1 日是星期几？2016 年的 10 月 1 日是星期几？

26. 小明一次撕了好几张台历（撕下的几张是同一个月的），这几张台历上的日期加起来恰好是 60。小明撕下的这几张台历的日期各是几？

第十讲

鸡兔同笼问题

鸡兔同笼问题是一种特殊的应用问题。一般来讲，题中的已知条件是同笼的鸡兔总只数和腿的总条数，求的是鸡、兔各有的只数。解决这类问题一般思路是把这两种动物当作鸡或兔一种动物来计算，但在实际生活中遇到的不一定是鸡兔，而是其他一些动物，甚至是其他一些物品，也不一定只有两种，而有三种或者更多种类。不管是其他动物还是其他物品，只要是题型与鸡兔同笼问题相似的，都可以依照同样的方法进行解答。若题中给出的不是两个元素，而是三个甚至更多元素，可以设法把其中特点相近或相互联系紧密的两个元素先当作一个元素来处理，分步进行，这样就容易把问题解决了。

例1 100个和尚吃100个馍头，已知老和尚一人吃3个馍头，小和尚三人吃1个馍头。问：寺庙里各有多少个老和尚和小和尚？

【分析】这是一道类似于“鸡兔同笼”问题，100个和尚和100个馍头就相当于鸡和兔的总只数和腿的总条数，老和尚和小和尚每人吃的馍头个数就相当于每只鸡和兔腿的条数。

【解】先把100个和尚都当成老和尚，那要吃3×100=300(个)馍头，这比原有100个馍头多300−100=200(个)。再根据老和尚一人吃3个馍头，小和尚三人吃1个馍头，可得三个老和尚比三个小和尚多吃3×3−1=9−1=8(个)馍头，由此可得，小和尚有3×(200÷8)=3×25=75(个)，老和尚有100−75=25(个)。

此题也可以先把100个和尚都当成小和尚来看待，同样可以解答出来。

例2 三种昆虫共18只，它们共有20对翅膀，116条腿。其中蜘蛛是无翅膀，有8条腿；蜻蜓是2对翅膀，有6条腿；蝉是1对翅膀，有6条腿。问：蜘蛛、蜻蜓和蝉各有几只？

【分析】此题是一道复杂的鸡兔同笼问题，题中讲的是三种昆虫，涉及翅膀和腿两个元素。但根据题中给出的蜻蜓和蝉都是6条腿，蜘蛛是8条腿，故可把蜻蜓和蝉当作一种昆虫来看待。

【解】求蜘蛛的只数，即(116−6×18)÷(8−6)=8÷2=4(只)，则蜻蜓和蝉共有18−4=14(只)。

再据蜻蜓是2对翅膀，蝉是1对翅膀，可得蝉有(2×14−20)÷(2−1)=8÷1=8(只)，蜻蜓则有14−8=6(只)。

例 3 鸡和兔共有100只，鸡的腿比兔的腿少70条。鸡、兔各有多少只？

【分析】 此题与一般鸡兔同笼问题不同，这里只有鸡和兔共有的只数，没有鸡和兔腿共有的条数，而只知道鸡的腿比兔的腿少70条，但可以仿照解答一般鸡兔同笼问题的路径进行思考。

【解法1】 若把100只都当成鸡，那鸡的腿比兔的腿多2×100=200(条)，这要变成“鸡的腿比兔的腿少70条”，那需要把鸡的200+70=270(条)腿转换成兔的腿。根据把1只鸡转换成1只兔，就需要把2+4=6(条)鸡的腿转换成兔的腿，所以兔的只数应为270÷6=45，则鸡的只数应为100−45=55。

【解法2】 若把100只当成100÷2=50(只)鸡和50只兔，那兔的腿比鸡的腿多(4−2)×50=2×50=100(条)，这要变成“鸡的腿比兔的腿少70条”，那需要把兔的100−70=30(条)腿转换成鸡的腿。根据把1只兔转换成1只鸡，就需要把兔的2+4=6(条)腿转换成鸡的腿，所以兔的只数应为50−30÷6=50−5=45，鸡的只数则为100−45=55。

【解法3】 根据“鸡的腿比兔的腿少70条”和每只鸡比每只兔的腿少4−2=2(条)，可得70÷2=35(只)鸡的腿比35只兔的腿少70条。那其余的100−35−35=30(只)鸡和兔中，鸡的腿总条数与兔的腿总条数就应该相等，所以鸡的只数与兔的只数之比应为4∶2=2∶1，则鸡为30÷(2+1)×2=30÷3×2=10×2=20(只)，兔为30−20=10(只)。

故兔的只数应为35+10−45，鸡的只数则为100−45=55或35+20=55。

例 4 实验小学组队参加2020年“城市杯”奥林匹克竞赛。这次竞赛的项目不少于10个，实小代表队每个项目都参加了，而且每个项目只有1名选手参加。规定每个项目的金牌得5分，银牌得4分，铜牌得3分，只有前三名的成绩计入学校代表队的总分。实小的选手在这次竞赛中每个项目都至少获得铜牌。全队各个项目累计总分为37分。而且，金、银、铜牌都得到了。该校选手获得金牌、银牌、铜牌各多少枚？

【分析】 根据“竞赛的项目不少于10个，实小代表队每个项目都参加了，而且每个项目只有1名选手参加”和“实小的选手在这次竞赛中每个项目都至少获得铜牌”，又根据计分办法和实小队“项目累计总分为37分，而且，金、银、铜牌都得到了”，由3×10+4×1+5×1=39>37，可知这次竞赛的项目少于12个，那这次竞赛的项目只能为10个和11个。10个和11个就相当于鸡、兔的总只数，总分37分就相当于鸡、兔腿的总条数，金牌得5分，银牌得4分，铜牌得3分，就相当于每只鸡、兔腿的条数，这里有三个元素，解答起来，必须考虑到各种情况。

【解】 因为3×10+4×1+5×1=39>37，可知这次竞赛的项目少于12个。

(1) 当竞赛项目为10个时，实小若都得银牌，总分应为4×10=40(分)，比实际分多40−37=3(分)。根据金、银、铜牌都有，若有1枚金牌，则有[3+(5−4)×1]÷(4−3)=4÷1=4(枚)铜牌；若有2枚金牌，则有[3+(5−4)×2]÷(4−3)=5÷1=5(枚)铜牌；若有3枚金牌，则有[3+(5−4)×3]÷(4−3)=6÷1=6(枚)铜牌；若有4枚金牌，计算的结果不符合题意。因此，竞赛项目为10个时，实小选手得牌的情况只有下述三种：① 金牌1枚，银牌5枚，铜牌4枚；② 金牌2枚，银牌3枚，铜牌5枚；③ 金牌3枚，银牌1枚，铜牌

6 枚。

(2) 当竞赛项目为 11 个时，若实小都得银牌，总分应为 $4\times11=44$(分)，比实际分多 $44-37=7$(分)。当有 1 枚金牌，则有 $[7+(5-4)\times1]\div(4-3)=8\div1=8$(枚)铜牌，那银牌只有 $11-1-8=2$(枚)；当有 2 枚金牌时，铜牌则有 $[7+(5-4)\times2]\div(4-3)=9\div1=9$(枚)，银牌则为 $11-2-9=0$(枚)，这不符合题意。所以，竞赛项目为 11 个时，实小选手得牌的情况只有一种，即金牌 1 枚，银牌 2 枚，铜牌 8 枚。

综上可得，该校选手获得金牌、银牌、铜牌的枚数有以下四种可能，即：

① 金牌 1 枚，银牌 5 枚，铜牌 4 枚；

② 金牌 2 枚，银牌 3 枚，铜牌 5 枚；

③ 金牌 3 枚，银牌 1 枚，铜牌 6 枚；

④ 金牌 1 枚，银牌 2 枚，铜牌 8 枚。

例 5 学校派出 100 个人去搬 100 只箱子，老师一次搬 3 只，男生一次搬 2 只，女生两人抬 1 只。你知道该有多少老师、男生和女生，才能恰好一次搬完这 100 只箱子？

【分析】 这是比较繁难的问题。此题繁难在有三个方面的力量共同承担同一项任务。解答此题，可仿照“鸡兔同笼”问题的解答思路进行。这里老师、男生和女生的 100 人，相当于鸡、兔的总只数，100 只箱子相当于鸡、兔腿的总条数，老师一次搬 3 只，男生一次搬 2 只，女生两人抬 1 只相当于每只鸡、兔腿的条数。这里有老师、男生和女生三个元素，可先按照只派老师和女生两类人员来完成一次搬 100 只箱子任务的问题来解答。

【解】 先把 100 人都当着女生来计算，一次能搬箱子 $100\div2=50$(只)，比搬完这 100 只箱子少 $100-50=50$(只)。若用老师去抵换女生，抵换 1 人，多搬 $3-1\div2=3-0.5=2.5$(只)箱子，所以，要保证 100 人一次只搬 100 只箱子，那老师就有 $50\div2.5=20$(人)，女生则有 $100-20=80$(人)。

求老师、男生和女生 100 人一次搬 100 只箱子，可在此基础上，通过同时减少教师和女生的人数，增加男生人数，且保证增、减的人数和增、减的工作量分别相等，这样就能得出答案来。根据 $3\times3+0.5\times2=2\times5$，可知只要同时减少 3 个老师和 2 个女生，增加 5 个男生，其增、减的人数和增、减的工作量就分别相等。所以解答此题，只要以老师 20 人、女生 80 人为基数，按上面的数额同时递减和递增，就能得出符合题意的六种答案来，即：

① 老师 17 人，男生 5 人，女生 78 人；

② 老师 14 人，男生 10 人，女生 76 人；

③ 老师 11 人，男生 15 人，女生 74 人；

④ 老师 8 人，男生 20 人，女生 72 人；

⑤ 老师 5 人，男生 25 人，女生 70 人；

⑥ 老师 2 人，男生 30 人，女生 68 人。

【创新应用】

例 6 供电部门对用户按峰谷不同办法收费。用峰电时，每度电收费 0.55 元，用谷电时，每度电收费 0.30 元。不分峰谷，每度电收费 0.53 元。问峰时用电量占百分之几时，就比不分峰谷时收费低?

【分析】 解答此题,关键是要求出峰、谷电成何比例时,才能与不分峰谷电时的收费保持平衡。可参照解答鸡兔同笼问题的思路进行,方法有两种。

【解法 1】 采用推导的方法来解答。按使用 1 度电来考虑,把这 1 度电先当成谷电来计算,则比不分峰谷电时少花 $0.53\times1-0.30\times1=0.23$(元)。要保持平衡,则要靠峰电替代谷电来解决,即需用峰电 $0.23\div(0.55-0.30)=0.23\div0.25=0.92$(度)。由此可得,要求电费保持平衡,峰电用量应占 $0.92\div1=92\%$。所以峰时用电量低于 92%时,就比不分峰谷收费低。

同样可把这 1 度电先当成峰电来计算,也可以得出上面的结果。

【解法 2】 利用比的知识来解答。此题可以不分峰谷收费的电价和用电量作基准,要求电费保持平衡,那峰谷电的用电量应与峰谷电价和不分峰谷的电价差成反比。峰电的用电量应占整个用电量的比是:

$(0.53-0.30)\div(0.55-0.30)\times100\%=92\%$。

所以峰时用电量低于 92%时,就比不分峰谷收费低。

练习十

1. 100 个和尚吃 100 个馍头。已知大和尚一人吃 4 个馍头,小和尚四人吃一个馍头。问:大、小和尚各有多少人?

2. 已知蟋蟀有 6 只脚,蜘蛛有 8 只脚,一个盒子里的蟋蟀和蜘蛛共有 46 只脚。蟋蟀和蜘蛛各有多少只?

3. 46 人去划船,一共乘坐 10 条船,其中大船能坐 6 人,小船能坐 4 人,且每条船都坐满。问大、小船各有几条?

4. 六一儿童节那天,六(一)班的 50 名同学去划船,大船可以坐 6 人,租金 10 元;小船每条坐 4 人,租金 8 元。根据以上信息,请你设计出几种租船方案(至少写出 4 种租船方案),并回答怎样租船最合算。

5. 团体游园购买公园门票的票价如下:

团体人数	0~50	51~100	101 以上
每人门票价	12 元	10 元	8 元

今有甲、乙两个旅行团,若分别购票,两团总计应付门票费 1142 元;若在一起作为一个团体购票,总计只应付门票费 864 元。这两个旅行团各有多少人?

6. 红光贸易公司在甲、乙两银行贷款 40 万,一年需付利息 2.5 万。已知甲银行贷款年利率 6%,乙银行贷款年利率 7%。问红光贸易公司在甲、乙两银行各贷款多少万元?

7. 甲、乙两地相距 120 千米。大客车从甲地出发前往乙地，开始速度为 50 千米/时，中途变为 40 千米/时。大客车出发 1 小时后，小轿车也从甲地出发前往乙地，速度为 80 千米/时。结果两车同时到达乙地。问：大客车从甲地出发多长时间后才降低速度的？

8. 爸爸到商店买物品共 36 种，正好付出 100 元。四种物品的单价分别是 1 元、2 元、3 元和 5 元。已知单价 1 元和 5 元的物品件数相同，单价 2 元和 3 元的物品件数相同。问：四种物品各买了多少件？

9. 王老师带 45 名同学乘船浏览湖景，他们租用了能坐 4 人、5 人和 7 人的大、中、小型船 9 只，正好坐满。其中租用的小船比大船多 1 只，请问他们租用的大、中、小型船只各多少只？

10. 某停车场中有三轮农用车、四轮中巴车和六轮大卡车共 44 辆，各种轮子共有 171 个。已知四轮中巴车比六轮大卡车的 2 倍少 1 辆。这个停车场有多少辆三轮农用车？

11. 有 1 分、2 分和 5 分硬币 100 枚，币值共 2 元。其中 2 分的总币值比 1 分的总币值多 13 分。求 1 分、2 分和 5 分的硬币各多少枚。

12. 古代主人叫佣人上集市用 100 文钱买 100 只鸡。已知买 1 只公鸡花 5 文，买 1 只母鸡花 3 文，买 3 只小鸡只花 1 文。问：佣人怎样买，才能刚好做到百钱买百鸡？

13. 李小明用 10 元钱购买了面值 4 角、8 角、1 元的邮票共 15 张。他最多可买 1 元的邮票多少张？

14. 阳光小学举行环保知识竞赛，一共 20 题。答对一题得 8 分，答错一题扣 5 分，没有回答得 0 分。王蕾蕾得了 134 分，她答对了几题？李浩得了 139 分，他答对了几题？

15. 某市居民用电基本价格为每度 0.40 元，若超过一定限量，则超过的用电量每度只收基本价格的 70%。某户 5 月份用电 84 度，共交电费 30.72 元。求收基本价格的用电量为多少度。

16. 邮购一种期刊，不满 100 册，需另加书费的 10%为邮费；达到或超过 100 册，就免收邮费。已知这种期刊每册 1.5 元，某校两次共邮购 152 册，总计付款 234 元。问：这两次分别邮购多少册？

17. 甲、乙两种商品，成本共 2200 元。甲商品按 20%的利润定价，乙商品按 15%的利润定价。后来都按九折出售，结果仍获利 131 元。甲商品的成本是多少元？

18. 甲、乙两种食品共 100 千克，总值若干元。今甲降价 20%、乙提价 20%后，两种食品每千克均为 9.6 元，总值减少 140 元。问甲、乙两种食品原值各是多少元？

19. 某城市按以下规定收取每月煤气费：用煤气量不超过 a 立方米，按每立方米 0.8 元收费；如果超过 a 立方米，超过部分按每立方米 1.2 元收费。已知某用户 5 月份共用煤气 75 立方米，煤气费为平均每立方米 0.88 元，那么 a 的值是多少？

20. 电力公司为缓解高峰用电的压力,对“峰、谷电”的价格进行调整,具体价格调整如下:

项目＼电价	原电价(元/度)	现电价(元/度)
峰　电	0.52	0.55
谷　电	0.35	0.33

小红家 6 月份用电 120 度,按调整前的价格计算,应缴电费 55.60 元;如果按调整后的价格计算,应缴电费 57.20 元。请你算出小红家这个月的峰电、谷电各用多少度。如果说在总电量 120 度不变的情况下,对用电时间进行调整,调整后的电费也不超过调整前的电费,你如何调整?至少调整多少度?(保留整度数)

21. 某牛奶加工厂现有鲜奶 9 吨,如果在市场上直接销售鲜奶,每吨可获利 500 元;如果制成酸奶销售,每吨可获利 1200 元;如果制成奶片销售,每吨可获利 2000 元。该工厂的生产能力是制成酸奶,每天可加工 3 吨;如制成奶片,每天可加工 1 吨。受人员限制,两种加工方式不能同时进行。受气温条件限制,这批鲜奶必须在 5 天内全部销售或加工完毕。请你为他们设计一种加工方案,使得获利最多,最多获利多少元?

22. 小明家共有鸡、兔 200 只。已知鸡腿条数比兔腿条数的 2 倍少 40。问:小明家各有鸡、兔多少只?

23. 小红有一个小储蓄箱,一天,她把储蓄箱里存的钱全倒出来了。数一数,二分硬币和五分硬币共 152 枚,算一算,五分硬币币值比二分硬币币值多 60 分。两种硬币币值各多少分?

24. 在 12 张球桌上同时进行了乒乓球比赛,双打的比单打的多 6 人。进行单打和双打比赛的乒乓球桌各有几张?

25. 六年级一班 46 人去游湖，租了大、小船共 10 只，花租金 165 元。已知大船每只坐 6 人，小船每只坐的人数是大船的 $\frac{2}{3}$，大船的租金比小船多 5 元。你能设计出更合算的租船方案吗？通过计算，并把这合算的方案写出来。

26. 一次数学竞赛有 10 道题，答对一题得 10 分，答错一题倒扣 4 分，未答的不得分。小红这次竞赛得了 76 分。问：小红答对几题？答错几题？未答几题？

27. 一企业向银行贷款 30 万元，年底共付利息 17000 元。已知甲银行贷款年利率 5%，乙银行贷款年利率 6%，丙银行贷款年利率 7%。这个企业贷款方式有哪几种？各银行贷款各是多少万元？

28. 雷锋小学组织学生春游，老师有 12 人，学生有 238 人，大车可坐 30 人，租金 600 元；小车可坐 20 人，租金 500 元。怎样租车最省钱？（要写清解答过程）

29. 湖里有大、中、小三种型号的船 10 条，可供 66 名游客乘坐。已知大型船每条可乘坐 9 人，中型船每条可乘坐 5 人，小型船每条可乘坐 3 人。问三种型号的船各有几条？

30. 纯金放水里称，质量减少 5%，纯银放水里称，质量减少 7.5%。一块含金、银的合金 6 千克，放到水里称，质量减少 0.35 千克。这块合金中金、银各有多少千克？

11 第十一讲

平均问题

平均问题是一种典型的应用问题，常见的是已知若干个数的和以及组成和的数的个数，求平均数是多少。解答这类问题，用的是除法。但实际见到的平均问题，就复杂得多了，一般来讲，仍然要通过各种途径，求出若干个数的和以及组成和的数的个数，有时也要根据题中的条件，采用割补、假设等方法和途径来解答。

例 1 一辆汽车从甲地开往乙地，先是上坡，以每小时 30 千米的速度行驶了 1.8 小时，然后在平路上以每小时 42 千米的速度行驶了 1 小时，最后下坡，以每小时 45 千米的速度行驶了 2 小时并到达乙地。如果该车在返回时的上坡、平路、下坡按照原来的相应速度行驶，那么该车在甲、乙两地往返一次的平均速度是每小时多少千米？

【分析】 解答此题，可以先计算出的上坡、平路、下坡的路程与总路程，因为返回时所走的上坡、平路、下坡路程与去时正好相反，所以，我们也可以求出返回时所用的时间，最后再计算出往返一次的平均速度。

【解】 去时上坡路程、平路路程和下坡路程分别是：

$30\times1.8=54$(千米)，$42\times1=42$(千米)和 $45\times2=90$(千米)。

故甲、乙两地的全程为：

$54+42+90=186$(千米)。

再求该车返回时所用的时间：

$54\div45+1+90\div30=1.2+1+3=5.2$(小时)。

最后，该车在甲、乙两地往返一次的平均速度是 $186\times2\div(1.8+1+2+5.2)=372\div10=37.2$(千米)。

例 2 在一次数学竞赛中，甲队的平均分为 75 分，乙队的平均分为 73 分，两队全体同学的平均分为 73.5 分。又知乙队比甲队多 6 人，那么乙队有多少人？

【分析】 此题虽是平均类问题，但难以求出总和与总数，沿用一般的方法是难以解答的，这需要走别的途径。

【解法】 采用割补的方法来解答。先将乙队比甲队多的 6 人与两队平均分相差的分数求出来，即 $(73.5-73)\times6=0.5\times6=3$(分)，这就是其余人多的分数。因为除了乙队比甲队多的 6 人外，其余甲、乙两队的人数是相等的，又甲、乙两队各 1 人得的分数比两队平均分的 2 倍多 $75+73-73.5\times2=148-147=1$(分)。

所以甲队有 $3\div1=3$(人)，乙队有 $3+6=9$(人)。

例 3 小林沿同一条山路上、下山。他上山每小时行 6 千米，下山每小时行 8 千米。求小林上、下山的平均速度。

【分析】 求平均速度，一般要知道所行的路程和所用的时间，用路程除以时间来得到。此题既无路程，也无时间，但根据上、下山的行程是相同的，可知上、下山的时间与速度成反比，可据此解答此题。

【解】 通过假设上、下山的行程来解答。可把上、下山的行程假设成上、下山的速度 6 千米和 8 千米的公倍数，即 24、48、96、…若假设上、下山的行程为 24 千米，则上山用了 $24\div6=4$(小时)，下山用了 $24\div8=3$(小时)，上、下山的全部行程共 $24\times2=48$(千米)，那上、下山的平均速度是每小时 $48\div(4+3)=48\div7=6\frac{6}{7}$(千米)。

若把上、下山的行程假设成其他数字或字母，同样可以求出如上的平均速度。

例 4 某学校举行入学考试，确定了录取分数线。报考的同学中，只有 $\frac{1}{4}$ 被录取，录取者的平均分比录取分数线高 10 分，没有录取的同学平均分比录取分数线低 26 分，所有考生的平均成绩是 70 分。录取分数线是多少分？

【分析】 结合图示，采用推导的方法来解答。

【解】 根据“只有 $\frac{1}{4}$ 被录取”，可得未录取人数是录取人数的 $\left(1-\frac{1}{4}\right)\div\frac{1}{4}=\frac{3}{4}\div\frac{1}{4}=3$ 倍。

据题意，录取者的平均分比没有录取的同学平均分高 $10+26=36$(分)；

由“所有考生的平均成绩是 70 分”，可得没有录取的同学的平均分为 $70-36\div(1+3)=70-36\div4=61$(分)(如下图)。

所以录取分数线是 $61+26=87$(分)。

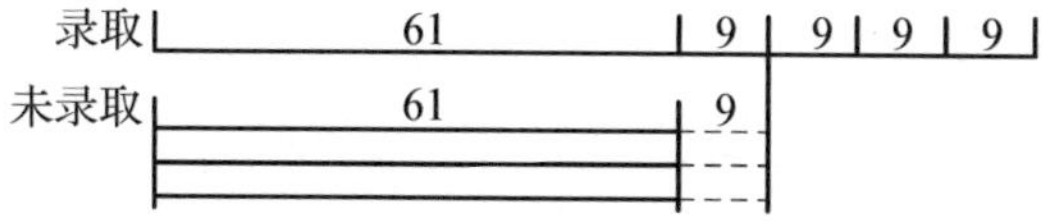

例 5 在一次数学竞赛中，实验小学获奖同学的总平均分为 80 分，其中获一等奖同学 8 名，他们的平均分为 95 分，获三等奖同学 2 名，他们的平均分为 70 分，其余同学获二等奖，平均分为 75 分。该校在这次数学竞赛中获一、二、三等奖的同学一共有多少人？

【分析】 此题已知平均分，而要求参赛获奖的总人数。关键是求出获得二等奖的人数。

【解】 据题意，获一等奖的同学多于平均分的总分值：

$(95-80)\times8=120$(分)。

获三等奖的同学少于平均分的总分值为：

$(80-70)\times2=20$(分)。

故获二等奖低于平均分的总分值为：$120-20=100$。

从而可得二等奖的获奖人数为 $100\div(80-75)=20$，

所以该校在这次数学竞赛中获一、二、三等奖的同学一共有 $8+20+2=30$(人)。

例 6 某校举行数学能力测试，按照学生的成绩划定 A、B、C 三等的分数线。在参加测试的学生中，有$\frac{2}{5}$的人达到 A 等，他们的平均成绩比 A 等分数线高出 4 分。B、C 两等的学生平均分比 A 等分数线低 11 分。所有参加测试的学生平均成绩为 87 分。A 等的分数线是多少分？

【分析】本题可以通过假设参赛学生的人数来解答，因为人数(5 的倍数)多少不影响计算结果。

【解】根据题意，可知参加测试的学生人数为 5 的倍数，不妨设参加测试的学生为 5 人(10 人、15 人……可以)，则总分为 $87\times5=435$(分)。

而成绩 A 等的学生有 $5\times\frac{2}{5}=2$(人)，B、C 两等的学生有 $5-2=3$(人)。

因为 A 等学生平均成绩比 B、C 两等学生平均成绩高 $4+11=15$(分)，据此可得，A 等学生的平均成绩为 $(435+15\times3)\div5=96$(分)。

所以 A 等的分数线是 $96-4=92$(分)。

练习十一

1. 一辆汽车从 A 地开往 B 地，先上坡用了 3 小时，后下坡用了 1 小时，且已知上坡速度为每小时 40 千米，下坡速度为每小时 60 千米。原路返回上、下坡时的速度不变。求这辆汽车在往返一次过程中的平均速度。

2. 小红上山每小时行 3 千米，下山每小时行 5 千米，已知上、下山的路程一样长，求小红上、下山的平均速度。

3. 小王骑摩托车往返于 A、B 两地，平均每小时行 48 千米。如果他去时每小时行 42 千米，那么他返回时的速度是每小时多少千米？

4. 长江化肥厂第一季度平均月产化肥 720 吨，四月份的产量比一至四月的平均月产量多 48 吨。四月份产化肥多少吨？

5. 敬老院原有 5 位老人，他们的平均年龄是 81 岁。后来病逝了一位老人后，他们的平均年龄是 80 岁。这位病逝的老人享年多少岁？

6. 甲、乙二人的平均年龄为 32 岁，乙、丙二人的平均年龄为 34 岁，甲、丙二人的平均年龄为 30 岁。甲、乙、丙三人的平均年龄为多少岁？

7. 某校学生参加数学竞赛的平均成绩是 75 分。选手中，男生人数比女生人数多 80%，而女生比男生的平均成绩高 20%。女生的平均成绩是多少分？

8. 某班有 44 人，在一次数学考试中，平均成绩是 78 分。其中男生的平均成绩是 75.5 分，女生的平均成绩是 81 分。问：这个班男、女生各有多少人？

9. 某班学生一次数学考试平均成绩 91.2 分，其中女生 21 人，平均成绩 92 分；男生的平均成绩 90.5 分，男生有多少人？

10. 某一组有 11 人，在一次考试中，小芳缺考，小组的平均成绩是 80 分。小芳补考后，她的成绩比小组平均成绩高 10 分。小芳补考的成绩是多少分？

11. 幼儿园的阿姨将 7 个蛋糕平均分给 12 个小朋友，每块蛋糕不许切成 5 小块以上。你知道怎么切吗？

12. 甲班有 64 名学生，乙班有 60 名学生。已知在某次数学考试中按百分制评卷，结果两班总分相等，各班的成绩都是整数，并且平均成绩不低于 90 分。那么哪个班平均成绩高？高多少？

13. 某次数学竞赛，原定一等奖 10 人，二等奖 20 人。现在，将一等奖中的最后 4 人调整为二等奖，这样，二等奖的平均分提高了 1 分，一等奖的平均分提高了 3 分。那么原来一等奖平均分比二等奖的平均分多几分？

14. 有 7 个自然数，按从大到小的顺序排列着，它们的平均数是 19。前四个数的平均数是 30，后四个数的平均数是 9.25，求中间的一个数是多少。

15. 有七个排成一列的数，它们的平均数是 30，前三个数的平均数是 28，后五个数平均数是 33。求第三个数。

16. 食堂买来 5 只羊，每次取出 2 只合称一次重量。结果得到 10 个不同的重量(单位：千克)：47，50，51，52，53，54，55，57，58，59。问：这 5 只羊各重多少千克？

17. 某班全体同学进行一次篮球练习，每人都要投球 10 次，每投进一球得 1 分。得分的部分情况统计如下：

得分	10	9	8	…	2	1	0
人数	2	2	4	…	5	3	8

又知该班学生中，至少得 3 分以上的人的平均得分 6 分，得分不到 8 分的人的平均得分为 3 分，那么该班学生有多少名？

18. 有甲、乙、丙、丁四位同学，甲比乙重 7 千克，甲与乙平均体重比甲、乙、丁三人的平均体重多 1 千克，乙、丙、丁三人的平均体重是 40.5 千克，乙与丙的平均体重是 41 千克。问：这四位同学中，谁的体重最重？是多少千克？

19. 小红将自己六年级第一学期数学的平时测验成绩和期末考试的成绩用统计图表示了出来，如下图。

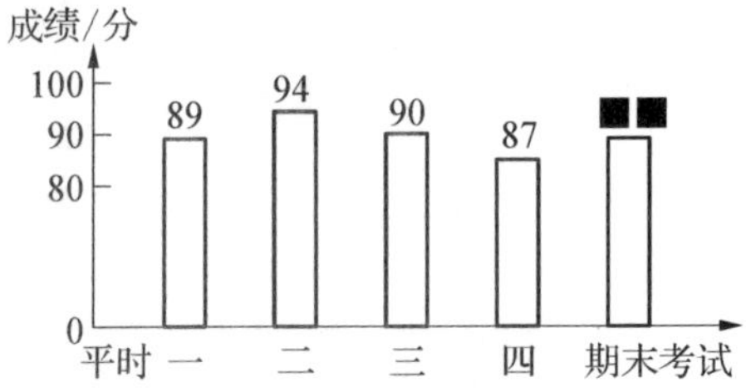

（1）请你帮小红算一算她的平时成绩的平均分是多少；

（2）学校规定“学期总成绩＝平时成绩的平均分×40%＋期末成绩×60%”。小红六年级第一学期数学的总成绩是 84 分，请算一算小红这个学期数学的期末成绩是多少。

20. 参加数学竞赛选手平均得 75 分。已知男选手人数比女选手人数多 80%，女选手的平均分比男选手的平均分高 20%。女选手平均得多少分？

21. 参加一次数学竞赛的女生和男生人数之比是 1∶3，这次竞赛的平均成绩是 82 分，其中男生的平均成绩是 80 分，女生的平均成绩是多少分？

22. 某次数学竞赛，通过初试的同学占参赛人数的$\frac{1}{3}$，通过初试人的均分比参赛人总均分高 6 分，未通过初试的人的均分比参赛人的总均分低多少分？

23. 幼儿园老师给小朋友分苹果，如果只平均分给小班学生，每人可分得 18 个；如果只平均分给中班学生，每人可分得 12 个；如果只平均分给大班学生，每人可分得 6 个。现在先给小班每人分 9 个苹果，剩下的平均分给大班和中班学生，每人可分得几个？

24. 某公司规定缺勤一次罚款 100 元，年终公司准备将缺勤罚款所得的资金平均分给全公司的每个员工，这样每人可得 60 元。后来董事会决定，这笔资金只能发给满勤人员。每个满勤人员可得多少元？

25. 某房产开发公司推出几种分期付款的方式：一种是开始第一年先付款 4 万元，以后每年付款 1 万元；另一种是前一半时间每年付款 1 万 4 千元，后一半时间每年付款 1 万 1 千元。两种付款方式的付款总数和付款的年数相同。现在陈老师想购房，请你帮他算一算，他需付房款多少万元。

12 第十二讲

盈亏问题

盈亏问题是一种典型的应用问题，常见的是已知盈余（或剩余）和亏损（或欠缺）的数额，求原来的数量。解答盈亏问题，一般先求出盈余与亏损的和，再用和除以相当于和的数量上的份额，就容易得到一份的的数量和共有的数量。但实际遇到的盈亏问题与类似的盈亏问题，解答起来都比较困难，需要通过逐步转化，使其接近简单的盈亏问题，从而使问题获得解决。

例 1 一妇人买肉，买一斤差四十钱，买九两余十六钱。问妇人的钱可买肉多少？（一斤为十两）

【分析】 此题是最基本的盈亏问题。根据妇人带的钱是不变的，买 9 两余 16，买 1 斤（10 两）差 40，可得 1 两肉的价值为$(40+16)\div(10-9)=56\div1=56$。此计算过程可通过下图帮助理解，即：

上图第二条黑粗线和第一条全线长都表示妇人带的钱数，第一条黑粗线表示买 9 两肉用的钱数，第二条全线长表示买 1 斤肉用的钱数，所以，$40+16=56$ 就是买 1 斤肉比买 9 两肉多用的钱数，即 1 两肉的价值为 $56\div(10-9)=56\div1=56$。

【解】 1 两肉的价值为$(40+16)\div(10-9)=56\div1=56$。

妇人的钱可买肉 $9+16\div56=9+\frac{2}{7}=9\frac{2}{7}$（两）。

或 $10-40\div56=10-\frac{5}{7}=9\frac{2}{7}$（两）。

例 2 某班学生去划船，如果增加一条船，那么每条船正好坐 6 人；如果减少一条船，那么每条船就要坐 9 人。问：学生有多少人？

【分析】 此题表面上不像盈亏问题，但适当转化条件，就可以按照盈亏问题来解答。即根据“如果增加一条船，那么每条船正好坐 6 人”，可知不增加一条船，就剩余 6 人无船可坐；根据“如果减少一条船，那么每条船就要坐 9 人”，可知每条船坐 9 人，就空出一条船，即差 9 人。

【解】 原有船只为$(6+9)\div(9-6)=15\div3=5$（条）。

学生则有 $6\times(5+1)=6\times6=36$(人)或 $9\times(5-1)=9\times4=36$(人)。

例 3 有若干个苹果、若干个梨,如果按 1 个苹果 2 个梨分堆,梨分完了,苹果还剩 5 个;如果按 3 个苹果 5 个梨分堆,苹果分完了,梨还剩 5 个。苹果和梨各有多少个?

【分析】此题虽不属于盈亏问题,但可以依照盈亏问题的解答思路进行求解。即将苹果当作人数,梨当作物品进行分配。

【解】按第一次分法,每个苹果分 2(个)梨,则梨差 $2\times5=10$(个);按第二次分法,每个苹果分 $5\div3=1\frac{2}{3}$(个)梨,则梨剩余 5 个。所以

苹果有 $(5+10)\div\left(2-1\frac{2}{3}\right)=45$(个),

梨有 $2\times(45-5)=2\times40=80$(个)。

例 4 有一箱图书借给一些同学阅读。如果每人都借相同的本数,还剩 14 本;如果每人都借 9 本,最后有 1 人只能借 6 本。这些同学有多少人?

【分析】此题类似于盈亏问题,可采用分析推理的方法来解答。一般盈亏类问题,都有明确的标数,而此题第一种分法,相同的本数没有明确数字。对此,可以先把前后两次借给每人本数之差求出来,其应能整除两次分配的本数之差。

【解】第一次剩余 14 本,第二次每人借 9 本,缺少 $9-6=3$(本),则第二次与第一次相差 $14+3=17$(本),要使 17 能被前后两次借给每人的本数之差整除,那本数之差只能是 1 或 17。17 不合题意,只能是 1,所以这些同学有 $17\div1=17$(人)。

例 5 用绳子测井深,把绳子三折来量,井外余 16 分米;把绳子四折来量,井外余 4 分米。求井深和绳长。

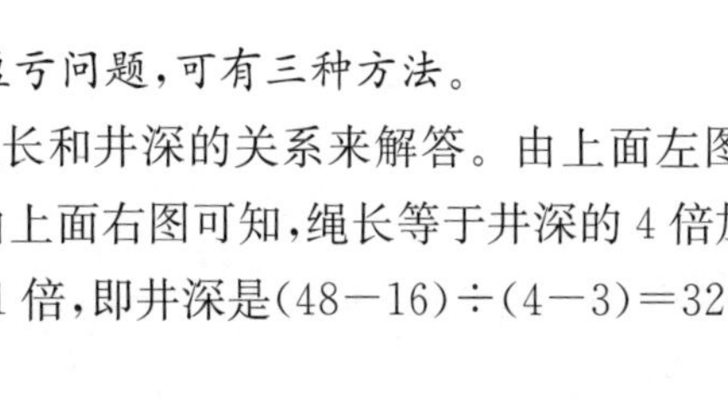

【分析】此题类似于盈亏问题,可有三种方法。

【解法 1】通过分析绳长和井深的关系来解答。由上面左图可知,绳长等于井深的 3 倍加 $16\times3=48$(分米);由上面右图可知,绳长等于井深的 4 倍加 $4\times4=16$(分米)。比较这两个关系可得,井深的 1 倍,即井深是 $(48-16)\div(4-3)=32$(分米),

而绳长就是:

$(32+16)\times3=144$(分米)或 $(32+4)\times4=144$(分米)。

【解法 2】观察上面的图形可知:绳子三折后每段的长度与四折后每段的长度相差 $16-4=12$(分米);再观察比较图形还可以发现,绳子四折后每段的长度是上面已求得差的

3 倍,即为 $12\times3=36$(分米),所以绳长为 $36\times4=144$(分米),井深就是 $36-4=32$(分米)。

【解法 3】 利用分数知识来解答。把绳子长度当作“1”,则三折后的每段长度就是$\frac{1}{3}$,四折后的每段长度就是$\frac{1}{4}$。绳子的$\frac{1}{3}$比$\frac{1}{4}$多 $16-4=12$(分米),则

绳子长度就是 $12\div\left(\frac{1}{3}-\frac{1}{4}\right)=12\div\frac{1}{12}=144$(分米),

井的深度就是 $144\times\frac{1}{3}-16=48-16=32$(分米)或 $144\times\frac{1}{4}-4=36-4=32$(分米)。

练习十二

1. 爸爸有钱比小明的 3 倍多 63 元，比小明的 4 倍少 82 元。爸爸有钱多少元？

2. 幼儿园阿姨到商店买苹果若干个，分给小班小朋友。每人分 1 个，剩余 15 个；每人分 2 个，还有 5 人没有分到。小班小朋友有多少人？阿姨买苹果多少个？

3. 小军给朋友们分邮票，如果每人分 8 张，还多 12 张；如果每人分 10 张，就有一个朋友没分到。小军给多少个朋友分邮票？一共有多少张邮票？

4. 把一些苹果放在篮子里，若每只篮子放 9 个，则少 19 个；若每只篮子放 7 个，则少 5 个。有多少只篮子？有多少个苹果？

5. 小明打算在一定的时间内读完一部长篇小说。如果每天读 15 页，到期还剩 14 页没有读；如果每天多读 1 页，就可提前 1 天读完。问小明打算多少天读完这部长篇小说？这部长篇小说有多少页？

6. 王老师去买儿童小提琴，若买 7 把，则所带钱差 110 元；若买 5 把，则所带钱差 30 元。问：儿童小提琴每把多少元？王老师带了多少钱？

7. 大猴子采到一堆桃子分给小猴子吃，每个小猴子分 10 个桃子，则有两只猴子没分到；如果每只小猴子分 8 个桃子，刚好分完。问：一堆桃子有多少个？小猴子有多少只？

8. 学校给新生分配宿舍，若每个房间住 4 人，则少 5 个房间；若每个房间住 6 人，则多 4 个房间。宿舍有多少间？学生有多少人？

9. 学生去公园划船。若有 2 只船每只船坐 3 人，其余的每只船坐 4 人，则有 2 人无船可乘；若有 3 只船每只船坐 7 人，其余的每只船坐 3 人，则最后一只船没人乘。共有船多少只？共有学生多少人？

10. 学生春游到公园划船，若在 5 只船上每船坐 3 人，其余的 4 人坐一船，则有 5 人无船可乘；若在 4 只船上每船坐 6 人，其余的 3 人坐一船，则最后空一只船无人乘。问：共有多少只船？共有多少个学生？

11. 少先队员学雷锋，为图书馆修补损坏的书。如果其中 2 人每人修补 6 本，其余每人修补 4 本，就会有 4 本没人修补；如果其中 1 人修补 10 本，其余每人修补 6 本，就会缺少 18 本。有多少个少先队员在修补图书？图书馆有多少本损坏的书？

12. 有一批正方形方砖，若拼成一个长与宽的比是 5∶4 的大长方形，则余 38 块；若拼成一个长与宽各增加一行的大长方形，则少 53 块。那么这批正方形方砖共有多少块？

13. 有一批小正方形的砖，铺成一个大正方形，则余下 38 块；若沿着这个大正方形的边再增铺一圈，则还差 46 块。这批砖共有多少块？

14. 用绳子量井深。若绳子五折后，比井深长 60 厘米；若绳子七折后，比井深短 1 米。问：井深多少米？绳子有多长？

15. 在桥上测量桥高，把绳对折后垂下到水面上余 8 米，三折后垂下到水面上还余 2 米。求桥高和绳子长各多少米。

16. 乐乐用一根绳子从左往右测量堤坝的长度，用整根绳子量 20 下时，绳子超出堤坝右端 3 米；用绳子的一半量 36 下，距离堤坝右端还有 17 米。求绳长和堤坝长。

17. 某工厂运来一批煤，如果每天烧 1500 千克，那么比原计划提前一天烧完；如果每天烧 1000 千克，那么将比原计划多用一天。现在要求按原计划烧完，那么每天烧煤多少千克？

18. 一个车间原计划每天加工 50 个零件，由于技术革新，实际每天加工 56 个零件，这样不但提前 3 天完成任务，而且比原计划多加工 30 个零件。求这个车间实际生产多少个零件。

19. 小兰从家到学校去上学，如果每分钟走 60 米，那么将迟到 5 分钟；如果每分钟走 80 米，那么将提前 3 分钟。问：小兰家距离学校有多远？

20. 一辆汽车从甲地开往乙地，如果每小时行驶 45 千米，那就要延迟 1 小时到达；如果每小时行驶 50 千米，那么就可提前 1 小时到达。问：甲、乙两地间的路程是多少千米？

21. 某车从甲地开往乙地，如果每小时多行 10 千米，10 小时可以到达；如果每小时少行 5 千米，15 小时可以到达。问：甲、乙两地相距多少千米？

22. 我国是水资源比较少的国家之一，为节水，很多城市改革水费收缴制度。一城市将每月用水不超过 6 立方米时，按基本价收费(如下图所示)；超过部分按调节价收费(以每立方米计)。请先计算，再填空。

(1) 改革前每立方米收费(　　)元，该户改革前一个月用水 15 立方米，应付费(　　)元。

(2) 图中 A 点表示(　　)，该户改革后一个月用水 15 立方米，应付费(　　)。

(3) 图中 B 点表示用水(　　)，水费是(　　)。

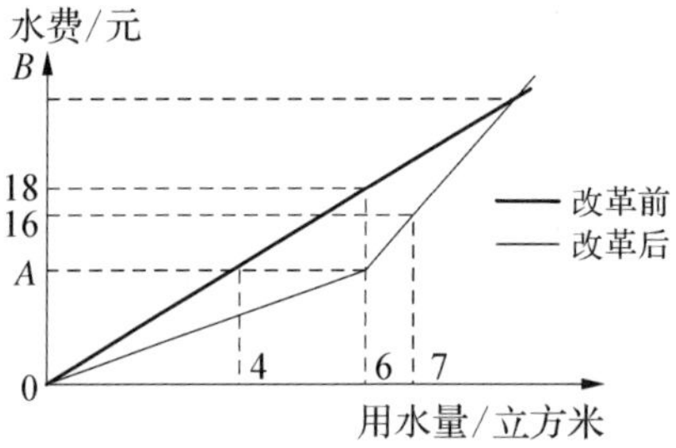

23. 学校六年级学生举行春游，若租用 45 座客车，则有 15 人没有座位，若租用同样多辆数 60 座客车，则有一辆车空着。已知 45 座客车一辆租金 220 元，60 座客车一辆租金 300 元。问：(1) 学校六年级一共有多少人？(2) 怎样租车，最经济合算？

24. 李叔叔家积攒 54 万元钱准备买房。如果今年买，可买 120 平方米的房子一套。如果今年不买，把钱存到银行，一年定期年利率是 2.9%。到明年房子每平方米涨价 300 元。你算算看，李叔叔家是今年买房合算，还是明年买房合算。

25. 某青年去一家公司打工，双方商定年薪 42000 元，外加一部手机。这个青年工作满七个月后，因故辞职，他和公司结算工资，除了得到一部手机外，公司还付给他 23800 元。这部手机值多少元？

26. 张先生向商店订购每件定价为 100 元的某种商品 80 件。张先生对商店经理讲："如果你肯减价那么每减 1 元，我就多订购 4 件。"商店经理算了一下，若减价 5%，由于张先生多订购，获得的利润反而比原来多 100 元。这种商品的成本是多少元？

27. 一商店进了一批玩具，如果每个卖 1 元 2 角钱，就要赔 20 元。如果每个卖 1 元 5 角钱，就可赚 40 元钱。若想不赔不赚，每个要卖多少钱？

28. 用一根绳子测量井深。把绳子三折后去测量井深，结果井口外余 3 米；四折后量井深，结果井口外余 1 米。问井有多深？绳有多长？

29. 在若干盒卡片中，每盒卡片张数同样多。把卡片分给小朋友，如果只分一盒，每个小朋友至少可分得 7 张，但若每个小朋友都分 8 张，则缺少 5 张。若把所有卡片都分完，每个小朋友都分到 60 张，而且还多出 4 张。问共有多少个小朋友分卡片？

30. 老师将一盒卡片分给一组小朋友，每个小朋友分得 7 张还余一些，但每个小朋友分 8 张，又差 8 张。现在老师将所有整盒的卡片全部分给这组小朋友，每人正好分得 44 张。问这组小朋友有多少人？

13 第十三讲

抽屉和容斥问题

一、抽屉问题

抽屉问题是一种典型的应用问题，它是利用物体和存放物体的抽屉个数的相互关系来设置和解答问题的。抽屉原理是小学数学解题的基本原理之一，其内容是：若将 $(n+1)$ 件物体放入到 n 个抽屉里，则至少有一个抽屉里放的物体不少于 2 件。有时也称抽屉原则或鸽巢原理。应用抽屉原理来解决问题的关键在于构造恰当的“抽屉”。

例 1 口袋里有一些写有 1，2，3，4，… 自然数的纸牌。小明要任意取 11 张纸牌，使其至少有 2 张纸牌所写的数之差为 5。那么口袋里最多有多少张纸牌？

【分析 1】 此题可以运用抽屉原理来解答。首先要指出，纸牌最多不能超过 20 张，因为超过 20 张，就不可能任取 11 张纸牌，使其至少有 2 张纸牌所写数的差为 5。假如纸牌 21 张，排号为 1～21，取出的 11 张纸牌的自然数若是 1，2，3，4，10，11，12，18，19，20，21，显然，这 11 个自然数中任两个的差都不为 5。若纸牌 20 张，即纸牌上的自然数为 1～20，每个只取 1 次，差为 5 的有 10 对，即（1，6）、（2，7）、（3，8）、（4，9）、（5，10）、（11，16）、（12，17）、（13，18）、（14，19）、（15，20）。

【解法 1】 据题意，纸牌最多不能超过 20 张。这样，设计 10 个抽屉，先各放这写有 1～20 的自然数的纸牌一张，而任取第 11 张纸牌，根据抽屉原理，总可以找到一个抽屉，使这个抽屉中已放的纸牌与第 11 张纸牌上的两个自然数的差为 5。

由此可以得出，小明要任意取 11 张纸牌，使其至少有 2 张纸牌所写的数之差为 5，那口袋里最多有 20 张纸牌。

【分析 2】 要想任意取 11 张纸牌，使其至少有 2 张纸牌所写的差相差 5，那必须要设计 10 个抽屉，每个抽屉都要有 2 张纸牌，那 10 个抽屉共有 $2\times10=20$（张）纸牌。20 张纸牌写有 1～20 这 20 个自然数，这 20 个自然数可以组成差都是 5 的有 10 对数，即（1，6）、（2，7）、（3，8）、（4，9）、（5，10）、（11，16）、（12，17）、（13，18）、（14，19）、（15，20）。

【解法 2】 将 10 对数（1，6）、（2，7）、（3，8）、（4，9）、（5，10）、（11，16）、（12，17）、（13，18）、（14，19）、（15，20）的纸牌各放在一个抽屉里，如果我们要在这 10 个抽屉里取 11 张纸牌，那么至少要有 2 张纸牌是从同一个抽屉中取出的，从同一个抽屉中取出的这两张纸牌上的自然数的差一定是 5。

由此可以得出，小明要任意取 11 张纸牌，使其至少有 2 张纸牌所写的数的差为 5，那口袋里最多有 20 张纸牌。

例 2 在一次数学竞赛中，有 5 道选择题，评分办法是：答对一题得 4 分，答错一题倒扣 1 分，不答得 0 分。已知参加考试的学生中，至少有 3 人得分相同。那么参加考试的学生至少有多少人？

【分析】 解答此题，首先要计算出可能得分的种数。

【解】 根据评分标准，最高分为 $4\times5=20$(分)，最低分为倒扣 $1\times5=5$(分)，最多有 $20+5+1=26$(种)可能。但根据评分标准，不可能得到的分数有 19 分、18 分、17 分、14 分、13 分、6 分等 6 种，因此可能得到的分数只有 $26-6=20$(种)。

根据抽屉原理，为了保证至少有 3 人得分相同，所以参加考试的学生至少有 $2\times20+1=41$(人)。

例 3 在边长为 1 的正三角形中(包括边线)任意放入 5 个点。求证：必有两个点，它们之间的距离不大于$\frac{1}{2}$。

【证明】 依次连接这个正三角形三边的中点，这样大正三角形被平均分成边长都为$\frac{1}{2}$的 4 个小正三角形。把 5 个点放入大正三角形中，至少有一个小正三角形内有 2 个或以上的点，这样的 2 个点的距离不大于$\frac{1}{2}$。得证。

二、容斥问题

容斥问题是一类典型的应用问题，它涉及包容和排斥两方面的情况。解答此类问题，一要正确理解包容和排斥这两个概念的含义，二是理清题目中存在的包容和排斥的状况以及它们之间的相互联系，一般情况下，可以应用集合论的知识去探寻问题的解答。

例 1 某部英雄连尖刀排都是练功手，全排 40 人，会骑马 30 人，会摔跤 16 人，会拳击 24 人。排长还提供三组数字：会骑马又会摔跤的 14 人，会摔跤又会拳击的 12 人，会拳击又会骑马的 8 人。请你算一下，三项全能的士兵有多少人。

【分析】 根据题意，画韦恩图如下，利用集合知识解答。

【解】 如图中，设集合 A、B、C 分别表示会骑马、会拳击和会摔跤的人，则

$n(A)=30, n(B)=16, n(C)=24,$

$n(A+B+C)=40,$

$n(A\cap B)=14, n(B\cap C)=12, n(C\cap A)=8$。从而，$n(A\cap B\cap C)=n(A+B+C)-n(A)-n(B)-n(C)+n(A\cap B)+n(B\cap C)+n(C\cap A)=40-30-16-24+14+12+8=4$(人)，

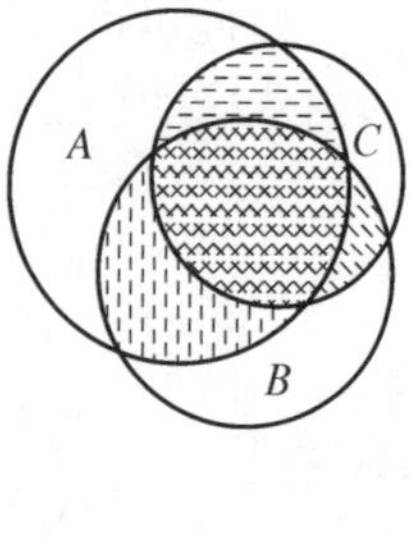

所以三项全能的士兵有 4 人。

例 2 某旅游团连导游在内共有 40 人，在他们参观完各个景点之后，导游将他们带进了冷饮厅。他们当中有 16 人要了可乐，15 人要了咖啡，11 人要了果汁。5 个人既要了可乐又要了咖啡，3 个人既要了咖啡又要了果汁，2 个人既要了可乐又要了果汁，只有 1 个人三样都要了。这 40 人中有多少人没有要冷饮？

【解法 1】 画韦恩图如下。长方形表示全集 I，$n(I)=40$，三个圆 A、B、C 分别表示喝可乐、咖啡、果汁的人。则

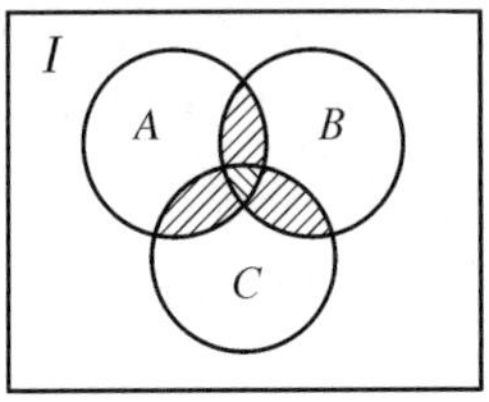

$n(A)=16, n(B)=15, n(C)=11$

$n(A\cap B)=5, n(B\cap C)=3, n(C\cap A)=2,$

$n(A\cap B\cap C)=1$。从而，喝冷饮的人数是：

$$\begin{aligned}n(A+B+C)&=n(A)+n(B)+n(C)-n(A\cap B)-n(B\cap C)-n(C\cap A)+n(A\cap B\cap C)\\&=16+15+11-5-3-2+1\\&=33,\end{aligned}$$

故没有要冷饮的人数是：

$n(I)-n(A+B+C)=40-33=7$。

【解法 2】 先将喝饮料的总瓶数求出来，即 $16+15+11=42$，再将一人喝两瓶的多喝 1 瓶减去，得 $42-5-3-2=32$，但有 1 个人喝 3 瓶的多减了一次，所以喝饮料的共有 $32+1=33$(人)。

故这个旅游团 40 人中有 $40-33=7$(人)没有要冷饮。

例 3 某班有 52 人，其中会下棋的有 48 人，会画画的有 37 人，会跳舞的有 39 人。这个班三项都会的至少有多少人？

【分析】 此题按照容斥原理的一般方法，要求三个项目都会的人数还应知道每两个项目会的人数，而题中缺少这样的条件，这时，我们可以从已知条件的反方向去想，想想三个项目中有一个项目不会的最多人数，这样也就得到了三项都会的至少有的人数。

【解】 会下棋的 48 人，可得不会下棋的有 $52-48=4$(人)，同理可得，不会画画的有 $52-37=15$(人)，不会跳舞的有 $52-39=13$(人)。

由此可得，三项中有一个项目不会的最多有 $4+15+13=32$(人)，因此三项都会的至少有 $52-32=20$(人)。

练习十三

1. 用 2、3、5 组成三位数，有几个这样的三位数，其中至少就能有两个三位数是重复的？

2. 下图中的每个空格中填入 4、5、6 中任意一个数，能不能使每横行、每竖行及两条对角线上的四个数字和互不相等？请说明理由。

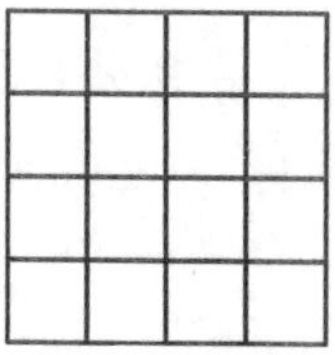

3. 某班学生在订阅甲、乙、丙三种报刊时，每个同学都至少订有三种报刊中的一种。那么至少在几个同学中一定有两人所订的报刊一样？

4. 一班有 42 人。28 人参加数学小组，14 人参加语文小组。10 人两个小组都参加了。有几个人两个小组都没有参加？

5. 一个班有 48 人。班主任在班会上问："谁做完了语文作业？"这时有 37 人举手。又问："谁做完了数学作业？"这时有 42 人举手。最后问："谁语文、数学作业都没有做完？"没有人举手。你算算看：这个班语文、数学作业都做完的有多少人。

6. 外国语学校六年级一共订了三种报纸，每个同学都分别订了两份报纸，共订《少年报》80 份，《语文报》110 份，《数学报》126 份。那么既订《语文报》又订《数学报》的同学一共有多少人？

7. 五(4)班 64 名学生中，有 40 人爱好绘画，有 45 人爱好体育，有 48 爱好电脑，三项都爱好的有 26 人。五(4)班最多有多少人三项都不爱好？

8. 实验小学四年级订《少年报》和《科技报》两种报纸，订《少年报》的同学占全年级人数的 60%，订《科技报》的占全年级的$\frac{4}{7}$，有 14 人两种报纸都订，有 2 人两种报纸都没订，四年级共有多少人？

9. 某校学生参加春季植树活动，已知五、六年级同学共植树 32 棵，而不是六年级同学植的树共有 20 棵，不是五年级同学植的树共有 28 棵。求这个学校春季共植树多少棵。

10. 如图，桌面上放置两两重叠的边长都要一样的三个正方形纸片，已知盖住桌面的总面积是 144 平方厘米，三张纸片共同重叠的面积是 42 平方厘米，只有两张纸片重叠的(即图中阴影部分的)面积是 72 平方厘米，则正方形的边长是多少？

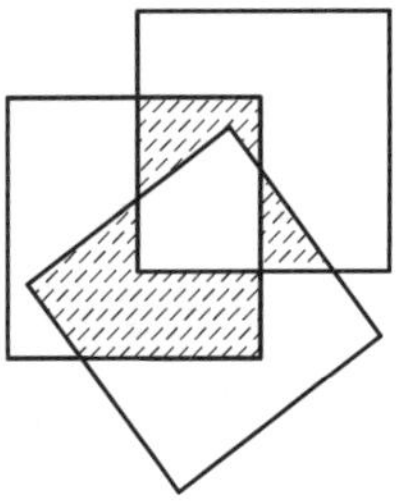

11. 以 105 为分母的最简真分数有多少个？

12. 学校数学竞赛出了 A、B、C 三道题，至少做对一道的有 25 人，其中做对 A 题的有 10 人，做对 B 题的有 13 人，做对 C 题的有 15 人，如果三道题都做对的只有 1 人，那么只做对两道题的和只做对一道题的各有多少人？

13. 某年级有甲、乙、丙、丁四个班，不算丁班，其余三班共有 134 人；不算甲班，其余三班共有 131 人。已知甲、丁两班的人数之和比乙、丙两班的人数之和多 1，求这个年级共有学生多少人。

14. 某班学生参加语文、数学、英语三科考试，考 90 分以上的语文有 21 人，数学有 19 人，英语有 20 人，语文、数学都在 90 分以上的有 9 人，数学、英语都在 90 分以上的有 7 人，语文、英语都在 90 分以上的有 8 人，另有 5 人三科都在 90 分以下，这个班最多能有多少人？

15. 五(1)班有 54 人参加秋游活动，其中 35 人喜欢玩“捉特务”，45 人喜欢玩“老鹰捉小鸡”，40 人喜欢踢足球，50 人喜欢跳牛皮筋，则这个班至少有多少学生对这四项活动都喜欢？

16. 70 名学生参加体育比赛，短跑得奖的 31 人，投掷得奖的 36 人，弹跳得奖的 29 人，短跑与投掷均得奖的有 12 人，跑、跳、投三项全得奖的有 5 人，只得弹跳奖有 7 人，只得投掷奖有 15 人。求(1) 只得短跑奖的人数；(2) 得两项奖的总人数；(3) 一项奖都未得的人数。

17. 某班全体学生进行短跑、游泳和跳绳测试，有 10 名学生在这三个项目上都没有得到优秀，其余每人至少有一项达到优秀，这部分学生达到优秀的项目及人数统计如下表：

项目	短跑	游泳	跳绳	短跑游泳	游泳跳绳	短跑跳绳	跑、游、跳
人数	21	18	25	11	8	15	5

问：这个班一共有多少名学生？

18. 体育老师抽查了六年级 60 位同学，其中$\frac{2}{3}$的同学爱好打乒乓球，$\frac{3}{4}$的同学爱好打篮球。两种运动都爱好的同学最多可能是多少人？最少可能是多少人？如果这两项运动都爱好的有 32 人，只爱好打篮球的有多少人？两项运动都不爱好的有多少人？

14 第十四讲

行程问题

行程问题是一种典型的应用问题，在小学数学中占有重要的位置。它的基本框架是由速度、时间和距离三个要素组成的。其应用是相当广泛的，包括基本行程问题、相遇问题、追及问题和综合行程问题。这些问题，都要涉及速度、时间和距离这三个要素的相互关系，这是解决行程问题的出发点和归宿。

一、基本行程问题

基本行程问题一般是一个主体，不存在两个和两个以上主体，即使存在两个及两个以上主体，但也不存在相遇和追及的问题。解决这类问题，关键是要搞清楚三个要素之间的相互关系。

例 1 有一座铁路桥长 1000 米，一列火车从桥上通过，测得火车从开始上桥到完全下桥共用 120 秒，整列火车在桥上的时间是 80 秒。这列火车的速度和长度分别是多少？

【分析】 此题求的是火车的速度和长度，首要的是要求出火车的速度，这就要找出距离和时间。根据“测得火车从开始上桥到完全下桥共用 120 秒，整列火车在桥上的时间是 80 秒”，可知 120 秒中火车行程比桥长多了一个火车的长，80 秒中火车行程比桥长少了一个火车的长。

【解】 据题意，火车行 1000 米桥长，需要的时间为(120＋80)÷2＝100(秒)，所以

火车的速度为：1000÷100＝10(米/秒)，

火车的长度为：10×(120－100)＝200(米)。

例 2 某部队军训要往返一个山岭，去时用了 6.5 小时，回来用了 7.5 小时。部队规定上坡每小时行 5 千米，下坡每小时行 $6\frac{2}{3}$ 千米。求这个山岭的路程全长。

【分析】 解答此题，要弄清楚以下三个问题：(1) 来去所行的路程是一样的；(2) 去时走的上坡路就是回来走的下坡路，去时走的下坡路就是回来走的上坡路；(3) 来去往返一趟合起来，走的上坡路和下坡路里程是一样的。

【解法】 采用逐层推导的方法来解答。根据“上坡每小时行 5 千米，下坡每小时行$6\frac{2}{3}$千米”，可得每行 1 千米上坡路要用 $1\div5=\frac{1}{5}$(小时)，每行 1 千米下坡路要用 $1\div6\frac{2}{3}=$

$\frac{3}{20}$(小时)，进而可得，行 1 千米上坡路和行 1 千米下坡路共用$\frac{1}{5}+\frac{3}{20}=\frac{7}{20}$(小时)。

因为来去往返一趟合起来，走的上坡路和下坡路里程是一样的，且共用的时间为 $6.5+7.5=14$(小时)。所以这个山岭路程的全长是 $14\div\frac{7}{20}=14\times\frac{20}{7}=40$(千米)。

例 3 一辆汽车从甲地开往乙地，如果把车速减少 10%，那么要比原定时间迟到 1 小时；如果以原速行驶 180 千米，再把车速提高 20%，那么可比原定时间提早 1 小时到达。求甲、乙两地相距多少千米。

【分析】 此题要依据行程问题中速度、时间和距离三者之间的相互关系来解答。先求出全程原定的时间。

【解法 1】 由“如果把车速减少 10%，那么要比原定时间迟到 1 小时”，可得原定时间为：$1\div10\%-1=9$(小时)。

若按车速提高 20%行驶全程，则需要的时间为：$9\div(1+20\%)=7.5$(小时)，

比原速行驶少用 $9-7.5=1.5$(小时)，而

“以原速行驶 180 千米，再把车速提高 20%，那么可比原定时间早 1 小时到达”，可得以原速行驶 180 千米，比提速 20%多用 $1.5-1=0.5$(小时)。

根据路程之比等于时间差之比，可得甲、乙两地相距 $180\times\frac{1.5}{0.5}=180\times3=540$(千米)。

【解法 2】 由解法 1 可知行全程原定时间为 9 小时，根据“如果以原速行驶 180 千米，再把车速提高 20%，那么可比原定时间早 1 小时到达”以及车速提高 20%后行驶全程需要 $9\div(1+20\%)=7.5$(小时)，可得行驶 180 千米，车速提高 20%时所用时间比按原速行驶少用 $9-1-7.5=0.5$(小时)，进而可得以原速行驶 180 千米需要 $0.5\times\frac{1+20\%}{20\%}=0.5\times6=3$(小时)。所以甲、乙两地相距 $180\div3\times9=60\times9=540$(千米)。

二、相遇问题

相遇问题的主体是两个和两个以上，一般来讲，两个和两个以上主体在直线道路上是相向而行的，在圆形道路上是反向而行的。繁杂的相遇问题还不是一次相遇，有时是两次或两次以上相遇。当两个主体在直线道路上相向而行，第一次相遇时行程之和为两地的距离，第二次相遇时行程之和是两地距离的 3 倍，第三次相遇时行程之和是两地距离的 5 倍，依此类推。

例 1 甲、乙两车分别同时从 A、B 两地相向开出，已知两车速度之比为 7∶11。它们相遇后，又沿原方向前进，各自到达对方的起点后，立即返回，两车再次相遇时，甲离 B 地 80 千米。求 A、B 两地间的距离。

【分析】 根据题意，可画出下列示意图：

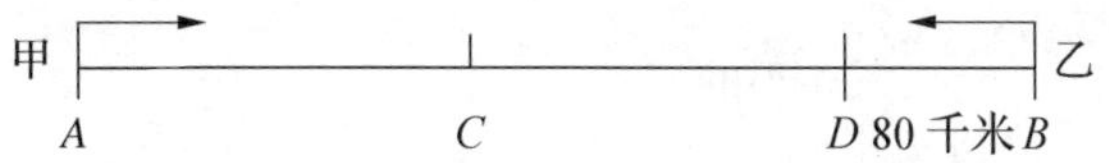

上图中，C 为甲、乙两车第一次相遇点，D 为甲、乙两车第二次相遇点，BD 为 80 千米。由上图可知，甲、乙两车第一次相遇，行程和就是 A、B 两地间的距离；第二次相遇时，甲、乙两车行程和就是 A、B 两地间距离的 3 倍；从第一次相遇到第二次相遇，甲、乙两车行程之和就是 A、B 两地间距离的 $3-1=2$ 倍。根据“两车速度之比为 $7:11$”以及时间一定，行程与速度成正比，可知当时间相同时，甲、乙两车的行程之比为 $7:11$。假定第一次相遇时，甲车的行程为 7，乙车的行程为 11，A、B 两地的距离就为 $7+11=18$，其余，可依此类推。解答此题的关键在于求出 80 千米占 A、B 两地间距离的比分。

【解法 1】 根据第二次相遇时，甲车的行程等于第一次相遇前行程的 3 倍，可得 80 千米相当于 A、B 两地间距离的 $(7\times3-18)\div18=3\div18=\frac{1}{6}$，所以 A、B 两地间的距离是 $80\div\frac{1}{6}=80\times6=480$(千米)。

【解法 2】 根据第一次相遇到第二次相遇时，甲车的行程等于第一次相遇前行程的 2 倍，可得 80 千米相当于 A、B 两地间距离的 $(7\times2-11)\div18=3\div18=\frac{1}{6}$，所以 A、B 两地间的距离是 $80\div\frac{1}{6}=80\times6=480$(千米)。

例 2 甲从东村去西村，乙、丙、丁从西村去东村，四人同时出发，甲、乙、丁每小时分别走了 3 千米、4.5 千米、2 千米。甲、丙相遇之处恰是甲与乙和甲与丁相遇地点的正中，求丙的速度。

【分析】 解答此题要抓住时间一定，行程与速度成正比。

【解法】 设两村距离为“1”。甲、丁相遇点离东村 $1\times\frac{3}{3+2}=\frac{3}{5}$，甲、乙相遇点离东村 $1\times\frac{3}{3+4.5}=1\times\frac{3}{7.5}=\frac{2}{5}$。又据“甲、丙相遇之处恰是甲与乙和甲与丁相遇地点的正中”，可得甲、丙相遇点离东村 $\frac{2}{5}+\left(\frac{3}{5}-\frac{2}{5}\right)\div2=\frac{2}{5}+\frac{1}{10}=\frac{1}{2}$。

可知甲、丙行程相同，用的时间一样，所以丙的速度与甲的速度相同，即每小时为 3 千米。

例 3 甲船从东港到西港要 6 小时，乙船从西港到东港要 4 小时。现在两船同时从东、西两港出发，相向而行，结果在离中点 18 千米处相遇。问：东、西两港相距多少千米？

【分析】 抓住两船相遇时乙船的行程来解答。

【解法】 设东、西两港的距离为“1”，根据“甲船从东港到西港要 6 小时，乙船从西港到东港要 4 小时”，可得甲、乙两船的时速分别为 $1\div6=\frac{1}{6}$ 和 $1\div4=\frac{1}{4}$，两船相遇所用的时

间为 $1\div\left(\frac{1}{6}+\frac{1}{4}\right)=1\div\frac{5}{12}=2\frac{2}{5}$(小时)。

据题意可知，乙船 2 小时到达中点，两船“在离中点 18 千米处相遇”，可知，乙船 $2\frac{2}{5}-2=\frac{2}{5}$(小时)行驶了 18 千米，所以乙船速度为 $18\div\frac{2}{5}=18\times\frac{5}{2}=45$(千米/小时)。

故两港相距 $45\times4=180$(千米)。

三、追及问题

追及问题的主体是两个和两个以上。一般来讲，行进是同向的，但在行程是圆周等特殊情况下，有时行进则是反向的。在同向行进情况下，解答追击问题需要掌握追击距离＝速度差×追击时间。

例 1 骑车人以每分钟 300 米的速度，从 8 路汽车的始发站出发，沿 8 路车线路前进，骑车人离开出发地 2100 米时，一辆 8 路车开出始发站。这辆汽车每分钟行 500 米，行 5 分钟到达一站并停 1 分钟。那么要用多少分钟汽车才能追上骑车人？

【分析】解答此题，首先要计算出每个 $5+1=6$(分钟)内汽车与骑车人行程的差。

【解】6 分钟内，汽车与骑车人行程的差为：

$500\times5-300\times6=2500-1800=700$(米)；

汽车经过两个站后与骑车人的距离为：

$2100-700\times2=2100-1400=700$(米)。

因为汽车比骑车人每分钟多行 $500-300=200$(米)，所以最后相差的 700 米，只需要用时间 $700\div200=3.5$(分钟)。

故汽车追上骑车人要 $6\times2+3.5=12+3.5=15.5$(分钟)。

例 2 中午 12 点 40 分，学生张海骑自行车从学校出发，10 分钟后，夏老师骑摩托车追他，在离学校 5 千米的地方追上张海，然后夏老师立刻回学校，到校后又立刻回头去追张海，再追上时，离学校恰好是 10 千米。假如自行车、摩托车均为匀速行驶，第二次追上张海是几点几分？

【分析】先按题意画出下列示意图：

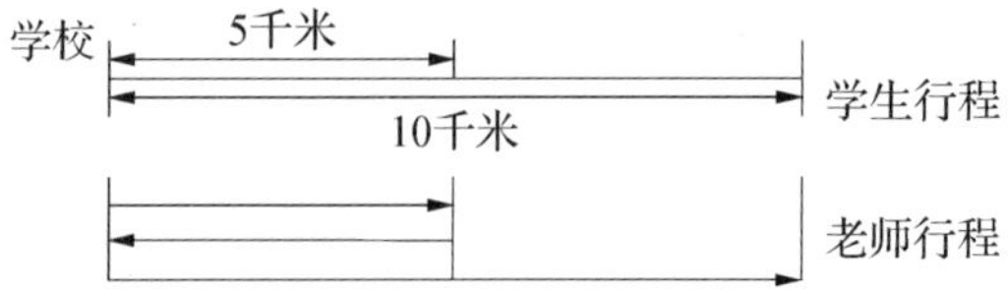

从图上可以看出夏老师第一次追上学生张海是在离学校 5 千米处。从这时开始到第二次夏老师追上学生张海时，夏老师行的路程为 $5+10=15$(千米)，学生张海行的路程为 $10-5=5$(千米)。在相同时间内，夏老师骑摩托车行的路程是学生张海骑自行车行的路程的 $15\div5=3$ 倍，这样可以根据路程、速度和时间的关系来解答了。

【解法1】据题意，夏老师骑摩托车速度是学生张海骑自行车速度的3倍，可得夏老师第一次追上张海所用的时间为：

$10\div(3-1)\times1=10\div2\times1=5$（分钟）。

再根据速度相同，时间和路程成正比，可得夏老师第二次追上学生张海所用的时间为 $5\times[(5+10)\div5]=5\times3=15$（分钟）。所以夏老师第二次追上学生张海的时刻是：

12:40+0:10+0:05+0:15=13:10。

【解法2】据题意，夏老师行程是学生张海的3倍，可以求出学生张海骑自行车的速度是：

$(5-5\div3)\div10=3\frac{1}{3}\div10=\frac{1}{3}$（千米/分钟）。

张海自出发起到第二次被夏老师追上时一共行了10千米，则经过的时间为 $10\div\frac{1}{3}=30$（分钟）。所以夏老师第二次追上张海的时刻是：12:40+0:30=13:10。

例3 有甲、乙、丙三辆汽车各以一定的速度都从 A 地开往 B 地，甲比丙晚出发10分钟，出发后30分钟追上丙，乙比甲晚出发40分钟，出发后1小时40分钟追上丙。那么乙出发后需多少分钟追上甲？

【分析】解答本题一是可以通过追击的时间比，二可以根据它们的速度比进行。

【解法1】采用倍比的方法来解答。

据题意，乙比丙晚出发 $10+40=50$（分钟），丙行 $10+30=40$（分钟）被甲追上；丙行 $60\times1+40+50=150$（分钟）被乙追上。

因为40和150的最小公倍数是 $4\times10\times15=600$。所以，当丙行600分钟路程，甲只需 $30\times(600\div40)=450$（分钟），乙只需 $(60\times1+40)\times(600\div150)=400$（分钟）。

根据“乙比甲晚出发40分钟”，可得乙出发后需要：

$400\times[40\div(450-400)]=320$（分钟）追上甲。

【解法2】利用分数知识来解答。

把丙每分钟的速度当作“1”，则甲每分钟的速度为 $1\times(10+30)\div30=\frac{4}{3}$，乙每分钟的速度为 $1\times(10+40+60\times1+40)\div(60\times1+40)=\frac{3}{2}$。

根据“乙比甲晚出发40分钟”，可得甲比乙提前行程为 $\frac{4}{3}\times40=\frac{160}{3}$。所以乙需要 $\frac{160}{3}\div\left(\frac{3}{2}-\frac{4}{3}\right)=320$（分钟）追上甲。

例4 如图，ABC 是边长为100米的正三角形。甲从 A 点，乙从 B 点同时按顺时针方向沿三角形的边行进，甲每分钟走120米，乙每分钟走150米，过每个顶点时，因转弯都要耽误5秒钟。那么乙出发后经过多长时间在什么地方追上甲？

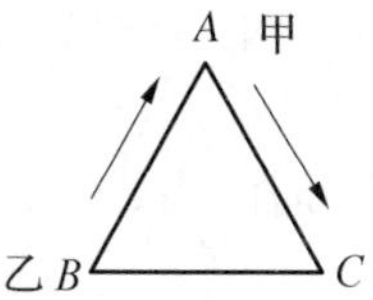

根据“甲每分钟走120米，乙每分钟走150米”，可得甲速∶乙速＝

120∶150＝4∶5；又根据时间一定，行程与速度成正比，由“ABC 是边长为 100 米的正三角形”，可知在同一时间内，甲走 4 条边，乙则走 5 条边。因为“甲从 A 点，乙从 B 点同时按顺时针方向沿三角形的边行进”，所以乙正好在第二次到达 C 点时追上甲。乙追上甲在 C 点，可以看作甲过 C 点而乙未过 C 点，他俩都转了 4 个角，由此可得，乙出发后追上甲所用的时间为 $100\times5\div150+5\times4\div60=3\frac{1}{3}+\frac{1}{3}=3\frac{2}{3}$（分钟）。所以乙出发后经过 $3\frac{2}{3}$分钟在 C 点追上甲。

也可以这样操作：先不考虑转角的时间，根据乙落后甲 100 米，“甲每分钟走 120 米，乙每分钟走 150 米”，可得乙追上甲需要 $100\div(150-120)=100\div30=3\frac{1}{3}$（分钟）；再考虑转角的时间，根据乙追上甲时，乙行程等于三角形 $150\times3\frac{1}{3}\div100=500\div100=5$（条）边的长，甲行程等于 $120\times3\frac{1}{3}\div100=400\div100=4$（条）边的长，同在一个角上，都看成是转了 4 个角，可得转角需 $5\times4\div60=20\div60=\frac{1}{3}$（分钟）。又因为 $5-3=2$ 或 $4-3=1$，所以乙出发后经过 $3\frac{1}{3}+\frac{1}{3}=3\frac{2}{3}$（分钟）在第二次到达 C 点时追上甲。

例 5 一个圆周长 90 厘米，三个点把圆周分成三等分，三只爬虫 A、B、C 分别在这三点上，它们同时出发，按顺时针方向沿圆周爬行。A 的速度是 10 厘米/秒，B 的速度是 5 厘米/秒，C 的速度是 3 厘米/秒。三只爬虫从出发后多少分钟第一次到达同样位置？

【分析】 分析 B 追 C、A 追 C 的情况来解答。

【解】 据题意，圆周分成三等分，每段弧长 $90\div3=30$（厘米）。

先分析 B 追赶 C 的情况。首次 B 追上 C 需多爬行 30 厘米，需用的时间 $30\div(5-3)=30\div2=15$（秒）；第二次 B 追上 C，B 比 C 多爬行＝120（厘米），需用的时间为 $120\div(5-3)=120\div2=60$（秒）；第三次 B 追上 C，B 比 C 多爬行 $30+90\times2=30+180=210$（厘米），需用的时间为 $210\div(5-3)=210\div2=105$（秒）。

再分析 A 追赶上 C 的情况。顺时针方向，弧 AC 长 $30\times2=60$（厘米）。第一次 A 追上 C，A 比 C 多爬行 60 厘米，需用的时间为 $60\div(10-3)=60\div7=8\frac{4}{7}$（秒）；第二次 A 追上 C，A 比 C 多爬行 $60+90=150$（厘米），需用的时间为 $150\div(10-3)=150\div7=21\frac{3}{7}$（秒）；第三次 A 追上 C，A 比 C 多爬行 $60+90\times2=60+180=240$（厘米），需用的时间为 $240\div(10-3)=240\div7=34\frac{2}{7}$（秒）；第四次 A 追上 C，A 比 C 多爬行 $60+90\times3=60+270=330$（厘米），需用的时间为 $330\div(10-3)=330\div7=47\frac{1}{7}$（秒）；第五次 A

追上C，A比C多爬行$60+90\times4=60+360=420$(厘米)，需用的时间为$420\div(10-3)=420\div7=60$(秒)。

综上可知，当三只爬虫同时出发60秒，即1分钟时，A、B同时追上C，A、B和C第一次到达同一位置。

四、综合行程问题

综合行程问题内容繁杂，涉及面广。解答时，要着力理清思路，找出相互之间的关系，从而达到解决问题的目的。

例 1 某人沿8路电车的线路行走，每12分钟有一辆8路电车从后面追上他，每4分钟有一辆8路电车迎面同他相遇。假定此人和8路电车都是匀速前进。问：8路电车每隔几分钟从起点(终点)站开出一辆？

【分析】 根据题意，可画出示意图：

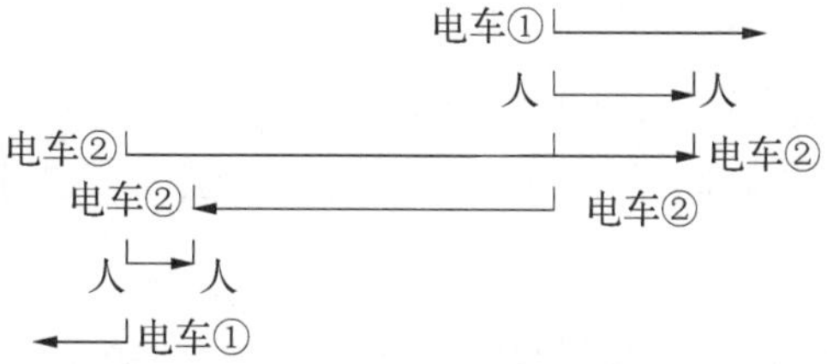

解题时，要抓住当人行和车行都是匀速前进时，车与车之间的距离是一定的。

【解】 根据"每12分钟有一辆8路电车从后面追上他，每4分钟有一辆8路电车迎面同他相遇"，可知车与车之间的距离就等于车与人同时行12分钟路程的差或等于车与人同时行4分钟路程的和。据此可以求出车速与人速的比，即：

(车速＋人速)$\times4=$(车速－人速)$\times12$

车速$\times8=$人速$\times16$，即车速是人速的2倍。

因此，可设人速为"1"，则车速为"2"，那8路电车每两辆开出间隔的时间是$(2\times12-1\times12)\div2=12\div2=6$(分钟)或$(2\times4+1\times4)\div2=12\div2=6$(分钟)。

例 2 甲、乙两人从A、B两地同时相向而行。甲在超过中点100千米处与乙相遇后继续前进，当甲到达B后，及时返回，又在超过中点300千米处追上乙。求A、B两地的距离。

【分析】 要抓住甲、乙各自行进的速度是不变的，所用时间是一样的，然后比较他们在相同的时间内所行进的距离。

【解】 设A、B两地的距离为s千米，第一次相遇时甲行了$\left(\frac{1}{2}s+100\right)$(千米)，乙行了$\left(\frac{1}{2}s-100\right)$(千米)；

到第二次相遇时，甲共行了$\left(\frac{3}{2}s+300\right)$(千米)，是相遇前甲行程的$\left(\frac{3}{2}s+300\right)\div$

$\left(\frac{1}{2}s+100\right)=3$ 倍；

再根据甲、乙先后行的时间分别相同，速度且无变化，可得乙从开始到被甲第二次追上时，乙共行了 $\left(\frac{1}{2}s-100\right)\times 3=\left(\frac{3}{2}s-300\right)$（千米），则甲比乙多行了 $\left(\frac{3}{2}s+300\right)-\left(\frac{3}{2}s-300\right)=600$（千米）。

根据题意，这 600 千米就是 A、B 两地的距离。

例 3 学校和工厂之间只有一条公路。该校下午 2 时派车去工厂接劳模到校做报告，往返需 1 小时。这位劳模在下午 1 时便离厂步行向学校走来，途中遇到接他的汽车，便立即上车驶向学校，在下午 2 时 40 分到达。汽车的速度是该劳模步行速度的几倍？

【分析】 据题意，要求汽车速度是该劳模速度的几倍，只要求出行同样路程，劳模所用的时间是汽车所用时间的几倍即可。

【解】 根据汽车往返全程需用 1 小时，而汽车接劳模只用了 2 时 40 分－2 时＝40 分钟，可得汽车行劳模步行的路程只需(1 小时－40 分)÷2＝20 分÷2＝10 分钟，而劳模步行的时间为 2 时 40 分－40 分÷2－1 时＝1 时 20 分＝80 分钟。

根据路程一定，速度与时间成反比，可得汽车的速度是该劳模步行速度的 80÷10＝8 倍。

例 4 甲、乙两班学生到少年宫参加活动，但只有一辆车接送。甲班学生坐车从学校出发，同时乙班学生开始步行。车到途中某一地点，甲班学生下车步行，车立即返回接乙班学生上车，并直接开往少年宫。已知学生每小时步行 4 千米，汽车每小时行 40 千米。要使两班学生同时到达少年宫，甲班学生应步行全程的几分之几？

【分析】 根据题意，可先画出示意图：

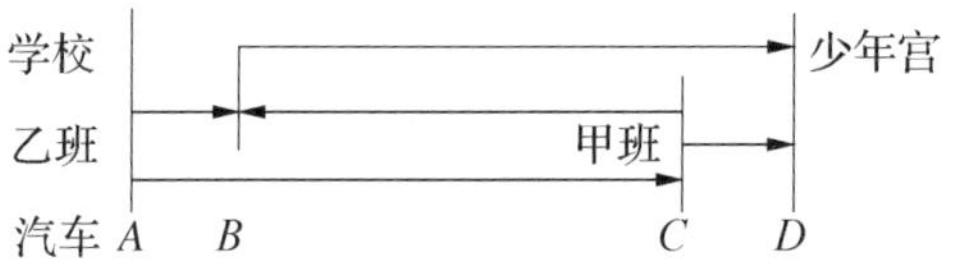

观察示意图，可知学校到少年宫的距离为 AD，汽车送甲班学生到达地点为 C，返回接乙班学生的地点为 B。根据“两班学生同时到达少年宫”，可知甲班学生步行距离为 CD，乙班学生步行距离为 AB。为他们同时到达，可得 $AB=CD$。

【解】 当乙班学生步行 AB 时，汽车的行程为 $AB+BC+CB$；同理，当甲班学生步行 CD 时，汽车的行程为 $CB+BC+CD$。根据题意，可得 $AB=CD$，$AB+BC+CB=CB+BC+CD$。

又根据“学生每小时步行 4 千米，汽车每小时行 40 千米”，且当时间一定时，行程与速度成正比，可得 $(AB+BC+CB)\div AB=40\div 4=10$，$2BC=9AB$，$BC=\frac{9}{2}AB$。学校到少年宫的全程 $AD=AB+BC+CD=AB+4\frac{1}{2}AB+AB=6\frac{1}{2}AB=6\frac{1}{2}CD$。

所以甲班学生应步行全程的$CD \div AD = CD \div \left(6\frac{1}{2}CD\right) = \frac{2}{13}$。

例5 甲、乙两人从 C 分别反向去 A 和 B，$AC=2$ 千米，$CB=5$ 千米。到 A、B 后立即都回头走，当甲走到 D 时，乙离 D 还有 0.5 千米。已知乙的速度是甲速度的 1.5 倍，求此时乙离出发点 C 还有多远。

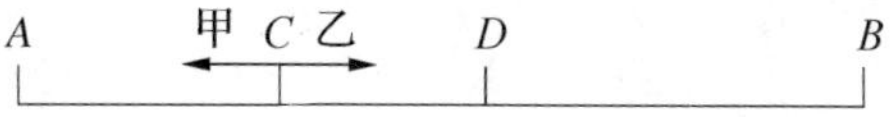

【分析】 通过相同时间内，求甲、乙共走的路程来解答。

【解法1】 据题意，当甲再到 D 点时，可得甲、乙共走路$(5+2)\times 2-0.5=14-0.5=13.5$（千米）；

又据“乙的速度是甲速度的 1.5 倍”，由时间相同，行程与速度成正比，得甲的行程是$13.5\div(1+1.5)\times 1=13.5\div 2.5\times 1=5.4$（千米），可得 $CD=5.4-2\times 2=1.4$（千米）。

所以乙离出发点 C 还有 $1.4+0.5=1.9$（千米）。

【解法2】 据题意，甲走 AC 来回趟的路程为 $2\times 2=4$（千米）时，则乙的行程应为 $4\times 1.5=6$（千米），此时乙的位置离 B：$6-5=1$（千米）。当甲再走 CD 时，乙应走 $1.5CD$，$(1+1.5)CD$ 的长为 $5-1-0.5=3.5$（千米），则 $CD=3.5\div 2.5=1.4$（千米）。所以乙离出发点 C 还有 $1.4+0.5=1.9$（千米）。

例6 甲、乙两人沿铁路而行，速度相同。一列火车从甲身边开过用了 8 秒钟，离甲后 5 分钟又遇到乙，从乙身边开过只用了 7 秒钟。火车的速度是人速度的多少倍？从乙与火车相遇开始，再过多少时间甲、乙两人相遇？

【分析】 根据题意，可知火车与甲是同向而行，8 秒钟的行程差等于火车的长度；火车与乙是相背而行，7 秒钟的行程和也等于火车的长度。

【解】 设火车长度为“1”，则火车速度与人速度之差相当于火车长度的 $1\div 8=\frac{1}{8}$，火车速度与人速度之和相当于火车长度的 $1\div 7=\frac{1}{7}$。

由此可得，火车每秒速度是火车长度的$\left(\frac{1}{7}+\frac{1}{8}\right)\div 2=\frac{15}{56}\div 2=\frac{15}{112}$，人每秒速度是火车长度的$\left(\frac{1}{7}-\frac{1}{8}\right)\div 2=\frac{1}{56}\div 2=\frac{1}{112}$。所以火车速度是人速度的$\frac{15}{112}\div\frac{1}{112}=15$ 倍。

根据火车“离甲后 5 分钟又遇到乙”，可知火车遇到乙时，甲与乙的距离，就是火车头与甲的距离，即火车和甲 5 分钟的行程之差与火车长的和，即$\left(\frac{15}{112}-\frac{1}{112}\right)\times 60\times 5+1=\frac{1}{8}\times 300+1=38\frac{1}{2}$。从乙与火车相遇开始，再过 $38\frac{1}{2}\div\left(\frac{1}{112}\times 2\right)=\frac{77}{2}\times 56=2156$（秒），甲、乙两人相遇。

练习十四

1. 一座大桥长 2400 米。一列火车通过大桥时每分钟行 900 米，从车头开上桥到车尾离开桥共需 3 分钟。火车长多少米?

2. 小乌龟从 15 米深的洞底往洞口爬。它白天好不容易爬上 5 米，到晚上又滑下 3 米。算一算，它几天能爬出洞口。

3. 某人从甲地到乙地，如果每分钟走 75 米，迟到 8 分钟；如果每分钟走 80 米，迟到 6 分钟。他应以每分钟行多少米才能准时到达?

4. 李老师从学校到教育局开会。出发时，他看了一下手表，发现如果步行，他将迟到 6 分钟；如果骑自行车，可以提前 3 分钟到达。已知李老师步行每分钟行 100 米，骑自行车每分钟行 200 米。则李老师出发时离开会还有多长时间?

5. 甲站和乙站分别是一路电车起点站和终点站。每隔 5 分钟有一辆电车从甲站出发开往乙站，全程要用 15 分钟。有一人从乙站出发沿电车线路骑自行车前往甲站，他出发的时候，恰好有一辆电车到达乙站，在路上，他又遇到 10 辆迎面开来的电车才到达甲站。到达甲站时，恰好又有一辆电车从甲站开出，他从乙站到甲站用了多少分钟?

6. 一支解放军部队从驻地赴抗灾前线，如果将车速比原来提高$\frac{1}{9}$，就可比预定时间提前 20 分钟赶到；如果先按原速行驶 72 千米，再将车速比原来提高$\frac{1}{3}$，就可比预定时间提前 30 分钟赶到。这支解放军部队的行程是多少千米？

7. 一辆汽车从甲地到乙地，若速度提高 20%，则可提前 1 小时到达；若前 100 千米按原速行驶，然后速度提高 30%，则仍可提前 1 小时到达。甲、乙两地相距多少千米？

8. 一辆汽车从甲地爬坡开往乙地，然后又沿原路返回，一共行驶 8 小时。去时每小时行 30 千米，返回每小时行 50 千米。甲、乙两地相距多少千米？

9. 一汽车往返甲、乙两地，共用 9 小时。已知去时每小时行 100 千米，返回时每小时行 80 千米。问甲、乙两地距离多少千米？

10. 某农场原定 9 时到达学校接五年级学生参加义务劳动。为了争取时间，8 时同学们就从学校步行向农场出发，在途中遇到准时来接他们的汽车，于是乘车去农场，这样比原定时间早到 20 分钟。汽车每小时行 48 千米，同学们步行的速度是每小时多少千米？

11. 快、慢车分别从甲、乙两城同时出发相向而行，快车每小时行 30 千米，慢车每小时行 20 千米。快车在途中因事耽误 2 小时，在离甲、乙全程中点 15 千米处，两车相遇。甲、乙两城相距多少千米？

12. 甲、乙两人从桥的两端相向而行，相遇后继续前行至桥头返回，到第二次相遇，共经过 20 秒。已知甲每秒行 16 米，乙每秒行 14 米，求大桥的长度是多少米。

13. 甲、乙两车同时从 A、B 两地相向开出，已知甲车的速度与乙车的速度之比是 4∶3，C 地位于 A、B 之间，甲、乙两车到达 C 地的时间分别是上午 8:00 和下午 3:00。那么甲、乙两车相遇的时刻是多少？

14. 甲、乙两人在一条长 100 米的直路上来回跑步，甲的速度每秒 3 米，乙的速度每秒 2 米。如果他们分别从直路的两端同时出发，当他们跑了 10 分钟后，共相遇多少次？

15. 两辆汽车同时从 A、B 两地相向而行，第一次相遇在距 A 地 180 千米的地方，相遇后继续前进，各自到达 B、A 两地后，沿原路返回，第二次相遇在距 A 地 260 千米的地方。A、B 两地相距多远？

16. 公交车站每 6 分钟发一辆车。而迎面行人每隔 5 分钟遇上一辆公交车开来。已知行人每分钟行 100 米，求公交车的速度。

17. 甲用每分钟 180 米的速度从 A 点出发，在 6000 米的环形大道上跑步前进 20 分钟后，乙收到一封给甲的急信，他立刻骑上自行车，用每分钟 420 米的速度从 A 点出发追甲。问：乙将信送给甲时，最少需要多少分钟？

18. 甲、乙两人同时从相距 30 千米的两地出发，相向而行。甲每小时走 3.5 千米，乙每小时走 2.5 千米。与甲方同时同地同向出发的还有一只狗，每小时跑 5 千米，狗碰到乙后就回头向甲跑去，碰到甲又向乙跑去，……这只狗就这样往返于甲、乙之间直到二人相遇为止。问这只狗跑了多少千米？

19. 甲、乙两人分别从相距 35.8 千米的两地同时出发，相向而行。甲每小时行 4 千米，但每行 30 分钟就休息 5 分钟；乙每小时行 12 千米。经过多少分钟两人相遇？

20. 小王步行每小时 4.8 千米，小张步行每小时 5.4 千米，小李骑车每小时 10.8 千米。他们三人同时出发，小王和小张从甲地到乙地，小李从乙地到甲地，在小张与小李相遇 0.1小时后，小王又与小李相遇。求甲、乙两地的路程。

21. 龟、兔进行 10000 米赛跑，兔子的速度是龟速度的 5 倍。当它们从起点一起出发后，龟不停地跑，兔子跑到某一地点开始睡觉，兔子醒来时，龟已经领先了 5000 米，兔子奋起直追，但龟到达终点时，兔子落后 100 米。那么兔子睡觉时间，龟跑了多少米？

22. 渔夫坐划艇往河上游钓鱼，发船时，头戴的草帽被风吹落船旁的水中，等他划行到离草帽 5 英里时，发觉草帽丢了，便掉转船头追。已知渔夫是在下午 2 时丢失草帽的，水速每小时 3 英里，划艇在静水中速度每小时 5 英里。问渔夫找回草帽是在什么时候？

23. 一条街上，一个骑自行车的人和一个步行的人同向而行，骑车的人是步行人速度的 3 倍。每隔 10 分钟，有一辆公共汽车超过步行的人，每隔 20 分钟有一辆公共汽车超过骑车的人。如果公共汽车发站每次间隔同样的时间发一辆车。那么每隔多少分钟发一辆车？

24. 甲、乙两人沿着 400 米的圆形跑道跑步，他们同时从同一地点反向而行，50 秒相遇；若他们同时从同一地点同向而行，400 秒甲追上乙。问甲、乙两人每秒钟各跑多少米？

25. 甲、乙、丙三辆车先后从 A 地开往 B 地，乙比丙晚出发 10 分钟，出发后 40 分钟追上丙；甲比乙晚出发 20 分钟，出发后 1 小时 40 分钟追上丙。问：甲出发后多少分钟追上乙？

26. 一行人沿一公交线路行走，每隔 6 分钟遇到一辆公交车迎面开来，每隔 9 分钟被一辆公交车追赶上。问：公交车每隔几分钟开出一辆车？

27. 甲、乙两班学生到离校 24 千米的农场去参加劳动。只有一辆汽车，两班步行的速度相同，而车速是步速的 7 倍。一个班步行，另一个班乘车同时出发。问汽车在距农场多远处调头接步行的学生(汽车一掉头，乘车的学生立即下车步行)，才能使两班学生同时到达农场？(学生下车及汽车掉头的时间不计)

28. 甲、乙、丙三人只有一辆自行车，他们同时出发进行了一次 100 千米的旅行。甲先带着丙以 25 千米/时速度前进，乙以 5 千米/时速度步行，经过一段时间后丙下车步行，速度同乙，而甲折回去接乙并将乙带上，结果与丙恰好同时到达目的地。这次旅行所用的时间是多少？

29. 铁路旁边有一条与之相平行的小路，一列长为 240 米的火车以 20 米/秒的速度向南行驶去，8 点时追上向南行走的一名军人，15 秒后离他而去，8 点 6 分迎面遇到一个向北行走的农民，10 秒后离开这个农民。问：军人和农民何时相遇？

30. A、B 两地相距 144 千米，小李、小张骑车从 A 地，小王骑车从 B 地同时出发，相向而行，小李、小张和小王的速度分别是 17 千米/小时，12.5 千米/小时，14.5 千米/小时。问：经过几小时后小张恰好在小李与小王相距的正中点处？

31. 甲、乙、丙三人环湖跑步，湖的周长是 3000 米。他们三人从同一地点出发，甲与丙同向，乙与甲、丙反向，甲和乙相遇需要 7.5 分钟，再过 17.5 分钟，甲遇到了丙。如果丙跑一圈的时间够甲跑两圈，那么他们三人的速度各是多少米/分？

32. 甲、乙两个电动玩具同时从轨道两端相对而行，甲车每秒行 5 厘米，乙车第 1 秒行 1 厘米，第 2 秒行 2 厘米，第 3 秒行 3 厘米，……这样两车相遇时走的路程相同，则轨道长多少厘米？

33. 一只小船顺流而下，已知船在静水中的速度是 10 千米/时，水流速度是 2 千米/时。船在 A 地掉下一个救生圈，过了 30 分钟才发现，于是船立即掉头，还是以 10 千米/时的静水速度去找救生圈，在 B 地找到了救生圈。A、B 两地相距多少千米？

34. 甲、乙、丙三个机器人参加跑步比赛，当甲跑到终点时，乙离终点还有 20 米，丙离终点还有 40 米；当乙跑到终点时，丙离终点还有 24 米。问：

(1) 这次比赛要跑多少米？

(2) 已知丙跑完全程需要 24 秒，那么甲的速度是多少？

35. 猎人带猎犬去捕猎，发现一只兔子在距离 50 米的地方，猎犬跑去追兔子。已知猎犬跑 2 步的时间兔子跑 3 步，猎犬跑 4 步的距离与兔子跑 7 步的距离相等，那么兔子再跑多远，猎犬可以追上它？

36. 某条河流沿岸依次有甲、乙、丙三个码头，甲与乙相距 12000 米，乙与丙相距 24000 米，小强乘船往返于甲码头与丙码头之间。在甲、乙码头之间划船，在乙、丙码头之间乘电动船。下图中数字表示小强往返到达各码头的时间。

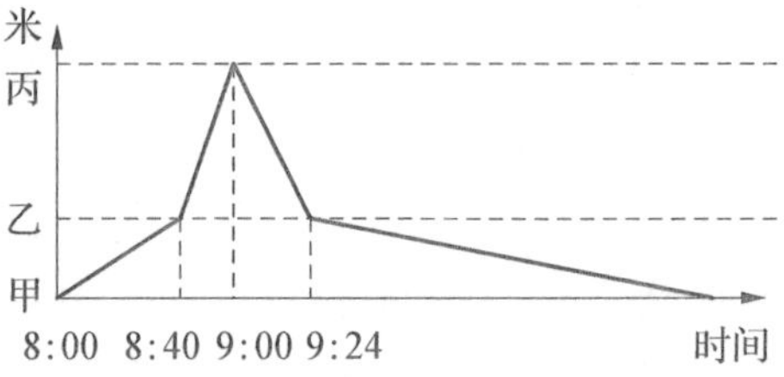

假定小船与电动船在静水中的速度都一定，请根据上述条件回答：

(1) 水流动的速度是每分钟(　　)米。

(2) 小强回到码头的时刻是(　　)。

37. 一辆客车从广州开往武汉，同时一辆货车从武汉开往广州，4 小时后两车相遇，相遇后又经过 3 小时，客车距武汉还有 45 千米，货车距广州还有 70 千米。广州到武汉的距离是多少千米？

38. 甲、乙两车同时从 A、B 两站相对开出，5 小时后甲车到达中点，乙车离中点还有 60 千米。已知乙车的速度是甲车的 $\frac{2}{3}$，A、B 两地相距多少千米？

39. 一名通讯员骑自行车送文件到某地。如果每小时行 12 千米，就迟到 15 分钟；如果每小时行 15 千米，就提前 5 分钟到达。通讯员去某地的路程是多少千米？

40. 甲、乙两地相距 600 米，王叔叔骑自行车从甲地去乙地，到达后立即返回；与此同时，李叔叔从乙地步行去甲地。他们两人相距甲地的路程 s（米）和时间 t（分钟）之间的关系如下图。

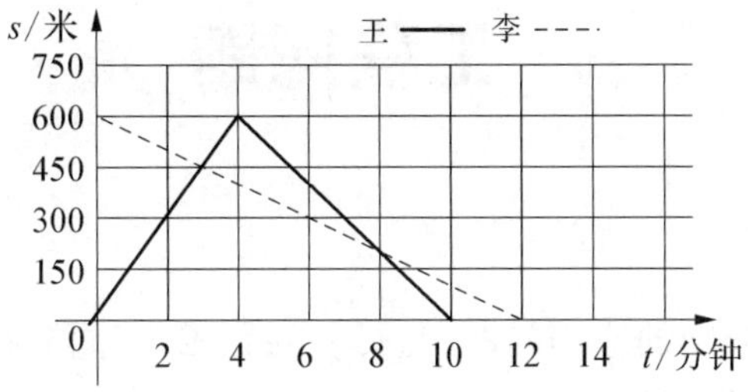

（1）根据图中的信息，请你分别算出王叔叔骑自行车往、返的速度和李叔叔步行的速度。

（2）两人同时出发后，经过几分钟在途中第一次相遇？

（3）两人同时出发后，经过几分钟在途中第二次相遇？

41. 甲、乙两个人骑骆驼到沙漠探险，他们每天可以在沙漠中走 40 千米。已知每人最多可以带一个人 48 天的食物和水，途中甲有事提前返回，如果可以将部分食物和水放在途中，以备乙返回时使用，那么最多可以深入沙漠多少千米？

15

第十五讲

工程问题

工程问题是一种典型的应用问题，与行程问题相比，同样在小学数学中占有重要的位置。解答这类问题要抓住工效、时间和工作量三个要素间的关系。它的题型和解题思路与行程问题有着诸多相似之处。解答工程问题，可参照解答行程问题的思路进行。

例 1 刘师傅加工一批零件，如果把工效提高 20%，可以提前 1 小时完成任务；如果先以原工效生产 100 个，然后再将工效提高 30%，也比原计划提前 1 小时完成任务。这批零件有多少个？

【分析】 此题属工程问题，但却与"基本行程问题"中例 3 相类似。因此，解答此题可仿照例 3 的解答思路进行，即依据工效、工时和工作量三者之间的相互关系来解答。当然，此题有多种解法，但无论哪种解法，都必须先求出原定的工时。

【解】 原定的工时为：$1\div20\%+1=5+1=6$(小时)，

当将工效提高 30%时，完成全部任务需要的工时为：

$6\div(1+30\%)=4\frac{8}{13}$(小时)，比原计划少用 $6-4\frac{8}{13}=1\frac{5}{13}$(小时)。而"如果以原工效生产 100 个，后再将工效提高 30%，却比原计划提前 1 小时完成任务"。根据工作量之比等于时间差之比，可得这批零件有 $100\div\left(1\frac{5}{13}-1\right)\times1\frac{5}{13}=360$(个)。

此题还可采用其他的途径来解答，这里就不再赘述。

例 2 某工厂的一个生产小组，当每个工人在自己岗位上工作时，9 小时可以完成一项生产任务。如果交换 A 和 B 的生产岗位，其他人不变，可提前 1 小时完成这项生产任务；如果交换工人 C 和 D 的工作岗位，其他人不变时，也可以提前 1 小时完成这项生产任务。如果同时交换工人 A 和 B、C 和 D 的工作岗位，其他人不变，可以提前多少分钟完成这项生产任务？

【分析】 解答此题，先要看清和正确理解题意，题中讲的单独交换 A 和 B 或单独交换 C 和 D 的工作岗位，其结果是一样的，都可以提前 1 小时完成这项生产任务；但要看到，同时交换 A 和 B、C 和 D 的工作岗位，提前的时间未必是两个 1 小时的简单相加，而是要通过计算每小时的工作量的变化来解答。

先要求出单独交换工人 A 和 B 或单独交换工人 C 和 D 的工作岗位，比原来工作效率提高了多少，再求出同时交换工人 A 和 B、C 和 D 的工作岗位，工作效率比原来提高到多少。

【解】 把这项生产任务的工作量当作“1”，可得原来 1 小时完成的工作量为 $\frac{1}{9}$；

单独交换工人 A 和 B 或单独交换工人 C 和 D 的工作岗位后，1 小时完成的工作量为 $\frac{1}{9-1}=\frac{1}{8}$。

综上可得，单独交换工人 A 和 B 或单独交换工人 C 和 D 的工作岗位，工作效率比原来提高了 $\left(\frac{1}{8}-\frac{1}{9}\right)\div\frac{1}{9}=\frac{1}{72}\div\frac{1}{9}=\frac{1}{8}$。

进而可得，同时交换工人 A 和 B、C 和 D 的工作岗位，工作效率比原来提高了 $\frac{1}{8}\times 2=\frac{1}{4}$，则此时的工作效率应为：$\frac{1}{9}\times\left(1+\frac{1}{4}\right)=\frac{1}{9}\times\frac{5}{4}=\frac{5}{36}$，

完成任务需用的时间为 $1\div\frac{5}{36}=1\times\frac{36}{5}=7\frac{1}{5}$（小时），提前 $9-7\frac{1}{5}=1\frac{4}{5}$（小时）$=$ 108 分钟完成这项生产任务。

例 3 一组同学去割草。草地有一大一小两块，大的草地是小的草地的 2 倍。上午他们在大草地上割草，下午人员分开，一半人留在大草地上，一半人到小草地上割草。傍晚时分，大草地上草正好割完，小草地上草还剩下一小块由一个人来割，需要一天时间才能完成。这组同学共有多少人？

【分析】 解答此题，首先要求出半组人半天能完成的工作量，然后再求出小草地剩下的工作量。

【解】 设小草地割草工作量为“1”，则大草地割草工作量则为“2”。

全组人上午和半组人下午将大草地割完，则半组人半天完成的工作量为 $2\div(2+1)=\frac{2}{3}$，因此小草地一半人割半天后，还剩工作量的 $1-\frac{2}{3}=\frac{1}{3}$，由一个人来割，需要一天时间才能完成，可得要半天割完，则需 $1\div 0.5=2$（人），而 $\frac{2}{3}$ 小草地要半天割完，则需要 $\frac{2}{3}\div\frac{1}{3}\times 2=4$（人），4 人是这组同学人数的一半，所以这组同学共有 $4\div\frac{1}{2}=4\times 2=8$（人）。

例 4 某工程，乙先做 4 天，接着甲、丙合做 6 天，后甲继续做 9 天完成。已知乙做的工作量是甲的 $\frac{1}{3}$，丙做的工作量是乙的 2 倍。求甲、乙、丙单独做此项工程各需要多少天。

【分析】 解答此题，需先求出甲、乙、丙在这项工程中各自完成的工程量，而完成这些工程量的天数是已知的，就可以求出独自的工作效率和所需时间了。

【解】 根据已知乙做的工作量是甲的 $\frac{1}{3}$，可得乙和甲工作量之比为 $\frac{1}{3}:1=1:3$；根据

丙做的工作量是乙的 2 倍，可得乙和丙工作量之比是 1∶2。据此可得甲、乙、丙在这项工程中所做的工作量之比是 3∶1∶2。

则甲、乙、丙单独做此项工程所需的时间分别为：

$(6+9)\div3\times(3+2+1)=30$(天)、$4\div1\times(3+2+1)=24$(天)、$6\div2\times(3+2+1)=18$(天)。

例 5 一条公路，甲独修需 10 天，乙独修需 12 天，丙独修需 15 天，丁独修需 30 天。现有两条同样工程量的公路，甲和乙分别在这两条公路上同时开始修，丙开始帮甲修，中途转向帮乙修，已知丙在帮甲修时，因事离开 2 天，由丁顶替，最后同时修完两条路，问完成任务用了多少天？

【分析】 此题若采用两条公路分开来计算，是难以得出结果的。而采用整体思维的方法，把两条公路的工程当着一个整体来考虑，就容易得出结果来。

【解】 设一条公路的工作量为“1”，则修两条公路的工作量就是“2”。

假定丙在帮甲修路时没有离开，丁也没有参加，则甲、乙、丙三人在完成任务的时间内不但完成修两条公路的工作量，而且还多完成 2 天中丙比丁多完成的工作量 $\left(\frac{1}{15}-\frac{1}{30}\right)\times2$，由此可以得出，完成任务用的时间为：

$$\left[2+\left(\frac{1}{15}-\frac{1}{30}\right)\times2\right]\div\left(\frac{1}{10}+\frac{1}{12}+\frac{1}{15}\right)=\left(2+\frac{1}{30}\times2\right)\div\frac{1}{4}=8\frac{4}{15}(\text{天})。$$

例 6 某种健身球由 1 个黑球和 1 个白球组成 1 套，已知两个车间都生产这种健身球，甲车间每月用 $\frac{3}{5}$ 的时间生产黑球，$\frac{2}{5}$ 的时间生产白球，每月生产 270 套；乙车间每月用 $\frac{2}{3}$ 的时间生产黑球，$\frac{1}{3}$ 的时间生产白球，每月生产 300 套。现在两个车间联合起来生产，每月能最多生产多少套健身球？

【分析】 通过计算得出甲、乙车间的不同优势来解答。

【解】 据题意，甲车间每月可生产：

黑球 $270\div\frac{3}{5}=450$(个)，白球 $270\div\frac{2}{5}=675$(个)；

乙车间每月可生产：

黑球 $300\div\frac{2}{3}=450$(个)，白球 $300\div\frac{1}{3}=900$(个)。

可见乙车间生产白球效能强。因此要让甲车间全部生产黑球，每月可生产黑球 450 个，而乙车间生产用于和甲车间相配套的 450 个白球，需要的时间为全月的 $450\div900=\frac{1}{2}$，

全月剩下的 $1-\frac{1}{2}=\frac{1}{2}$ 时间进行成套生产，可生产 $300\times\frac{1}{2}=150$(套)，

故两车间联合生产，每月最多能生产 $450+150=600$(套)健身球。

例7 一项工程，甲独做需要20天完成，乙独做需要30天完成。现在先由甲做了若干天后，再由乙单独完成，从开工到完工共用24天。求甲、乙两人各做多少天。

【分析】当先求出甲、乙独做的工作效率后，就可根据鸡兔同笼问题的解答思路进行解答。工作效率相当于每只鸡、兔腿的条数，工作天数相当于鸡、兔的只数，工作量就相当于鸡、兔腿的总条数。

【解】甲、乙独做的工作效率分别是$\frac{1}{20}$和$\frac{1}{30}$。

根据鸡兔同笼问题的解答思路，可得乙做的天数：

$\left(\frac{1}{20}\times24-1\right)\div\left(\frac{1}{20}-\frac{1}{30}\right)=\frac{1}{5}\div\frac{1}{60}=12$，那么甲做的天数则为$24-12=12$，或$\left(1-\frac{1}{30}\times24\right)\div\left(\frac{1}{20}-\frac{1}{30}\right)=\frac{1}{5}\div\frac{1}{60}=12$。

例8 蓄水池有甲、乙两根进水管和丙、丁两根出水管。要注满一池水，单开甲管需3小时，单开乙管需5小时；要排完一池水，单开丙管需4小时，单开丁管需6小时。现在池内有$\frac{1}{6}$的水，按甲、丙、乙、丁，甲、丙、乙、丁的顺序轮流各开1小时，问经过几小时，水池第一次注满？

【分析】此题涉及四根水管，既有进水和出水之分，又有开管的先后顺序不同，解答时，要全面考虑。

【解】把注满一池水的工作量当作“1”，那甲、乙两管1小时注水分别为$\frac{1}{3}$和$\frac{1}{5}$，丙、丁两管1小时排水分别为$\frac{1}{4}$和$\frac{1}{6}$。根据按甲、丙、乙、丁轮流各开管1小时，$\frac{1}{3}-\frac{1}{4}+\frac{1}{5}=\frac{17}{60}<\frac{1}{3}$，所以水池第一次注满只能在开甲管时。当开甲管时水池第一次注满，那池中先前的注水量应等于或大于$1-\frac{1}{3}-\frac{1}{6}=\frac{1}{2}$。而按甲、丙、乙、丁轮流各开管1小时，注水量为$\frac{1}{3}-\frac{1}{4}+\frac{1}{5}-\frac{1}{6}=\frac{7}{60}$，又因为$\frac{1}{2}\div\frac{7}{60}=\frac{1}{2}\times\frac{60}{7}=4\frac{2}{7}<5$，所以经过5轮（20个小时）后，水池缺水量为$\left(1-\frac{1}{6}-\frac{7}{60}\times5\right)=\frac{1}{4}$，此时开甲注水，还需要$\frac{1}{4}\div\frac{1}{3}=\frac{3}{4}$（小时）水池第一次注满，所以经过$20+\frac{3}{4}=20\frac{3}{4}$（小时），才第一次注满水池。

【创新应用】

例9 一个蓄水池有甲、乙两根进水管。由于水池底部有一道裂缝。因此，满池水40小时全部漏完。现在水池是满的，30小时后打开两根进水管，经过12小时将水池重新注满，然后关闭两根进水管，10小时后再单独打开乙管，又用了6小时，再次将水池注满。问：如果将裂缝修补好，那么甲、乙两管分别注满空池各需多少时间？

【分析】此题不但涉及两根进水管，而且还涉及水池底部裂缝漏水的问题，解答时，要全面考虑。要解答此题，关键是要求出甲、乙两管的工作效率。

【解】 根据题意，可得 30 小时后，水池中的水已经漏掉了 $30\div40=\frac{3}{4}$，两根进水管 12 小时的进水量除了水池容量的$\frac{3}{4}$外，还有水池容量的 $12\div40=\frac{3}{10}$的水被漏掉了，所以两根进水管每小时的进水量为水池容量的$\left(\frac{3}{4}+\frac{3}{10}\right)\div12=\frac{21}{20}\div12=\frac{7}{80}$。

又根据题意，乙管每小时的进水量为水池容量的$(10\div40+6\div40)\div6=\frac{1}{15}$，那甲管每小时的进水量为水池容量的$\frac{7}{80}-\frac{1}{15}=\frac{1}{48}$。

故裂缝修补好后，甲管注满水池需用 $1\div\frac{1}{48}=48$(小时)，乙管注满水池需用 $1\div\frac{1}{15}=15$(小时)。

练习十五

1. 某筑路队按旧施工方法制定了施工计划，干了 4 天后，改用新施工方法。由于新方法比旧方法效率提高了 50%，因此比原计划提前 1 天完工。如果用旧方法修路 200 米后，再采用新方法，那么可以比原计划提前 2 天完工。问：原计划每天修路多少米？几天完工？

2. 某工厂预计 30 天完成一批零件的加工任务。先由 18 名工人工作了 12 天，完成这批零件的$\frac{1}{3}$。现因任务紧急，需提前 6 天全部完成任务，需要增加多少名工人？

3. 甲、乙两个工程队合修一段公路，甲队的工作效率是乙队的$\frac{3}{5}$。两队合修 6 天正好完成这段公路的$\frac{2}{3}$，余下的由乙队单独修，还要几天才能完成？

4. 生产一批零件，甲单独做要 6 小时，乙每小时可以做零件 36 个。现在甲、乙两人合做，完成任务时，甲、乙两人生产的零件数量的比是 5∶3。这批零件一共有多少个？

5. 姐、弟两人打印一批稿件，姐姐单独打印需要的时间是弟弟的$\frac{3}{8}$。姐姐打印了这批稿件的$\frac{2}{5}$后，接着由弟弟单独打印，总共用了 24 小时打印完。姐姐打印了多少小时？

6. 一项工程，如果由甲队单独做，正好在规定的时间完成；如果由乙队单独做，要超过规定时间 5 天时间才能完成；如果先由甲、乙两队合做 3 天后，其余的再由乙队单独做，正好也在规定的时间内完成。完成这项工程规定用多少天？

7. 一项工程，甲队单独做 12 天完成，乙队单独做 15 天完成，丙队单独做 24 天完成。如果甲、乙、丙三队先做 1 天，后由于需要，按甲、乙、丙三队先后顺序每天轮流抽掉一个工程队去支援其他工程。工程由哪两个队最后完成？完成整个工程的总时间是多少天？

8. 一项工程，甲工程队单独做要 150 天，乙工程队单独做要 180 天。现在两队合做时，甲工程队做 5 天休息 2 天，乙工程队做 6 天休息 1 天。如果他们 3 月 1 日开工，那么完成这项工程的日期是几月几日？

9. 某车间师徒俩合作做机器零件。如果师徒合做 2 天后，剩下的由徒弟做，刚好在规定的时间内完成；如果师傅单独做，可提前 2 天完成；徒弟单独做，则超过规定时间 3 天完成。那么师徒合做需几天完成？

10. 甲、乙合作修一条路，原计划甲比乙多修 20 米，结果乙因有事比计划少修 60 米，因此任务完工时，乙比甲修的$\frac{7}{10}$多 10 米。问这段路长多少米？

11. 一件工作，甲做 5 小时后由乙做 3 小时可以完成；如果乙先做 9 小时后由甲做，也要 3 小时完成。那么甲做 1 小时后由乙做，还要几小时完成？

12. 甲、乙合作干一件工作，由于配合好，甲工效比单独干时提高了$\frac{1}{10}$，乙工效比单独干时提高了$\frac{1}{5}$。甲、乙合作干 6 小时完成全部工作的$\frac{2}{5}$，第二天乙又单独干 6 小时，还剩下这件工作的$\frac{13}{30}$没完成。这件工作，甲单独干，要多少小时才能完成？

13. 甲、乙、丙三队在 A、B 两块地上植树，A 地要植树 900 棵，B 地要植树 1250 棵。已知甲、乙、丙每天分别能植树 24、30、32 棵，甲在 A 地植树，丙在 B 地植树，乙先在 A 地植树，然后转到 B 地植树。两块地同时开始同时结束，乙应在开始后第几天从 A 地转到 B 地？

14. 甲、乙两个服装厂，生产同一规格的成衣，每个厂的人员和设备都能进行上衣和裤子的生产。但由于各厂的特长不同，甲厂是每月用$\frac{3}{5}$时间生产上衣，$\frac{2}{5}$时间生产裤子，每月生产 900 套成衣；乙厂是每月用$\frac{4}{7}$时间生产上衣，$\frac{3}{7}$时间生产裤子，每月生产 1200 套成衣。现在两厂联合生产，尽量发挥各自的特长，多生产成衣，那么现在比过去每月多生产成衣多少套？

15. 一件工作，甲、乙独做完成分别需要 24 天、32 天。现在甲先独做若干天，余下由乙独做完成，结果前后一共用了 26 天。问：甲、乙各做了多少天？

16. 一件工作，甲、乙独做完成分别需要 30 天、40 天。现在甲先独做若干天，余下由乙独做完成，结果前后一共用了 35 天。问：甲、乙各做了多少天？

17. 单独完成一项工程，甲需要 12 天，乙需要 15 天。现在先由甲独做若干天，再由乙接着独做若干天后正好完成这项工程。已知甲、乙工作时间的比是 2 ∶ 5。问：甲、乙各工作了多少天？

18. 甲、乙两队合筑一条公路，由于始终是雨天，甲、乙两队的工作效率都比晴天时下降了 $\frac{1}{4}$，结果共用了 6 天完成。如果甲队晴天单独修筑完这条公路需要 18 天，问：乙队晴天单独修筑完这条公路需要多少天？

19. 一个水池装有甲、乙两个进水管，单独开甲管 20 分钟可将空池注满，单独开乙管 30 分钟可将空池注满。现先开甲管 10 分钟后再两管齐开，还要多少分钟可把水池注满？

20. 一个水池安装了甲、乙两根进水管。现在水池是空的，先打开甲管，9 分钟后再打开乙管，4 分钟后已注入了 $\frac{1}{3}$ 水池的水，又过了 10 分钟，注入的水已占水池的 $\frac{2}{3}$，此时关掉甲管，由乙管继续将水池注满。问：注满这个空池，前后一共用了多少分钟？

21. 一水池装有甲、乙、丙三个进水管。若同时开甲、乙两个水管，$5\frac{5}{11}$ 小时注满；若同时开甲、丙两个水管，6 小时注满；若同时开乙、丙两个水管，$6\frac{2}{3}$ 小时注满。问单独开这三个水管，各需多少小时才能把水管注满？

22. 一水池装有甲、乙两个进水管和丙一个排水管。若同时开甲、丙两个水管，20 小时注满；若同时开乙、丙两个水管，60 小时注满；若同时开甲、乙两个水管，6 小时注满。求单独开甲、乙、丙三个水管，各需要多少小时才能将水池注满或将满池水排完？

23. 放满一个水池的水，若同时打开 1、2、3 号阀门，则 20 分钟可以完成；若同时打开 2、3、4 号阀门，则 21 分钟可以完成；若同时打开 1、3、4 号阀门，则 28 分钟可以完成；若同时打开 1、2、4 号阀门，则 30 分钟可以完成。问同时打开 1、2、3、4 号阀门，那么多少分钟可以完成？

24. 一个容器容积是 120 升，它安装了甲、乙、丙三根水管。乙进水管每秒注水 4 升，丙排水管，每秒排水 8 升。一开始，容器是空的，三管齐开一会儿，满了。关掉甲管后，不久又空了。从开始到排空，共用了 50 秒。问甲进水管每秒注水多少升？

25. 有一个水池，地下水从四壁渗入，每小时渗入水池的水是固定的。当这个水池水满时，打开甲管，8 小时可将水池排空；打开乙管，10 小时可将水池排空；打开丙管，12 小时可将水池排空。同时打开甲、乙两管，4 小时也可将水池排空。问：同时打开乙、丙两管，将水池排空需要多少小时？

26. 一个水池有甲、乙两根排水管，因为水池底部有一条裂缝，地下水以均匀的速度不断渗入池中，12 小时渗满了一池水。如果单开甲管，6 小时可将满池水排空；单开乙管，8 小时可将满池水排空。现在将甲、乙两根排水管同时打开，问：多少小时可将满池水排空？

27. 某水库最大库容量是 26.2 万立方米，库区面积为 100 平方千米，其中林地占 60%。经测定，林地有 10%的降水流入水库，非林地有 85%的降水流入水库。库区从 2005 年 6 月 15 日零时进入雨季，每天降水总量为 1.5 万立方米。如果该水库原有水量为 20 万立方米，2005 年 6 月 16 日零时就开闸泄洪，每天泄洪量为 0.2 万立方米，问：连续降雨几天后，该水库就会发生险情？（水库里水量超过水库容量就有险情）

28. 甲地有 57 吨货物要运到乙地，大货车的载重量为 7 吨，每趟运费为 140 元；小货车的载重量为 4 吨，每趟运费为 90 元。问：运完这批货物最少要花运费多少元？

29. 张师傅和李师傅各自加工数量相同的一批零件。当张师傅加工完120个零件时，李师傅才加工了100个。这以后，李师傅将加工速度提高了30%，而张师傅的效率保持不变，结果两人正好同时完成加工任务。问：两人各自加工了多少个零件？

30. 把一批零件平均分给甲、乙、丙三人一起加工。过一段时间后，甲完成自己任务的$\frac{1}{4}$，乙已做的和丙未做的相等，三人共做好320个零件。这批零件共有多少个？

31. 修一条路，第一周修了这条路的$\frac{2}{9}$，第二周修了58千米。两周后，剩下的路比已修的路短40%，这条路全长多少千米？

32. 甲、乙两人单独完成一件工程分别需要12天、20天。开始甲干了几天后，由乙继续干，两人共干了14天完成了任务。问：甲、乙两人各干了多少天？

33. 某车间有30名工人，计划要加工A、B两种零件。这些工人按技术水平分成甲、乙、丙三类人员，其中甲类人员有6人，乙类人员有16人，丙类人员有8人。各类人员每天加工两种零件的个数如下表所示。如果要求加工A、B两种零件各3000个，那么最少要用多少天？

人员 / 效率/个 / 零件	甲	乙	丙
A	50	30	12
B	80	60	30

34. 甲、乙两人共同完成一项工程。甲、乙合做 6 天完成工程的$\frac{2}{3}$，剩下的由乙独做 8 天完成，两人共获得 3000 元的工资。按完成的工作量的多少分配，甲、乙各应得多少元工资？

35. 某工人原计划在规定时间内加工 1500 个零件，改进了操作方法后，工作效率提高了$\frac{2}{3}$。现在加工 1500 个零件比原来提前 5 小时。原计划每小时加工多少个零件？

36. 某市有一项工程举行公开招标，有甲、乙、丙三家公司参加竞标条件如下：

公司名称	单独完成工程所需天数	每天工资/万元
甲	20	5.6
乙	30	3.8
丙	60	1.7

(1) 如果想尽快完工，应该选择哪两家公司合作？需要多少天完成？

(2) 如果想尽量降低成本，应该选择哪两家公司合作？完工时要付工资多少万元？

37. 工人装配自行车，情况如下表。为了车架、车轮配套整车出厂，请你合理安排 70 名工人的工作岗位。

	人数	时间	数量
车架	6	4	48
车轮	4	3	36

38. 六年级同学参加义务劳动，一班有 42 人，二班有 47 人。两班都调出同样多的人去广场打扫后，一班剩下的人是乙班剩下人数的$\frac{7}{12}$。两班共调出多少人？

16

第十六讲

钟表和扶梯问题

钟表和扶梯问题也是典型应用问题，在小学数学中，分量不重，解答思路与行程问题类似。

一、钟表问题

钟表问题如同行程问题，时针和分针相当于行程中的甲、乙两个主体，与行程问题不同的是，时针和分针这两个主体的速度比是不变的，这是解答钟表问题的关键。

钟表问题也是时间问题，它涉及的时间单位主要有日、时、分和秒，有时也会遇到星期（周）和刻。时间问题有两类，一类求的是时刻，另一类则求的是经过的时间。表达这两类问题所用的时间单位有的没有变化，如星期（周）、秒；有的有区别，表达时刻时用的是日（号）、时（点）、刻和分，表达经过的时间则要用天、小时、刻钟和分钟。使用时要区别开来。

钟表问题中有一种特殊的问题，即钟表在镜面上反射出来的时间与实际时间的关系问题。解答这类问题，必须搞清楚三个问题，即（1）镜面时间与实际时间的图像是关于钟面的中垂线为对称的图形；（2）镜面时间与实际时间的和是 12 小时；（3）实际增加的时间与钟面上减少的时间是相同的。搞清楚这三个问题，镜面上的时间问题就容易解答了。

例 1 小明用不到 1 小时的时间做完作业后，发现钟面上的时针与分针恰好与他开始做作业时交换了位置。问小明做作业共花了多少时间？

【分析】 根据小明做作业用了不到 1 小时的时间，且开始与结束时时针与分针交换了位置，可知开始时分针在时针的左边，结束时分针在时针的右边。由此可知，从开始到结束，时针和分针转过的角度和正好是一个圆周。据此，解答可参照行程相遇问题的解答思路进行。

【解法 1】 利用钟面平均分成 12 个大格来解答。根据分针 60 分钟转 1 周，走 12 个大格，时针 60 分钟走 1 个大格，则分针每分钟走 $12\div60=\frac{1}{5}$（个）大格，时针每分钟走 $1\div60=\frac{1}{60}$（个）大格。所以，小明做作业共花的时间为 $12\div\left(\frac{1}{5}+\frac{1}{60}\right)=12\div\frac{13}{60}=12\times\frac{60}{13}=55\frac{5}{13}$（分钟）。

【解法 2】把钟面圆周长当着“1”来解答。根据分针 60 分钟转 1 周，时针 $60\times12=720$(分钟)转 1 周，可得分针每分钟转 $1\div60=\frac{1}{60}$，时针每分钟转 $1\div720=\frac{1}{720}$。

所以，明明做作业共花的时间为 $1\div\left(\frac{1}{60}+\frac{1}{720}\right)=1\div\frac{13}{720}=1\times\frac{720}{13}=55\frac{5}{13}$(分钟)。

此题还可以采用求时针和分针的转速比来解答。

例 2 在 2 点和 3 点之间的某一时刻，分针和时针分别在钟面上“2”字的两侧，而且与“2”字的距离相等。这一时刻应是几时几分？

【分析】此题是钟表问题，即要根据时针和分针的位置确定时刻。根据题意，这一时刻在 2 点和 3 点之间，即 2 时几分，时针在“2”字下边，分针在“2”字上边，“1”字下边，根据分针与时针到“2”字的距离相等，可知从 2 点开始，分针与时针转过的角度和正好是钟面上 2 个大格，10 个小格所指的角度。据此，解答此题也可参照行程相遇问题的解答思路进行。

【解法 1】利用钟面平均分成 12 个大格来解答。分针每分钟走 $12\div60=\frac{1}{5}$(个)大格，时针每分钟走 $12\div720=\frac{1}{60}$(个)大格。进而可得，从 2 点开始，经过 $2\div\left(\frac{1}{5}+\frac{1}{60}\right)=2\div\frac{13}{60}=2\times\frac{60}{13}=9\frac{3}{13}$(分钟)，时针和分针才呈现题中的状态，此时刻为 2 时 $9\frac{3}{13}$分。

【解法 2】利用钟面平均分成 60 个小格来解答。分针每分钟走 $60\div60=1$(个)小格，时针每分钟走 $60\div720=\frac{1}{12}$(个)小格。可得，从 2 点开始，经过 $60\div12\times2\div\left(1+\frac{1}{12}\right)=10\div\frac{13}{12}=10\times\frac{12}{13}=9\frac{3}{13}$(分钟)，时针和分针才呈现题中的状态，此时刻为 2 时 $9\frac{3}{13}$分。

【解法 3】把钟面圆周长当作“1”来解答。根据分针 60 分钟转 1 周，时针 $60\times12=720$(分钟)转 1 周，可得分针每分钟转圆周的 $1\div60=\frac{1}{60}$，时针每分钟转圆周的 $1\div720=\frac{1}{720}$。可得，从 2 点开始，经过$\frac{2}{12}\div\left(\frac{1}{60}+\frac{1}{720}\right)=\frac{1}{6}\div\frac{13}{720}=\frac{1}{6}\times\frac{720}{13}=9\frac{3}{13}$(分钟)，时针和分针才呈现题中的状态，此时刻为 2 时 $9\frac{3}{13}$分。

此题也可以采用求时针和分针的转速比来解答。

例 3 晚上 7 点到 8 点之间电视里播出一部动画片，开始时，分针和时针正好成一条直线；结束时，两针正好重合。这部动画片播出了多少分钟？

【分析】此题要抓住时针和分针的位置，由开始的直线状态变成结束时的重合状态，求经过的时间。可参照行程追击问题的思路进行解答。

【解法 1】要先分别求动画片播出开始和结束这两个时刻来解答。

求开始的时刻。根据就是分针和时针正好成一条直线。根据钟面可以看成圆周 360

度，分针 60 分钟转 1 周，时针 $60\times12=720$(分)钟转 1 周，可得分针每分钟转 $360\div60=6$(度)，时针每分钟转 $360\div720=\frac{1}{2}$(度)，分针比时针每分钟多转 $6-\frac{1}{2}=5\frac{1}{2}$(度)。又根据时针指向 7 点时，分针指向"12"，可知分针落后时针 $360\div12\times7=30\times7=210$(度)，而当分针与时针成一直线时，可知分针落后时针 $360\div2=180$(度)，所以，从 7 点开始，到分针和时针正好成一条直线时止，分针比时针多转 $210-180=30$(度)。

由此可得，从 7 点开始，到分针和时针正好成一条直线时止，所经过的时间为 $30\div5\frac{1}{2}=30\div\frac{11}{2}=5\frac{5}{11}$(分钟)，则这部动画片开始播出的时刻是 7 时 $5\frac{5}{11}$分。

求结束的时刻。根据时针指向 7 时，分针指向"12"，可知分针落后 $360\div12\times7=30\times7=210$(度)，而当时针和分针重合时，分针追上了时针，所以，从 7 点开始，到分针和时针重合时止，分针比时针多转 210(度)。由此可得，从 7 点开始，到分针和时针重合时止，所经过的时间为 $210\div5\frac{1}{2}=210\times\frac{2}{11}=38\frac{2}{11}$(分钟)，则这部动画片播出结束的时刻是 7 时 $38\frac{2}{11}$分。

综上可得，这部动画片播出的时长为 7 时 $38\frac{2}{11}$分－7 时 $5\frac{5}{11}$分＝$32\frac{8}{11}$分钟。

【解法 2】 把钟面可看成是个 360 度的圆周。动画片播出开始时，分针和时针成一条直线，可知分针落后时针 $360\div2=180$(度)；动画片播出结束时，两针正好重合，即分针追上了时针。由此可知，从开始到结束，分针比时针多走了 180 度。

又分针每分钟转 $360\div60=6$(度)，时针每分钟转 $360\div720=\frac{1}{2}$(度)，分针比时针每分钟多转 $6-\frac{1}{2}=5\frac{1}{2}$(度)。综上可得，钟面上的分针和时针由成一条直线到两针重合所经过的时间，就是这部动画片播出的时间，即 $180\div5\frac{1}{2}=180\div\frac{11}{2}=180\times\frac{2}{11}=32\frac{8}{11}$(分钟)。

也可以根据钟面平均分成个 12 大格或平均分成 60 个小格来解答，还可以把钟面圆周长当着"1"来解答，同样可以得出上面的结果。

例 4 小虎家有一只钟，傍晚 6:00，小虎对照标准时间把钟拨准，到晚上标准时间 9:00 时，钟才到 8:45。小虎第二天早晨钟到 6:17 时，他离家上学。这时刻标准时间应是几时几分？

【分析】 首先要根据从标准 6 时拨准，到 9 时慢了 15 分钟，计算出每小时慢多少，再计算第二天早晨钟面 6:17 实际时刻是几点。

【解】 采用归一的方法来解答。据题意，标准时间经过 1 小时，钟慢了 $(9:00-8:45)\div(9-6)=15\div3=5$(分)，可见标准时间经过 1 小时，钟只走 $60-5=55$(分)。

而钟从傍晚 6:00 到第二天早晨 6:17 时，走了 $60\times(12-6+6)+17=60\times12+17=737$(分)，则标准时间应经过 $737\div55=13.4$(小时)＝13 小时 24 分钟。所以，这时刻的标

准时间应是第二天早上 6:00+13:24−12:00=7:24。

例 5 有一个时钟每小时慢 25 秒。今年 3 月 21 日中午 12:00 它的指示正确。请问:这个时钟下一个指示正确的时间是几月几日几时?

【分析】 要抓住时钟是以 12 小时为一循环周期的,所以,从第一次指示正确的时刻到第二次指示正确的时刻,时钟慢走的时间应为 12 小时。

【解】 时针慢走 12 小时需要经过 12×60×60÷25=43200÷25=1728(小时)=72 天。

因为 72−(31−21)−30−31=1(天),所以,时钟下一个指示正确的时间应是 6 月 1 日中午 12:00。

例 6 一个星期天的下午小东开始写作业时,从镜子里看到的时间是 6 时 40 分(如图所示),经过 1 小时小东完成作业,那么小东完成作业时的实际时间应是下午几时几分?

【分析】 解答此题要依据镜面时间与实际时间相互关系。

【解法 1】 先求小东开始写作业时的实际时间,由此时"从镜子里看到的时间是 6 时 40 分",根据实际时间与镜面时间是关于镜面中垂线为对称轴的图形,可得实际时间的分针应指向"20",时针应指向"5"多一点,所以实际时间是 5 时 20 分,也可以根据实际时间与镜面时间的和是 12 小时,则可根据镜面时间是 6 时 40 分,可得实际时间是 12 时−6 时 40 分=5 时 20 分。

根据小东做作业时间为 1 小时,可得小东完成作业时的实际时间是 5 时 20 分+1 时=6 时 20 分。

【解法 2】 先求完成作业时的镜面时间。根据实际时间增加与镜面时间减少是一样的,可得小东完成作业时的镜面时间是 6 时 40 分−1 时=5 时 40 分。

再根据实际时间与镜面时间是关于镜面中垂线为对称轴的图形,可得小东完成作业时的实际时间是 6 时 20 分。

二、扶梯问题

扶梯问题是现代社会出现的新问题。自动扶梯是电动的匀速运动的载体,人在扶梯上运动,人和扶梯是同时存在的两个主体。人在扶梯上不动,人速是与自动扶梯的速度是一致的;人在扶梯上运动,由于方向相同或相反,所以人在扶梯上的速度是人的运动速度与自动扶梯运行速度之和或差。解答扶梯问题就是要把握好上述几个速度之间的关系。

例 1 自动扶梯以均匀的速度向上行驶,一男孩与一女孩同时从自动扶梯底部向上走,男孩的速度是女孩的 2 倍,已知男孩走了 27 级到达扶梯的顶部,女孩走了 18 级到达扶梯的顶部,问扶梯露在外面的部分共多少级?

【分析】 解答此题,首先要搞清楚男孩、女孩和自动扶梯速度、时间和行程之间的相互关系。通过对题意的剖析，可知自动扶梯的速度是不变的，扶梯露在外面的级数是男孩或女孩从自动扶梯底部走到扶梯顶部所需时间内男孩或女孩所走的级数与自动扶梯所走的级数的和。

【解】设男孩的速度每分钟走 27 级，根据男孩的速度是女孩的 2 倍，可得女孩的速度每分钟走 $27\div2=13.5$(级)，那女孩从自动扶梯底部走到扶梯顶部所需要的时间为 $18\div13.5=1\frac{1}{3}$(分钟)，而男孩从自动扶梯底部走到扶梯顶部所需要的时间为 $27\div27=1$(分钟)。由此可得，自动扶梯移动 $27-18=9$(级)所需要的时间为 $1\frac{1}{3}-1=\frac{1}{3}$(分钟)，那扶梯露在外面部分的级数就是 1 分钟内男孩走的级数与自动扶梯走的级数之和，即：

$27+9\div\frac{1}{3}\times1=27+27=54$(级)。

例 2 两个顽皮孩子逆着自动扶梯的行驶方向走去。男孩每秒可走 3 级扶梯，女孩每秒可走 2 级扶梯。结果从扶梯的一端到另一端，男孩走了 100 秒，女孩走了 300 秒。该扶梯共有多少级？

【分析】解答此题，可参照解答行程问题的思路进行。根据人与扶梯逆着行进，自动扶梯的速度是不变的，所以，人在扶梯上的速度等于人行进的速度与自动扶梯行进速度之差。

【解】先求出男、女孩抵冲扶梯前行速度后的速度比。根据从扶梯一端到另一端，男、女孩行走所需的时间分别为 100 秒和 300 秒，可得男、女孩抵冲扶梯前行速度后的速度比为 $300:100=3:1$。又根据男孩每秒比女孩每秒多走 $3-2=1$(级)，可得男孩抵冲扶梯前行速度后每秒行进 $1\times\frac{3}{3-1}=\frac{3}{2}$(级)，又根据男孩从扶梯一端到另一端，用了 100 秒，可得该扶梯共有 $\frac{3}{2}\times100=150$(级)。

也可求出女孩抵冲扶梯前行速度后每秒行进 $1\times\frac{1}{3-1}=\frac{1}{2}$(级)，又女孩从扶梯一端到另一端用了 300 秒，可得该扶梯共有 $\frac{1}{2}\times300=150$(级)。

练习十六

1. 从正午 12 时时针与分针相遇，到午夜 12 时，时针与分针再能相遇几次？

2. 一只每天快 5 分钟的表，现在将它的时间对准，这只表下次显示准确时间应需要多少天？

3. 从时针指向 3 点开始，再经过多少分钟后，时针和分针重合？

4. 7 点多少分，分针落后于时针 100 度？

5. 某钟表，在 7 月 29 日零点比标准时间慢 4 分半钟，它一直走到 8 月 5 日上午 7 时，比标准时间快 3 分钟。那么这只钟表所指时间是正确的时刻在几月几日几时？

6. 6 点整时针与分针反向成一条线，到下一次时针和分针再反向成一条线时，经过了多少分钟？

7. 小明下午放学到家正好是 6 点 15 分，问再经过多少分钟，分针和时针刚好重合在一起？

8. 在 3 点和 4 点之间的什么时刻，钟表的时针和分针：(1) 相互重合？(2) 相互垂直？(3) 形成 20 度角？

9. 下雨天小丁放学回家，他从镜子里看到的镜面时间是 5 点 45 分，25 分钟后，小丁练完钢琴，这时镜子里钟面上的时间是几时几分？

10. 小芳家的钟停了，电台广播上午 10 时整，奶奶跟电台对时时，由于年纪大了，把时针和分针拨颠倒了。小芳中午放学回家时，从镜子里看到镜面上的时间是 10 点 10 分。小芳到家时，实际时间是多少？

11. 爷爷早上对着镜子看到镜面上的时间是 6 时 30 分，这时实际时间应该是多少呢？

12. 下面两个钟面分别是小明早晨上学和下午放学后从镜子里看到的，请你在每个镜面下面写出当时的实际时间。

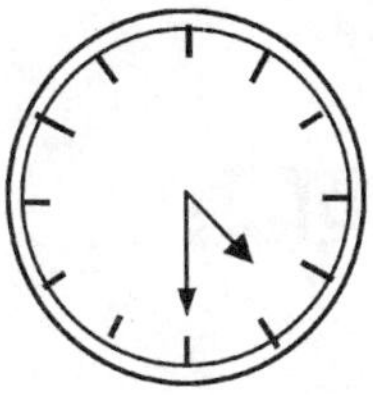

(　　:　　)

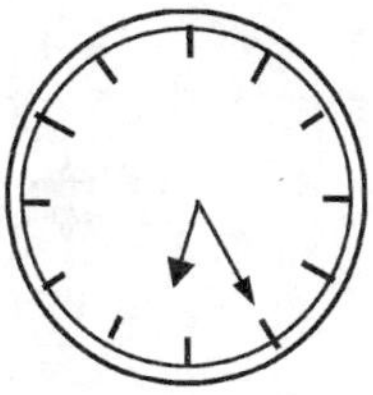

(　　:　　)

13. 一自动扶梯露在外面的有 135 级，一男孩顺着扶梯每秒走 3 级台阶，30 秒钟从扶梯底部走到顶部。一女孩顺着扶梯走，速度是男孩的$\frac{1}{2}$，问她从扶梯底部走到顶部需要多少秒钟？

14. 自动扶梯以均匀的速度向上行驶，一男孩与一女孩同时从自动扶梯底部向上走，男孩的速度是每分钟走 24 级台阶，女孩的速度是男孩的$\frac{1}{2}$，已知男孩用了 1 分钟从自动扶梯底部走到顶部。已知自动扶梯每分钟上行 36 个台阶，问女孩从自动扶梯底部走到顶部，需要多少时间？

15. 自动扶梯以均匀的速度向上行驶，一男孩与一女孩同时从自动扶梯底部向上走，男孩的速度是每分钟走 24 级台阶，女孩的速度是男孩的$\frac{1}{2}$，已知男孩用了 2 分钟到达顶部，女孩用了 2 分 30 秒到达顶部，问扶梯露在外面的有多少级台阶？

17

第十七讲

牛吃草问题

牛吃草问题是比较难的典型应用题，它之所以难，是因为草场上提供的草料是个变量，这个变量跟时间有关，但又不是跟时间成正比例的量，而是跟时间成正比例的新长草料这个变量与草场原有草料这个不变量相加的和。弄清这个关系，是解答牛吃草问题以及与此类似问题的关键。

例 1 有一片牧场，草每天都在均匀地生长。若放 24 头牛，则 6 天吃完草；若放 21 头牛，则 8 天吃完草。要使草永远吃不完，最多放多少头牛？

【分析】 此题属于牛吃草问题，要求的是使草永远吃不完，最多放多少头牛，这就是说牛每天只能吃牧场新长的草，而不能吃牧场原有的草。假设每头牛每天吃草量为 1 份，要解答此题，只要求出牧场每天可以长出多少青草即可。

【解】 比较牧场 6 天和 8 天的青草总量得出，即牧场 8 天的青草总量比 6 天的青草总量多 $1\times21\times8-1\times24\times6=24$(份)。

根据牧场的原有牧草量不变，可得牧场每天新生长牧草量为 $24\div(8-6)=24\div2=12$(份)。

所以要使草永远吃不完，牧场最多放 $12\div1=12$(头)牛。

例 2 “六一”儿童节这天，许多人去动物园玩。动物园开门前，门口就已有 700 人排队等候。开门后，每分钟来的游客总是同样多。已知 1 个入口每分钟可以进入 30 人，开放 4 个入口，经过 10 分钟，门口就没有人排队了。这时，只要开放几个入口，就可以保证再来的游客不需排队？

【分析】 此题类似于牛吃草问题，这里的开门前门口已有的 700 人就相当于牧场原有牧草量，新来的游客就相当于牧场新长的牧草量，开放的入口数就相当于吃牧场牧草牛的头数。此题求的是只要开放几个入口，就可以保证再来的游客不需要排队，这就是说，每分钟来的新游客，开放的入口都能进来。因此，要先求出每分钟新来的游客数。

【解】 根据“1 个入口每分钟可以进入 30 人，开放 4 个入口，经过 10 分钟，门口就没有人排队了”，可知游客的总数为 $30\times4\times10=1200$，

每分钟新来的游客数：

$(1200-700)\div10=500\div10=50$。

$50\div30\approx1.7<2$，所以只要开放 2 个入口，就可以保证再来的游客不需排队。

例 3 某车站在检票前若干分钟就开始排队，每分钟来的旅客人数一样多。如果同时开放 3 个检票口，那么 40 分钟检票口前队伍恰好消失；如果同时开放 4 个检票口，那么 25 分钟队伍恰好消失。如果开放 8 个检票口，那么队伍多少分钟恰好消失？

【分析】 此题类似于牛吃草问题，这里开放入口检票前已排队的人数就相当于牧场原有的牧草量，新来的旅客数就相当于牧场新生长的牧草量，开放的检票口数，就相当于要吃牧场牧草的牛的头数。所谓检票口前的队伍恰好消失，就是说检票前排队的人数和随着时间的推移不断新来的旅客都全部检票入场。

【解】 设 1 个检票口 1 分钟检票入场的人数为"1"个流量，则前后两次检票入场人数就相差

$1\times3\times40-1\times4\times25=120-100=20$(流量)。

因为检票前排队等待检票的旅客人数是不变的，所以，每分钟新来的旅客人数为 $20\div(40-25)=20\div15=\frac{4}{3}$(流量)。

故检票前排队等待的旅客的人数为

$1\times3\times40-\frac{4}{3}\times40=120-53\frac{1}{3}=66\frac{2}{3}$(流量)，

开 8 个检票口，每分钟不仅能检完新来旅客的票，还能让检票前排队等待的旅客 $1\times8-\frac{4}{3}=6\frac{2}{3}$(流量)检票入场。

所以如果开放 8 个检票口，队伍 $66\frac{2}{3}\div6\frac{2}{3}=\frac{200}{3}\times\frac{3}{20}=10$(分钟)就恰好消失。

例 4 某水库建有 10 个泄洪闸。若水库的水位已经超过安全线，且上游河水还在按不变的速度增加。为了防洪，需调节泄洪速度。假设每个闸门泄洪的速度相同，经测算，若打开 1 个泄洪闸 30 小时，水位降至安全线；若打开 2 个泄洪闸，10 小时水位降至安全线。现在抗洪指挥部要求在 5.5 小时使水位降至安全线以下，至少要同时打开多少个闸门？

【分析】 此题属工程问题，但在解题思路上，与牛吃草问题是一样的。

【解】 设打开 1 个泄洪闸，1 小时泄洪量为 1 份，则上游河水每小时的增加量为：

$(1\times1\times30-1\times2\times10)\div(30-10)=0.5$(份)。

水库泄洪前已超安全线的水量为：

$1\times1\times30-0.5\times30=15$(份)或 $1\times2\times10-0.5\times10=15$(份)。

要在 5.5 小时内将水位降至安全线以下，需泄洪的总水量为：

$15+0.5\times5.5=15+2.75=17.75$(份)。

因为 $17.75\div5.5\approx3.2<4$，

所以要在 5.5 小时使水位降至安全线以下，至少打开 4 个闸门。

练习十七

1. 一个牧场上长满了牧草，牧草每天匀速生长。这个牧场上的草可供 10 头牛吃 20 天，也可供 15 头牛吃 10 天。那么多少头牛可用 4 天时间吃完这个牧场上的牧草呢？

2. 牧场上有一片青草，每天都生长得一样快。这片青草可供给 10 头牛吃 22 天；供给 16 头牛可以吃 10 天。5 天内把草吃光，需要多少头牛？

3. 一片牧场每天草都在不断生长。如果有 27 只羊，6 天可把草吃尽；如果有 23 只羊，9 天可把草吃尽。那么 21 只羊多少天才能把草吃尽？

4. 一个牧场长满了牧草，牧草每天匀速生长。这个牧场上的牧草可供 10 头牛吃 20 天，也可供 30 头牛吃 4 天。要使牧场的草永远吃不完，这个牧场最多放多少头牛？

5. 一块草地，可供 24 匹马吃 6 天，20 匹马吃 10 天。你知道，多少匹马 12 天内能把草吃完？

6. 假设地球上新生资源的增长速度是一定的，照此测算，地球上的资源可供 110 亿人生活 90 年或可供 90 亿人生活 210 年。为了使人类能够不断繁衍，那么地球最多能养活多少亿人？

7. 某游乐场在开门前有 400 人排队等待，开门后，每分钟来的人是固定的。一个入口每分钟可以进入 10 个游客。如果开放 4 个入口 20 分钟就没有人排队。现在开放 6 个入口，那么开门后多少分钟就没有人排队？

8. 足球场 5 点开门，但早有人来排队等候入场。从第一个观众来到时起，每分钟来的观众一样多。如果开 3 个入场口，5 点 8 分就没有人排队；如果开 5 个入场口，5 点 4 分就没有人排队。第一个观众来到的时刻是几点几分？

9. 画展 9 点开门，但早有人来排队等候入场。从第一个观众来到时起，每分钟来的观众人数一样多。如果开 3 个入场口，9 点 9 分就不再有人排队；如果开 5 个入场口，9 点 5 分就没有人排队。那么第一个观众到达的时刻是几点几分？

10. 一种畅销书，1 小时有 3000 人到书店去买。书店设一个售书口，每分钟可让 50 人买书离开；设 2 个售书口，1 小时就没人排队了。那么如果设 4 个售书口，多长时间就没有人排队了？

11. 一只船有一个仓，水以均匀的速度进入仓内，发现时已经进入了一些水。如果 12 个人排水，3 小时可以排完；如果只有 5 个人排水，要 10 小时才能排完。现在要用 2 小时排完，需要多少人来排水？

12. 有一口水井，泉水不断涌出，每分钟涌出的水量相等。如果使用 3 台抽水机抽水，40 分钟可以抽完；如果使用 5 台抽水机抽水，20 分钟可以抽完。现在 10 分钟内要抽完井水，需要多少台抽水机？

13. 一个牧场长满牧草，每天牧草都在匀速生长。这个牧场可供 17 头牛吃 30 天，可供 19 头牛吃 24 天。现在若干头牛在吃草，6 天后，4 头牛死亡，余下的草供剩余的牛吃了 2 天，那么原来有多少头牛？

14. 有一年夏天，我国某地区遭遇了严重旱灾，政府为了解决村民饮水问题，在山下的一眼井旁修了一个蓄水池，每小时有 40 立方米泉水注入池中。第一周开动了 5 台抽水机，2.5 小时就把水抽完；接着第二周开动 8 台抽水机 1.5 小时就把水抽完。后来由于旱情严重，开动 13 台抽水机同时抽水，几小时可以把这池水抽完？

15. 一个水池有根进水管不断匀速地进水，另有若干根抽水管。若用 24 根抽水管抽水，6 小时即可把池中水抽干；若用 21 根抽水管抽水，8 小时即可把池中水抽干。若用 15 根抽水管抽水，几小时可将池中水抽干？

18 第十八讲

长度和角度问题

长度和角度分别是用来计量线段和角的大小的。常见的长度计量单位有千米、米、分米、厘米和毫米，角度计量单位有度、分。长度和角度问题就是求线段长短和角大小的问题。解决此类问题是要借助于倍份、等分、替换等方法。

例 1 一个正方形的一条边长减少 20%，另一边长增加 2 米，新的长方形面积和原来正方形的面积相等。求正方形的边长。

【分析】可通过画图，进行分析比较，找出解题方法。

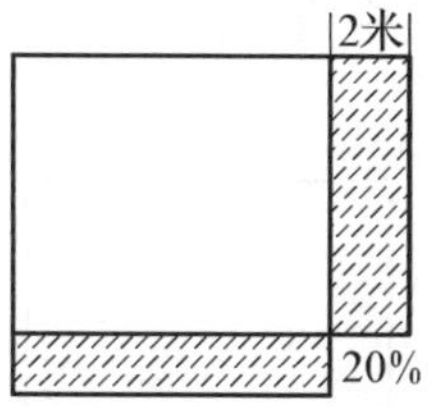

【解】观察上图，由题意可知两个阴影部分的面积是相等的。下面阴影部分是个长方形，宽是原来正方形边长的 20%；右面阴影部分也是个长方形，长是原来正方形边长的 1－20%＝80%。由此可得，右面长方形的长是下面长方形宽的 80%÷20%＝4 倍。从而得下面长方形的长是右面长方形宽的 4 倍，即下面长方形的长为 2×4＝8(米)，故原来正方形的边长是 8 米。

例 2 右图中，$BD=CD$，$AE:DE=1:2$，BE 延长线交 AC 于点 F，$AF=5$ 厘米，求 AC 的长度。

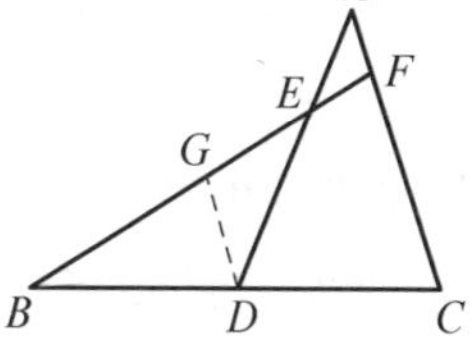

【分析】此题要求 AC 的长度，因为已知 AF 的长度，只要求出 FC 的长度即可。

【解】过 D 作 $DG\parallel AC$ 交 BE 于点 G。因为 $DG\parallel AF$，又 $AE:DE=1:2$，所以三角形 AFE 与三角形 DGE 相似，且相似比为 $1:2$，则 $DG=AF\times2=5\times2=10$(厘米)。

因为 DG 是△BCF 的中线，所以 $FC=DG\times2=20$(厘米)。因此 $AC=AF+FC=5+20=25$(厘米)。

例 3 如图，等边三角形 ABC 的边长 30 厘米，用线段把这个三角形分割成面积相等的五个小三角形。那么线段 BG 与 BF 的长度之和是多少厘米？

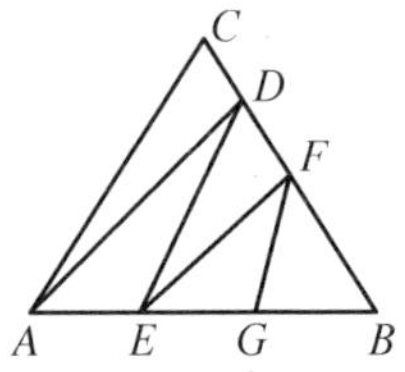

【解】根据等高三角形对应底边的比等于面积之比，可以先求出 CD、AE 的长。

即 $CD=CB\div5=30\div5=6$(厘米)，$AE=AB\div(5-1)=30\div4=7.5$(厘米)。由此可得：

$BD=BC-DC=24$(厘米)，$BE=AB-AE=22.5$(厘米)。

进而可得，$DF=BD\div(5-1-1)=24\div3=8$(厘米)，

$EG=BE\div(5-1-1-1)=22.5\div2=11.25$(厘米)，

则 $BF=BD-FD=24-8=16$(厘米)，

$BG=BE-EG=22.5-11.25=11.25$(厘米)，

所以线段 BG 与 BF 的长度之和是 $11.25+16=27.25$(厘米)。

例 4 两只小爬虫甲和乙，从 A 点同时出发，沿长方形 $ABCD$ 的边，顺着箭头方向爬行。在离 C 点 32 厘米的 E 点，它们第一次相遇；在离 D 点 16 厘米的 F 点第二次相遇；在离 A 点 16 厘米的 G 点第三次相遇。长方形的边 AB 长多少厘米？

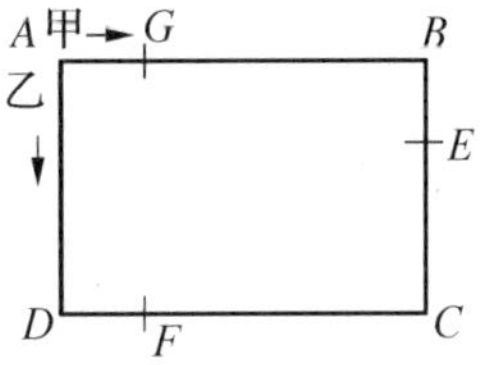

【分析】爬虫甲和乙各自爬行速度不变，根据“在离 C 点 32 厘米的 E 点，它们第一次相遇”，可得甲、乙两只小爬虫共同爬行长方形 $ABCD$ 一周时，乙虫比甲虫多爬行 $32\times2=64$(厘米)；然后，它们每次相遇爬行一周，乙都比甲多爬行 64 厘米。

【解】据题意，第一次相遇时乙虫比甲虫多爬行 $32\times2=64$(厘米)。

当它们在离 D 点 16 厘米的 F 点第二次相遇时，甲虫爬行的距离是 $EC+CF$ 的和，这与第一次甲虫爬行的距离 $AB+BE$ 相等，所以，乙虫比甲虫多爬行的距离为 $AD+DF$，也应等于 64 厘米。由于 $DF=16$ 厘米，可得 $AD=64-16=48$(厘米)；

再根据在离 A 点 16 厘米的 G 点第三次相遇，可得甲虫在第三次共同爬行长方形一周时，所爬行的距离为 $DF+AD+AG=16+48+16=80$(厘米)，等于甲虫在第一次相遇时所爬行的距离 $AB+BE$ 的和。所以长方形的边 AB 的长为 $80-(BC-CE)=80-(48-32)=64$(厘米)。

例 5 已知矩形 $ABCD$ 的边 $AB=4$ 厘米，宽 $AD=3$ 厘米。按下图放置在直线 AP 上，然后不停地转动，当它转动一周时($A\sim A'$)，顶点 A 所经过的路线长等于多少厘米？

【分析】根据题意，可画出矩形 $ABCD$ 沿直线 AP 转动一周所留下的路线图(见下图)。共转动 3 次，每次转动 90 度，半径分别是矩形的长、对角线长和宽。

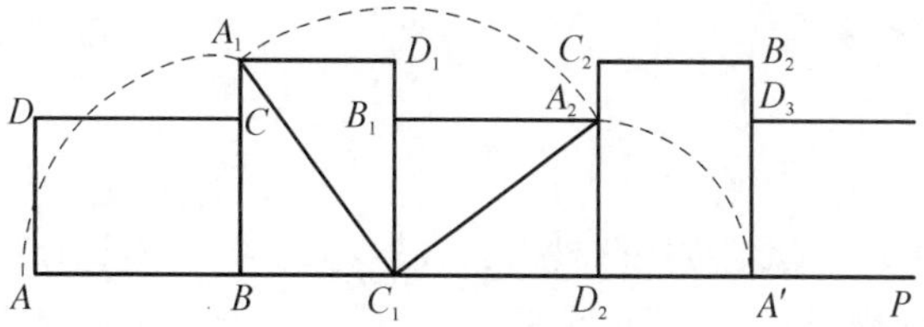

【解】矩形 $ABCD$ 顶点 A 转到 A' 所经过的路线长为：

$$4\times2\times\pi\times\frac{90}{360}+\sqrt{4\times4+3\times3}\times2\times\pi\times\frac{90}{360}+3\times2\times\pi\times\frac{90}{360}=\frac{1}{2}\pi\times(4+5+3)=$$

6π(厘米)。

例 6 三角形中的一个角是另一个角的 2 倍，最大角为另两个角的和。这个三角形最小的角是多少度？

【分析】解答此题，首先要求出最大角的度数，即根据“最大角为另两个角的和”，可求得最大角。

【解】根据“最大角为另两个角的和”，可得最大角为 $180°\div2=90°$。所以这个三角形是直角三角形。

再考察“三角形中的一个角是另一个角的 2 倍”，可有两种情况：一是指最大角是另一个角的 2 倍，则另一个角为 $90°\div2=45°$，即这个三角形最小的角的度数为 $45°$；二是指除最大角外，一个角是另一个角的 2 倍，那么这个三角形最小角的度数为 $90°\div(2+1)=90°\div3=30°$。

例 7 澳大利亚国旗上有类似下面右图的图案，已知图案内部是正七边形，求图案尖角的度数。

【分析】根据图案内部是正七边形，正七边形的外角和是 $360°$，可求出图中最小三角形的顶角。

【解】正七边形的外角：

$360°\div7=\left(51\frac{3}{7}\right)°$，进而可得，

那最小三角形的顶角是：

$180°-\left(51\frac{3}{7}\right)°\times2=180°-\left(102\frac{6}{7}\right)°=\left(77\frac{1}{7}\right)°$，

根据三角形外角等于另外两个内角的和，

可得图案尖角为：$\left(77\frac{1}{7}\right)°-\left(51\frac{3}{7}\right)°=\left(25\frac{5}{7}\right)°$。

练习十八

1. 有两个一样大小的长方形，拼成两种大长方形，如下图。大长方形 A 的周长是 240 厘米，大长方形 B 的周长是 258 厘米，原来的小长方形的长和宽各是多少厘米？

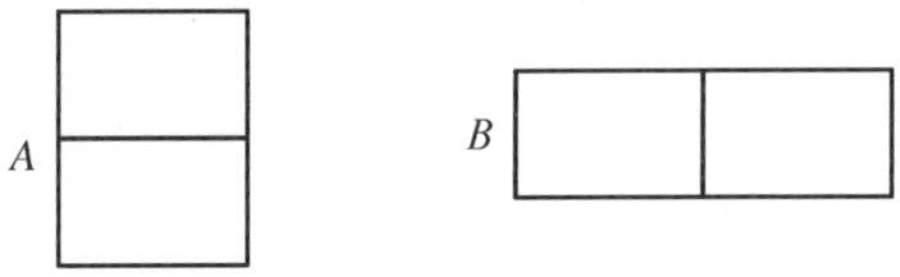

2. 右图中，阴影部分是正方形，求图中最大长方形的周长是多少。

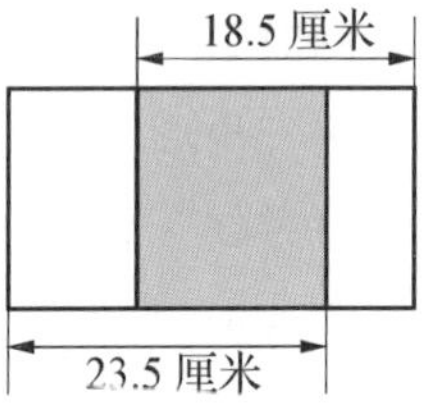

3. 有一个长方形，它的长和宽各增加 6 厘米，这个长方形的面积就增加了 204 平方厘米。这个长方形的周长原来是多少厘米？

4. 要砌一个面积为 30 平方米的长方形猪圈，当以“米”为单位时，长方形猪圈的边长都是整数，这个猪圈的围墙总长最少是多少米？

5. 一个长方形周长是 44 厘米，把它分成左右两个长方形，如图。图中左面长方形四部分的面积之比为 $A:B:C:D=1:2:4:8$，图中右面长方形四部分的面积之比为 $A':B':C':D'=1:3:9:27$。已知长方形 D' 和 D 的宽之差与长之差的比是 $2:3$，大长方形的长、宽各是多少厘米？

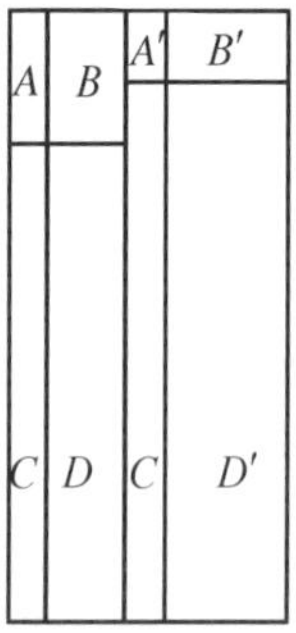

6. 如图,长方形 $ABCD$ 长是 10 厘米,宽是 6 厘米,三角形①的面积比三角形②的面积大 10 平方厘米,那么 BE 的长是多少厘米?

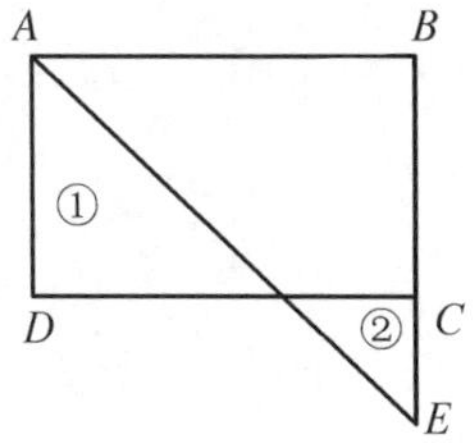

7. 下面右图中,两阴影部分的差为 20,求:?

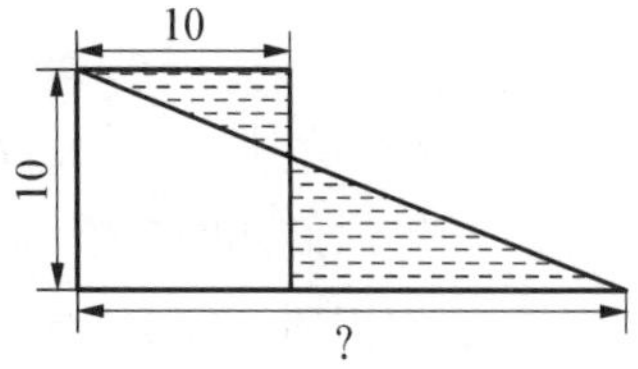

8. 一个直角三角形的两直角边的和是 21 厘米,它们的比是 3∶4,第三边长 15 厘米,第三边上的高是多少厘米?

9. 下面右图中,$BD=\frac{1}{4}AB$,三角形 ADE 面积等于三角形 ABC 面积的一半。求 EC 是 AC 的几分之几。

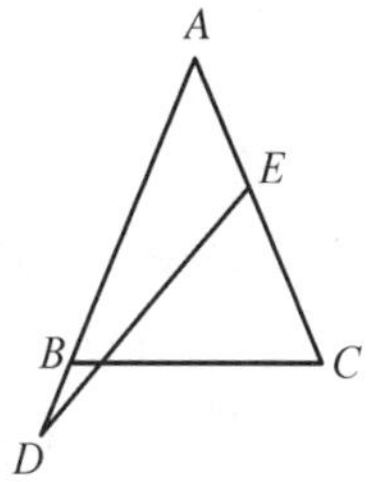

10. 下面右图中,平行四边形 $ABCD$ 的面积为 154 平方厘米,直角三角形 CDE 的面积是 16.5 平方厘米,$AE=EC$,求 BC。

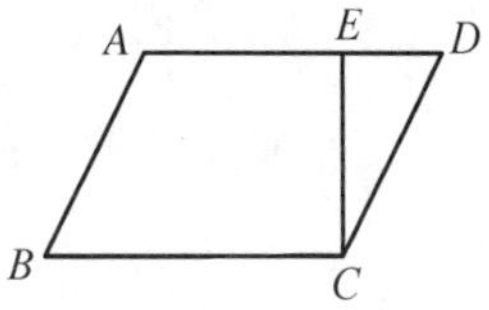

11. 下面右图，圆与长方形的面积相等，圆的周长是 16 厘米，阴影部分的周长是多少厘米？

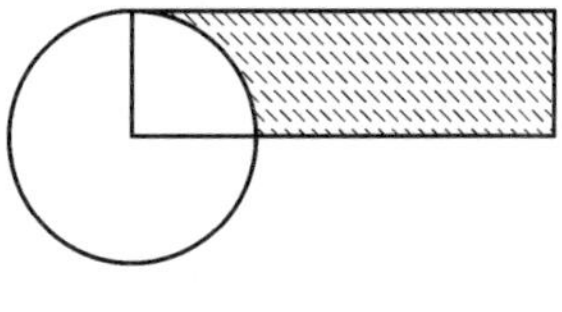

12. 下面右图，长方形宽为 4 厘米，两个阴影部分的面积相等。求长方形的长。

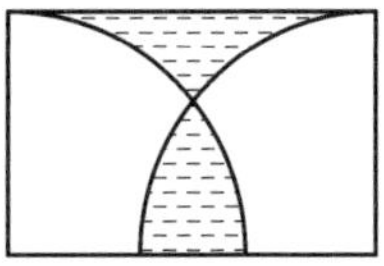

13. 甲、乙两人以均匀的速度绕圆形跑道按不同的绕行方向跑步。出发点在直径的两个端点。如果他们同时出发，并在乙跑完 100 米时第一次相遇。甲跑一圈还差 60 米时，与乙第二次相遇。那么跑道一圈长多少米？

14. 将一条长 36 厘米、宽 12 厘米的长方形纸片，由左、右两侧向内各折一次，把它折成一个边长为 12 厘米的正方形，然后将四个角依以下的方式剪掉：以正方形边长的 $\frac{1}{3}$ 为半径，以该正方形的四个顶点分别作为圆心画弧，再用剪刀沿弧剪掉四个角的部分。剪完后，再将剩下的纸展开，展开后的形状其周长是多少厘米？

15. 某科技组制作了一个机器人，它能根据指令要求进行行走和旋转。某一指令规定：机器人先向正前方行走 1 米，然后左转 45°。若机器人反复执行这一指令，则从出发到第一次回到原处，机器人共走了多少米？

16. 一个水管内壁均匀地形成厚 3 毫米的矿物沉淀物，导致水管横截面积减少到原来的 $\frac{4}{9}$。求水管原来的内径。

17. 下面右图中，小圆的直径为 5 厘米，大圆的半径和小圆的直径相等。求下面图形的周长。你能想几种算法？怎样算，最简便？

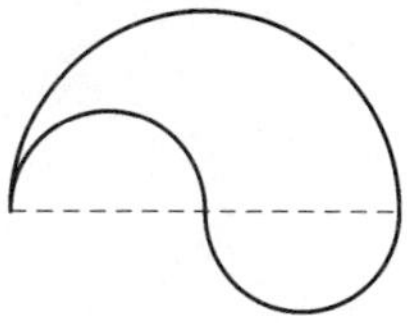

18. 下面右图中，小圆半径为 1，请计算出围绕六个圆外围的图形的长度。

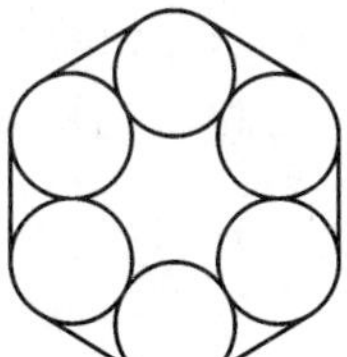

19. 测得某种卷筒纸(纸卷得很紧，没有空隙)的外直径是 8 厘米，内直径是 2 厘米，每层纸的厚度为 0.2 毫米。这筒卷筒纸的总长是多少米？(π 值取 3.14)

20. 下图是一张长方形纸折叠以后的图形。已知$\angle 1=30^\circ$，$\angle 2$ 的度数是多少 ？

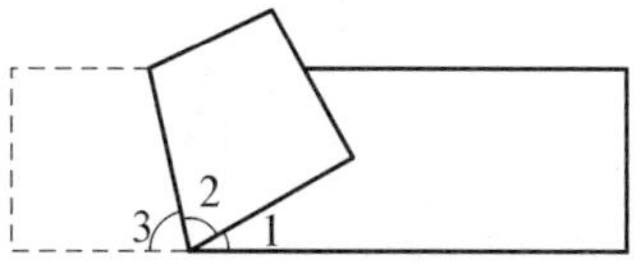

21. 甲、乙两个圆柱体水桶底面半径之比是 2∶3，高相等。现在甲桶中装满了水，而乙桶是空的。将甲桶中的水全部倒入乙桶中后，乙桶中水面的高度比总高度的一半还低 2 厘米。问:每个水桶的高度是多少厘米？

22. 王叔叔到小卖部买 4 瓶啤酒，售货员将这 4 瓶啤酒用绳子捆在一起，捆 2 圈至少要用包装绳子多少厘米？(酒瓶的直径是 8 厘米)

23. 计算下面各个图形阴影部分的周长。

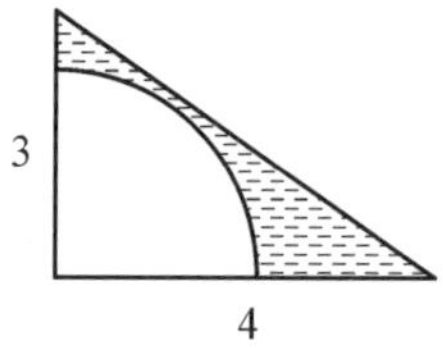

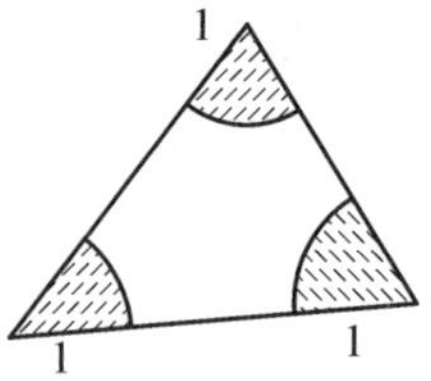

24. 两摞相同规格的羽毛球整齐地叠放在地面上，4 个摞在一起，高 162 毫米，5 个摞在一起，高 187 毫米。一个羽毛球高多少毫米？

25. 小明用 6 个棱长为 a 厘米的正方体拼成一个表面积是 $22a^2$ 平方厘米的长方体，这个长方体的棱长总和是多少厘米？

26. 在一个长 60 厘米的长方形里截取一个最大的正方形后，剩下一个小长方形，这个小长方形的周长是多少厘米？

27. 一个长方形周长 130 厘米。如果长增加$\frac{2}{7}$，宽减少$\frac{1}{3}$，得到新的长方形周长不变，求原来长方形长、宽各是多少厘米？

28. 如图，桌面上平放边长为 2 分米的等边三角形 ABC。现将这个三角形按下图所示紧贴桌面进行滚动。在整个滚动过程中，哪个顶点经过的路线最短？最短的线路是多少分米？

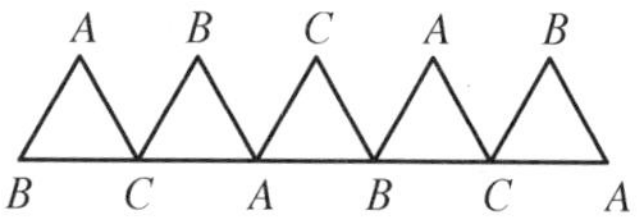

29. 足球表面是由 32 块合成材料缝成的一个球体，其中 20 块是正六边形，12 块是正五边形。如果把足球看作 32 面体，那么它有多少个顶点？有多少条棱？

19

第十九讲

面积问题

面积问题是几何形体问题中的重要问题。小学数学中的面积问题最基本的有求长方形(正方形)和圆的面积,而求平行四边形、梯形、三角形、多边形以及求立方体和圆柱的表面积都可以归结为计算长方形的面积,扇形、弓形以及圆锥的表面积、侧面积等都可以归结为计算圆的面积。解答面积问题除依靠常规公式外,还需要利用替换、拼接、按比例分配等方法,既要深刻理解和熟练掌握运用解决面积问题的各种方法,又要理解面积概念与计算面积的单位及单位之间进率的含义。

例 1 长方形周长 1200 米,长、宽各增加 100 米,增加的面积是多少平方米?

【分析】 此题不能采用求新的长方形面积减去原有长方形面积的差来解答,而是要通过考察新增加的面积大小来解答,这就要探讨新增加的图形的构成。

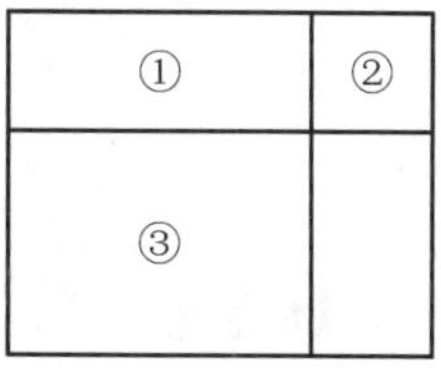

【解】 新增加的图形由三部分构成,即图中的①、②、③,而①、②、③连到一起,其宽都是 100 米,长则是原来长方形的长与宽的和加上 100 米的和,即 1200÷2+100=600+100=700(米),所以新增加的面积为 700×100=70000(平方米)。

例 2 请计算图中空白部分的面积。(长度单位:厘米)

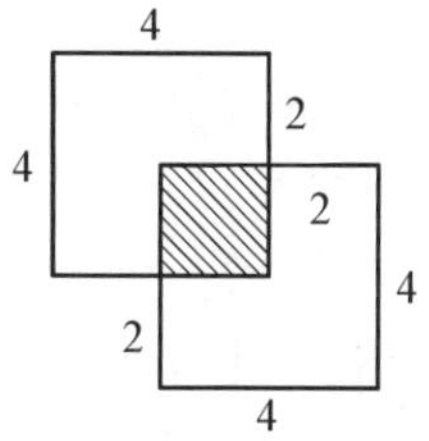

【分析】 解答此题,可分别采用割、补的方法,具体有五种。

【解法 1】 如下面左图,把空白部分平均分成 6 个小正方形,每个小正方形的边长都是 2 厘米,所以空白部分的面积是 2×2×6=24(平方厘米)。

【解法 2】 如下面右图,把空白部分看成相等的两块,每块都是由一个边长为 4 厘米的正方形挖去一块边长为 2 厘米的小正方形得到的。所以空白部分的面积是(4×4-2×2)×2=12×2=24(平方厘米)。

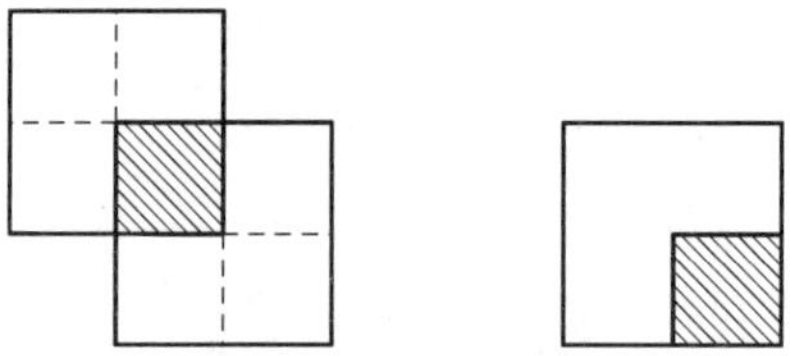

【解法 3】如下面左图，把空白部分看成相等的两块，每块分成一个长 4 厘米、宽 2 厘米的长方形和一个边长 2 厘米的正方形。所以空白部分的面积是$(4\times2+2\times2)\times2=12\times2=24$(平方厘米)。

【解法 4】如下面中图，把两块空白部分平行移动，拼成一个长 6 厘米、宽 4 厘米的长方形。所以空白部分的面积是$(4+2)\times4=6\times4=24$(平方厘米)。

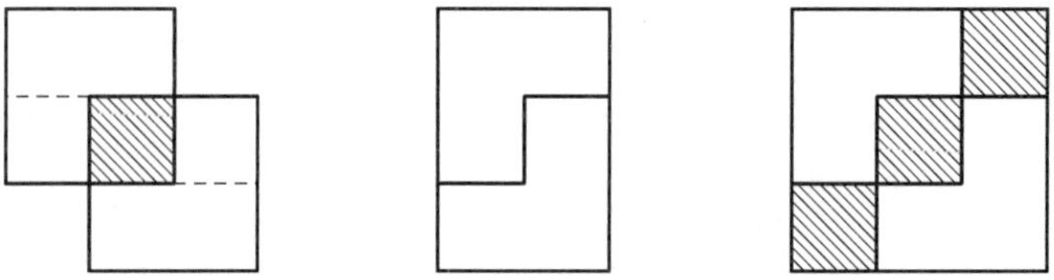

【解法 5】如上面右图，把原图填补成边长为 6 厘米的大正方形，空白部分由这个大正方形挖去 3 个边长 2 厘米的小正方形得到。所以空白部分的面积是$(4+2)\times(4+2)-2\times2\times3=6\times6-12=36-12=24$(平方厘米)。

由上可知，分割与填补是计算面积时常用的方法之一。

【注】想一想，如果把其中一个正方形绕其在另一个正方形中心的顶点旋转，阴影面积变化吗？

例 3 右图中 $ACEG$ 是梯形，$BDFG$ 是正方形，$GE=30$ 厘米，$GB=24$ 厘米，$AC=39$ 厘米。求梯形 $ACEG$ 的面积。

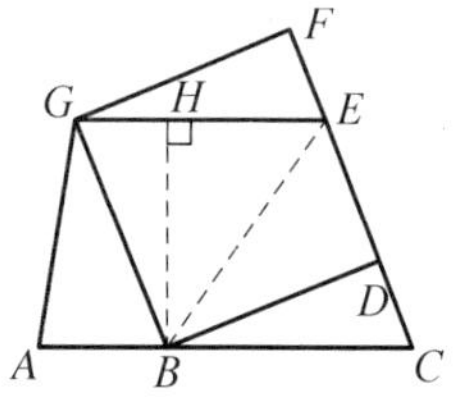

【分析】解答此题，要抓住三角形面积与平行四边形(正方形)面积之间的半倍关系，有多种解法。

【解法 1】连 BE，作 $BH\perp GE$，交 GE 于点 H。根据 $BDFG$ 是正方形，可得$\triangle GEB$ 的面积是正方形面积的一半，即 $24\times24\div2=288$(平方厘米)，其底$=24$ 厘米，所以高 $BH=288\times2\div30=19.2$(厘米)。

又知$\triangle GEB$ 的高就是梯形 $ACEG$ 的高，所以梯形 $ACEG$ 的面积是$(30+39)\times19.2\div2=69\times19.2\div2=662.4$(平方厘米)。

【解法 2】根据 $BDFG$ 是正方形，$ACEG$ 是梯形，可知 $GECB$ 是平行四边形。再根据$\triangle GBE$ 的面积既是正方形 $BDFG$ 面积的一半，又是平行四边形 $GECB$ 面积的一半，所以平行四边形 $GECB$ 的面积为 $24\times24=576$(平方厘米)。因为 $BC=GE=30$ 厘米，所以 $AB=39-30=9$(厘米)。又$\triangle ABG$ 的高就是平行四边形 $GECB$ 的高，

即等于 $576\div30=19.2$(厘米)。则$\triangle ABG$ 的面积等于 $9\times19.2\div2=86.4$(平方厘米)。

所以梯形 $ACEG$ 的面积是 $576+86.4=662.4$(平方厘米)。

【解法 3】 过 B 作 $BH \perp GE$，交 GE 于点 H。因 Rt$\triangle GBH$ 和 Rt$\triangle GEF$ 有一对应锐角相等，所以两三角形相似，则 $\frac{BH}{GF}=\frac{GB}{GE}$，$BH=\frac{GB\times GF}{GE}=\frac{24\times 24}{30}=19.2$（厘米）。根据已知梯形 $ACEG$ 两底 $GE=30$ 厘米，$AC=39$ 厘米，可得梯形 $ACEG$ 的面积是 $(30+39)\times 19.2\div 2=69\times 19.2\div 2=1324.8\div 2=662.4$（平方厘米）。

例 4 下图中线段 DF 与平行四边形 $ABCD$ 的边 BC 交于 E 点。已知 $\triangle ABE$ 的面积是 97 平方厘米，$CF=47$ 厘米，则 $\triangle CEF$ 的面积是多少平方厘米？

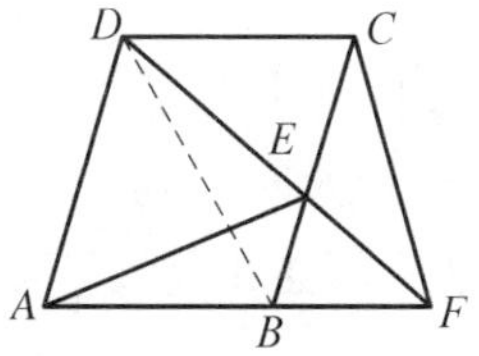

【分析】 乍看 $\triangle CEF$，知道底边 $CF=47$ 厘米，若能求出 CF 上的高，此三角形的面积就可计算出来。但求这个高难度很大。

细致观察，利用 $\triangle ABE$、$\triangle CEF$ 和平行四边形 $ABCD$ 的相互关系即可求得。

【解法 1】 根据 $\triangle AED$ 与平行四边形 $ABCD$ 同底等高，可得 $S_{\triangle AED}=\frac{1}{2}S_{\square ABCD}$，$S_{\triangle EDC}+S_{\triangle ABE}=S_{\square ABCD}-S_{\triangle AED}=\frac{1}{2}S_{\square ABCD}$。根据 $\triangle CDF$ 与平行四边形 $ABCD$ 同底等高，可得 $S_{\triangle EDC}+S_{\triangle CEF}=S_{\triangle CDF}=\frac{1}{2}S_{\square ABCD}$。根据上面的等式得 $S_{\triangle EDC}+S_{\triangle ABE}=S_{\triangle EDC}+S_{\triangle CEF}$。当此等式两边同减去 $S_{\triangle EDC}$，可得 $S_{\triangle CEF}=S_{\triangle ABE}=97$ 平方厘米。

【解法 2】 连接 DB。根据 $DC \parallel AF$，可得 $S_{\triangle DCB}=S_{\triangle DCF}$，此等式两边同减去 $S_{\triangle EDC}$，得 $S_{\triangle CEF}=S_{\triangle DEB}$。又根据 $BC \parallel AD$，可得 $S_{\triangle DEB}=S_{\triangle ABE}$。综上可得，$S_{\triangle CEF}=S_{\triangle ABE}=97$ 平方厘米。

【注】 由上述解法可知，此题中已知条件 $CF=47$ 厘米是多余的。这多余的已知条件，又称为干扰条件。解答此类问题时，要防止干扰条件的“干扰”。

例 5 下图是直角三角形 ABC，其中四边形 $AEDF$ 是正方形。求两个小直角三角形面积的和。

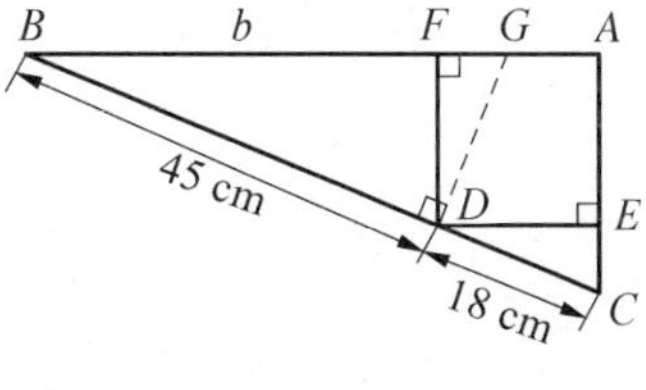

【分析】 可用旋转法来解答此题。

【解】 将直角三角形 ECD 围绕 D 按逆时针方向旋转 90 度至 FGD，DE 与 DF 重合，则两个小三角形面积和就是 $\triangle BDG$ 的面积。因为两个小三角形是全等直角三角形，所以新拼成的 $\triangle BDG$ 是直角三角形，直角边 $GD=DC=18$ 厘米。所以直角三角形 BDG 的面积就是 45×18÷2=405(平方厘米)。这就是两个小直角三角形面积的和。

例 6 下图,在长方形内的四条线段把这个长方形分成了八块,其中三块的面积分别是 13,35,49(单位:平方厘米),那么阴影部分的面积是多少平方厘米?

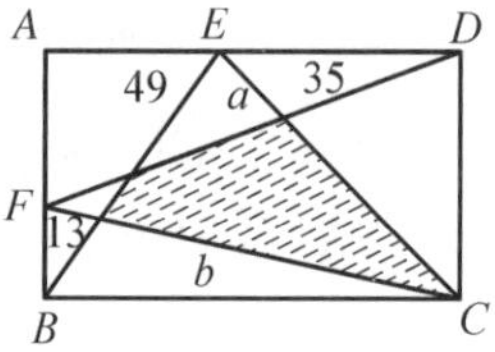

【解】 解答此题,可先将图中的两块未知部分的面积分别用 a 和 b 来表示,可知 $\triangle ADF$ 与 $\triangle BCF$ 的面积之和等于长方形面积的一半,也就是说,$49+a+35+13+b=a+$阴影部分的面积$+b$,因此阴影部分的面积就等于 49、35 与 13 的和。所以阴影部分的面积为 49+35+13=97(平方厘米)。

例 7 下图四边形,尺度如图上所标。求四边形 $ABCD$ 的面积。

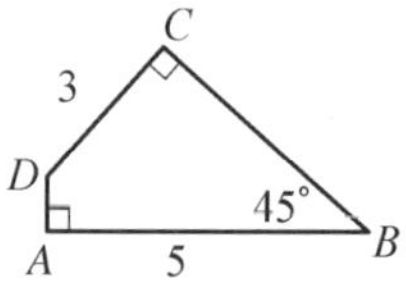

【解】 延长 AD 与 BC 交于 E,四边形 $ABCD$ 面积等于 $\triangle AEB$ 的面积与三角形 DEC 面积之差。根据右图标示,$\angle A=90°$,$\angle B=45°$,则 $\angle E=45°$。又据直角边 $AB=5$,则 $AE=5$,$\triangle ABE$ 的面积为 $5\times5\div2=25\div2=12.5$。再根据 $\angle BCD=90°$,得 $\angle ECD=90°$,又 $\angle E=45°$,则 $\angle EDC=45°$,$\triangle DCE$ 为等腰三角形。根据直角边 $DC=3$,可得等腰 $\triangle DCE$ 的面积为 $3\times3\div2=9\div2=4.5$。所以四边形 $ABCD$ 的面积为 $12.5-4.5=8$。

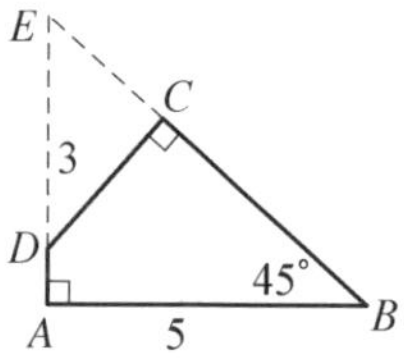

例 8 下图,小正六角星阴影部分的面积是 16 平方厘米。大正六角星的面积是多少平方厘米?

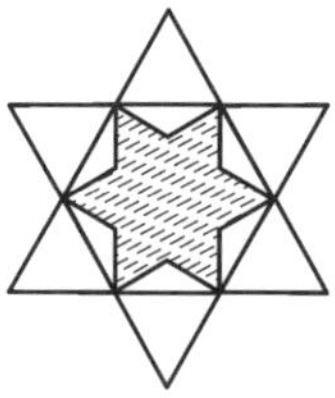

【分析】 解答此题,关键是要找出大正六角星面积与小正六角星阴影部分面积之间的关系。

【解法 1】 将小六角星阴影部分平均分割成 12 个部分(见右图)。从图中就可看出正六边形的面积是 16+16÷2=16+8=24(平方厘米),而正六边形的面积,又是大正六角星面积的一半,所以大正六角星的面积是 24×2=48(平方厘米)。

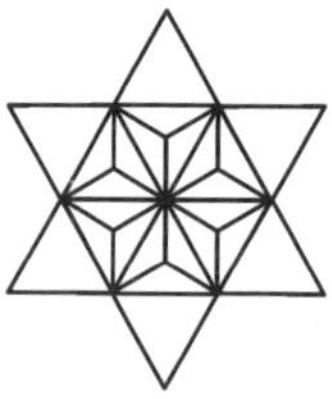

【解法 2】从上图可以看出，小六角星阴影部分的面积是正六边形面积的$\frac{2}{3}$，正六边形面积是大正六角星面积的$\frac{1}{2}$，根据“小正六角星阴影部分的面积是 16 平方厘米”，可得大正六角星面积是 $16\div\frac{2}{3}\div\frac{1}{2}=16\times\frac{3}{2}\times2=48$(平方厘米)。

例 9 右图中，三个圆的半径都是 5 厘米，三个圆两两相交于圆心。求阴影部分的面积之和。

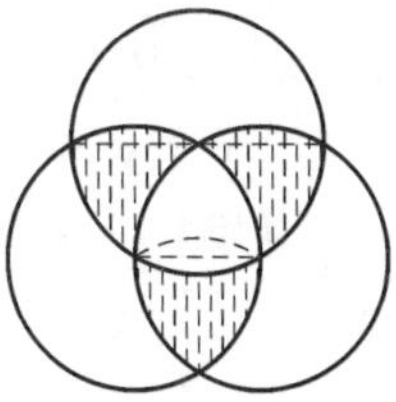

【分析】解答此题，可采用割补法，将分散的阴影部分移到一起。

【解】将下面一块的阴影部分翻到上面，再分别连接上面两个交点，将连成的直线上面的弓形颠倒相接后，正好可补到阴影下面的空缺上，那整个阴影部分就成了一个半径为 5 厘米的半圆，其面积为 $5^2\times\pi\div2\approx25\times3.14\div2=39.25$(平方厘米)。

例 10 右图中，圆的半径为 R，$ABFC$ 是正方形，求阴影部分的面积。

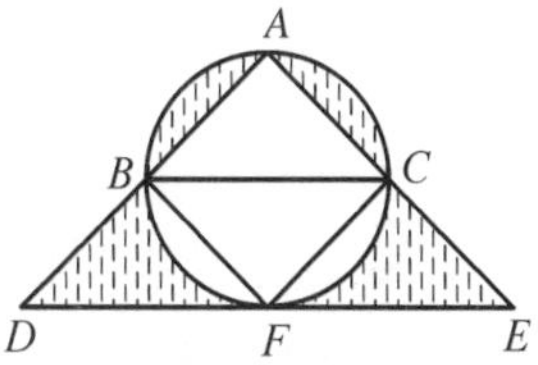

【分析】解答此题，要抓住阴影部分的面积与(半)圆、三角形面积之间的关系。

【解法 1】将阴影部分分成上、下两部分计算。

阴影的上半部分，等于半圆面积减去直角三角形面积之差，即 $R^2\times\pi\div2-R\times2R\div2$；阴影的下半部分，等于梯形面积与半圆面积之差，即 $(2R+4R)\times R\div2-R^2\times\pi\div2$。所以阴影上、下两半部分的和为 $R^2\times\pi\div2-R\times2R\div2+(2R+4R)\times R\div2-R^2\times\pi\div2=(2R+4R)\times R\div2-R\times2R\div2=3R^2-R^2=2R^2$。

【解法 2】把阴影的上半部分移到下半部分，合起来计算。

连接 BF、FC，将阴影的上半部分两个弓形移到了下半部分。这样，$\triangle DBF$ 与 $\triangle FCE$ 面积的和，就等于整个阴影部分的面积。这两个三角形面积的和又等于正方形 $ABFC$ 的面积。所以阴影部分的面积就是 $R\times2R\div2\times2=2R^2\div2\times2=2R^2$。

例 11 右图，$\angle AOB=90°$，C 为 AB 弧的中点。已知阴影甲的面积为 16 平方厘米，求阴影乙的面积。

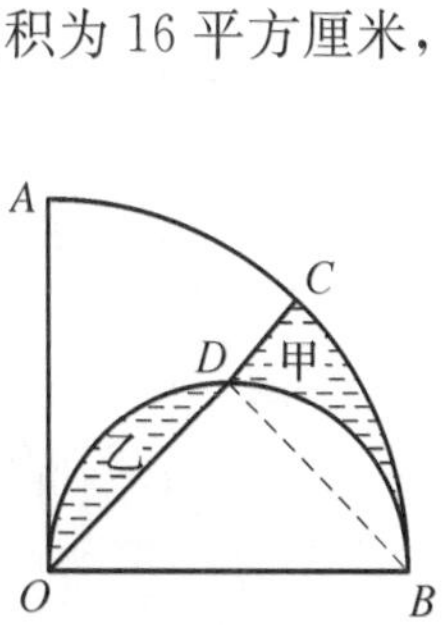

【分析】解答此题，要找到一个标准量，再将甲、乙两个阴影部分面积用这个标准量来比较求得。

【解】把大扇形的半径看作为标准量“1”，连 BD，因 C 为 AB 弧的中点，OB 是小半圆的直径，所以$\triangle OBD$ 是等腰直角三角形，其面积相当于$\frac{1}{2}\times1\div2=\frac{1}{4}$，而小半圆的面积相当于$\frac{1}{2}\times\frac{1}{2}\times\pi\div2=\frac{1}{8}\pi$，又小半圆中两个弓形的面积相等，则阴影乙的面积相当于$\left(\frac{1}{8}\pi-\frac{1}{4}\right)\div2=\frac{1}{16}\pi-\frac{1}{8}$，扇

形 COB 的面积相当于 $1\times1\times\pi\times\frac{90\div2}{360}=\frac{1}{8}\pi$，则阴影甲的面积相当于 $\frac{1}{8}\pi-\frac{1}{4}-\left(\frac{1}{16}\pi-\frac{1}{8}\right)=\frac{1}{16}\pi-\frac{1}{8}$，所以阴影乙的面积和甲的面积是相等的，即为 16 平方厘米。

例 12 圆柱体的售报亭高和底面直径相等(如右图)。开一个边长等于底面半径的正方形售报窗口。问挖去的圆柱部分的面积占整个圆柱侧面积的几分之几？

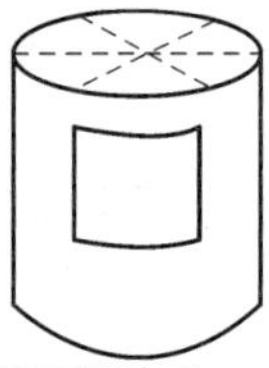

【分析】 解答此题，要先计算出圆柱体的侧面积。

【解】 设这个圆柱体的底圆半径为 r，圆柱体的高为 $2r$，可得圆柱体的侧面积 $S=2r\pi\times2r=4r^2\pi$。因为挖去的售报亭窗口是“一个边长等于底面半径的正方形”，可得挖去的圆柱部分的弧长为 $2r\pi\times\frac{1}{6}=\frac{1}{3}r\pi$，挖去的圆柱部分的面积为 $\frac{1}{3}r\pi\times r=\frac{1}{3}r^2\pi$。

由此可得，挖去部分的面积占整个圆柱侧面积的 $\frac{1}{3}r^2\pi\div(4r^2\pi)=\frac{1}{3}\div4=\frac{1}{3}\times\frac{1}{4}=\frac{1}{12}$。

注：这里特别需要留心的是，窗口的横边长不是挖去的圆柱表面部分的长，而是这条圆弧对应的弦的长。

练习十九

1. 下图是两个长方形和一个正方形拼成的一个大正方形。如果两个长方形的面积分别是 44 和 28 平方厘米，那么原来那个小正方形的面积是多少平方厘米？

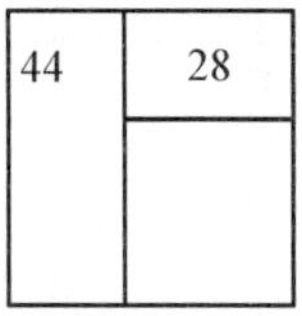

2. 一个长方形的长去掉 2 厘米，宽增加$\frac{1}{4}$后，就成了正方形，且正方形面积等于原来长方形的面积。原来长方形的面积是多少？

3. 一个长方形的周长为 1200 米，现在长和宽都减少 10 米，减少的面积是多少平方米？

4. 把一个正方形分成长都和正方形边长相等的 9 个小长方形，这些小长方形的周长之和是 160 厘米，求正方形的面积。

5. 如图，甲、乙是两个相等的等腰直角三角形。已知甲内接正方形面积为 16 平方厘米，那么乙内接正方形的面积是多少？

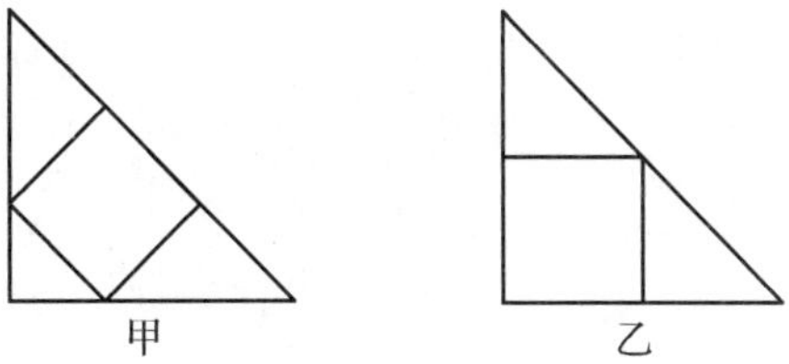

6. 下图中 AB 长 10 厘米，AE 长 8 厘米，三角形 EBC 的面积是平行四边形 $ABCD$ 面积的几分之几？

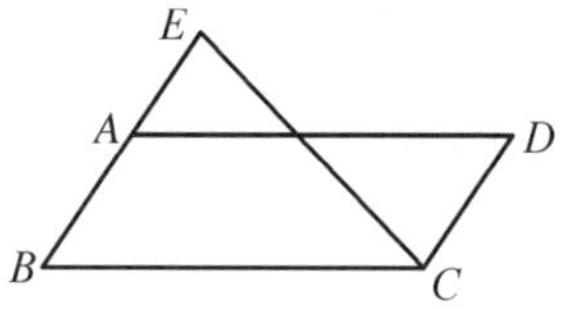

7. 下图，三角形 ABC 的面积与三角形 ADE 的面积之比是 3∶4，三角形 ABF 的面积比三角形 FCE 的面积大 10 平方厘米，求平行四边形 $ABCD$ 的面积。

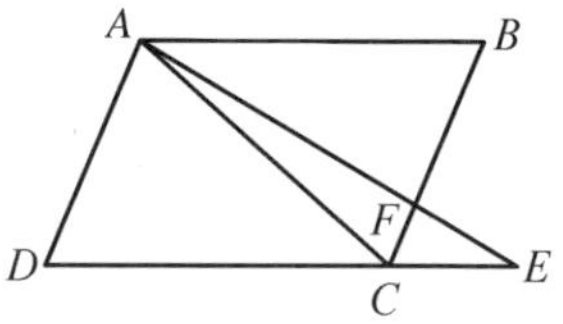

8. 下图，$ABCD$ 是梯形，CO 是 AO 的 2 倍，已知阴影部分的面积是 4 平方厘米，求梯形 $ABCD$ 的面积。

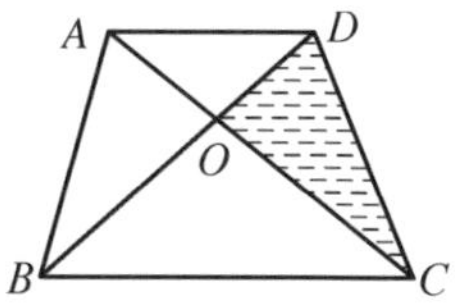

9. 下图中，$AE=4$ 厘米，$BC=5$ 厘米，$CF=6$ 厘米，$AD=3$ 厘米，且 $\angle E=\angle F=90°$。求阴影部分的面积。

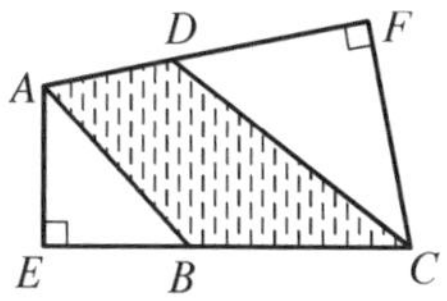

10. 下图，直角梯形 $ABCD$ 的上底、下底和高依次为 10 厘米、14 厘米、5 厘米。三角形 ADF、DCE 及四边形 $BEDF$ 的面积相等，求三角形 DEF 的面积。

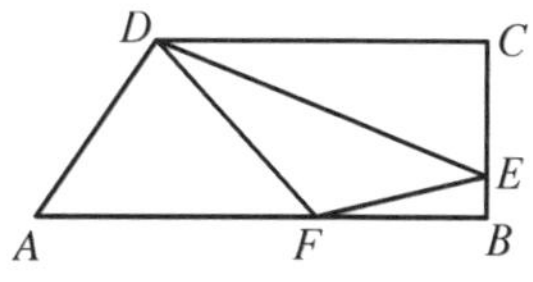

11. 下图,四边形 $ABCD$ 中,$\angle C=135^\circ$,$\angle D=90^\circ$,$AD=5$ 厘米,$CD=4$ 厘米,$BE=6$ 厘米。问:四边形 $ABCD$ 的面积是多少平方厘米?

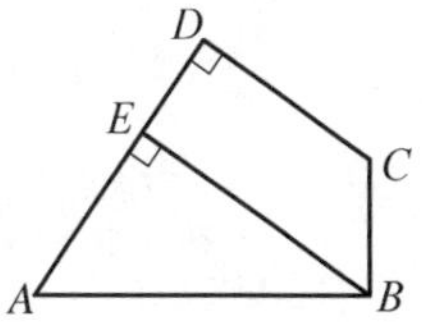

12. 下图,长方形 $ABCD$ 的长 $AD=20$ 厘米,宽 $CD=10$ 厘米,四边形 $EFHO$ 的面积为 25 平方厘米,求阴影部分的面积。

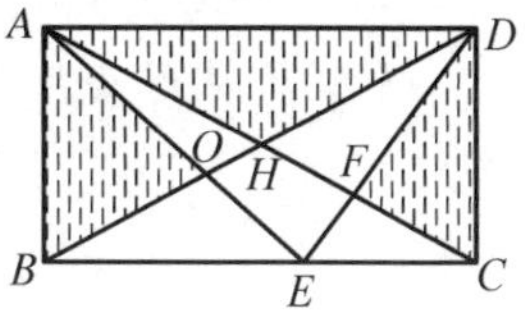

13. 下图,正方形 $ABCD$ 的边长为 10 厘米,$ADEC$ 是梯形,三角形 DOE 的面积比三角形 AOC 的面积少 20 平方厘米。求梯形 $ADEC$ 的面积。

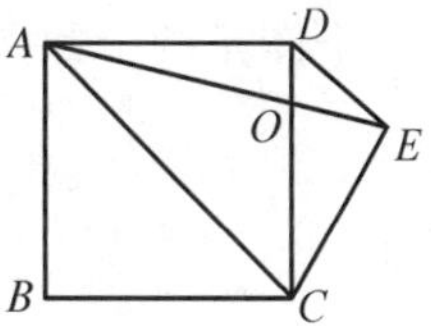

14. 下图,正方形的一组对边中,一条边增加 16 厘米,另一边减少 11 厘米,这样就变成了梯形。这时梯形的下底长是上底的 4 倍。梯形的面积是多少?

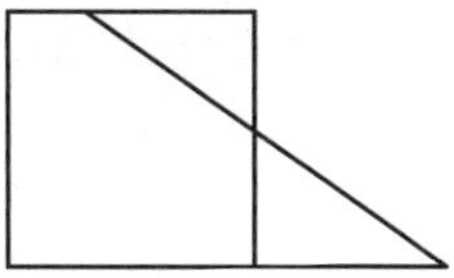

15. 下图，梯形的对角线把梯形分成四个小三角形。其中两个小三角形的面积分别为 2 平方厘米和 6 平方厘米，则这个梯形面积为多少平方厘米？

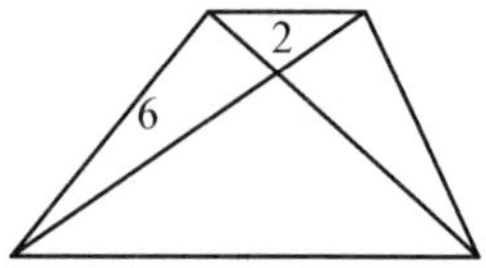

16. 下图，$ABCD$ 是长方形，长 24 米，宽 10 米，E 是 BC 的中点，P 从 C 点起，以每秒 6 米的速度沿 CD 边滑动。

(1) 三角形 AEP 的面积每秒增加多少平方米？

(2) P 从 C 点出发几秒后，三角形 AEP 的面积为 105 平方米？

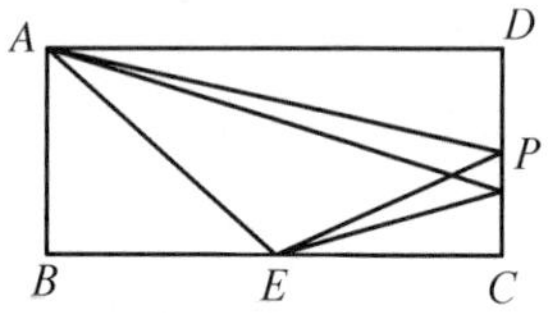

17. 下图是两个并列着的正方形，其边长分别是 6 厘米和 4 厘米。求阴影部分的面积。

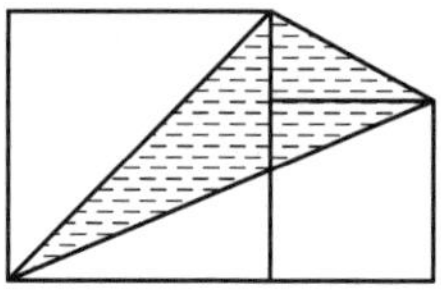

18. 下图，已知正方形 $ABCD$ 的边长为 4 厘米，$AE=\frac{2}{5}AB$，G 是 DE 和 AC 的交点，求三角形 GCD 的面积。

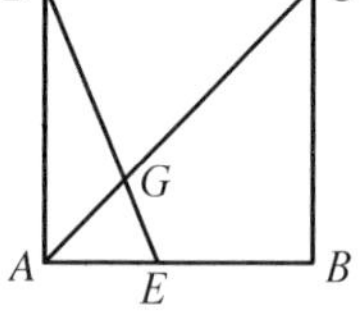

19. 下图，直角三角形 ABC 中，四边形 $AEFD$ 是正方形，$BF=70$ 厘米，$FC=50$ 厘米，图中甲、乙两部分的面积之和是多少平方厘米？

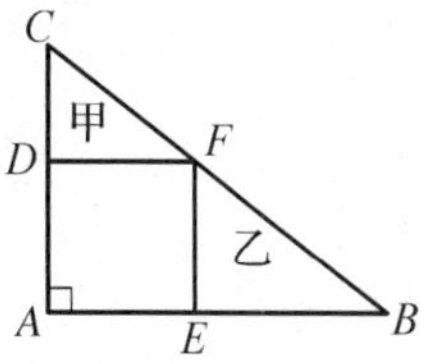

20. 下图是一个梯形，空白处是一个直角三角形。梯形上、下底分别为 36 厘米和 50 厘米，直角三角形的两条直角边分别为 30 厘米和 40 厘米，求阴影部分的面积。

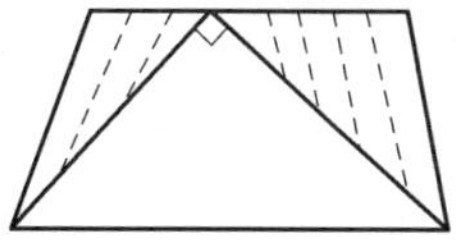

21. 下图，已知 $BO=2\ DO$，$CO=5AO$，阴影部分的面积之和是 11 平方厘米，求四边形 $ABCD$ 的面积。

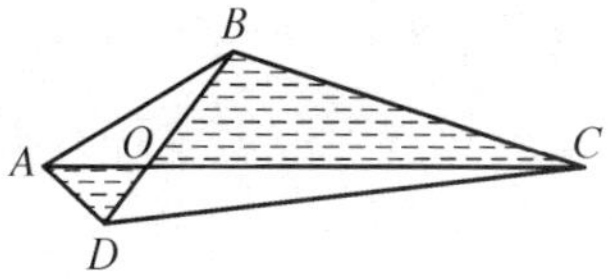

22. 下图，平行四边形 $ABCD$ 底边 BC 为 16 厘米，高为 9 厘米，$BF=\frac{3}{4}BC$，$AE=\frac{2}{3}AB$，AF 与 CE 相交于点 O。求四边形 $AOCD$ 的面积。

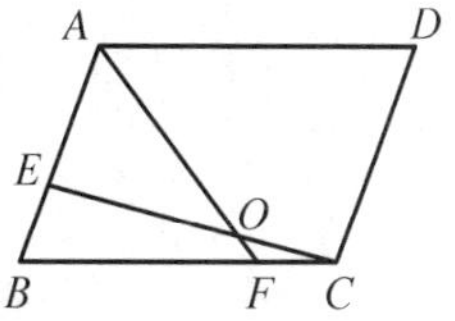

23. 将 20 张边长为 1 米的正方形纸片，按顺序一张一张摆在地板上。摆的时候，要求后摆的纸片必须有一个顶点与前一个纸片的中心重合(如下图已经摆好的 6 张)。地板被 20 张纸片所覆盖的面积是多少平方米？

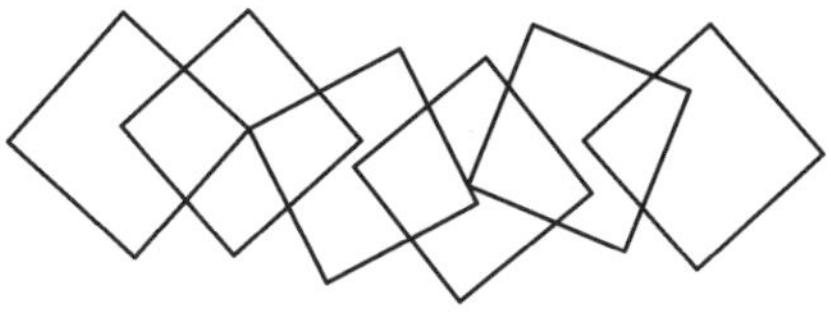

24. 下图，$\triangle ABC$ 是等腰直角三角形，$AE = FC = 1$ 厘米，$\triangle AEF$ 的面积是 1 平方厘米，四边形 $BCFE$ 的面积是多少平方厘米？

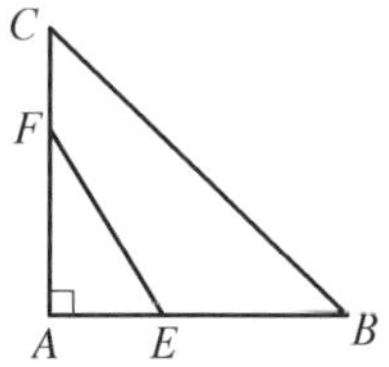

25. 下图中，三角形 ABC 是等腰直角三角形，D 是半圆弧的中点，BC 是半圆的直径。已知 $AB = BC = 10$。阴影部分的面积是多少？

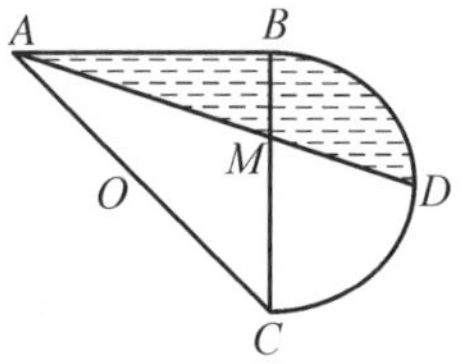

26. 如下图，已知正方形的面积是 5 平方米，求阴影部分的面积。

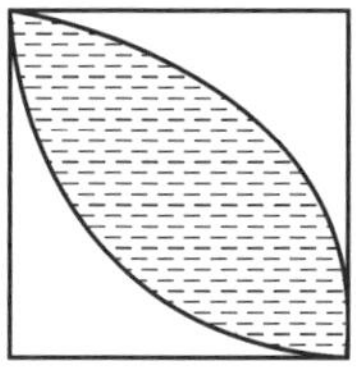

27. 求下图阴影部分的面积。(单位:厘米)

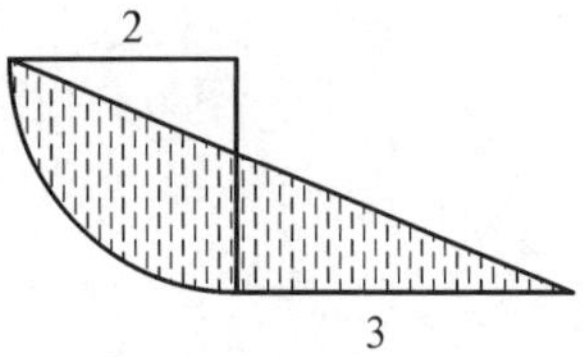

28. 在甲、乙两块厚度一样,边长相等的正方形钢板上冲小圆片。甲钢板上冲了 4 个小圆片,乙钢板上冲了 9 个小圆片(如下图)。剩下的边角料哪一块重?为什么?

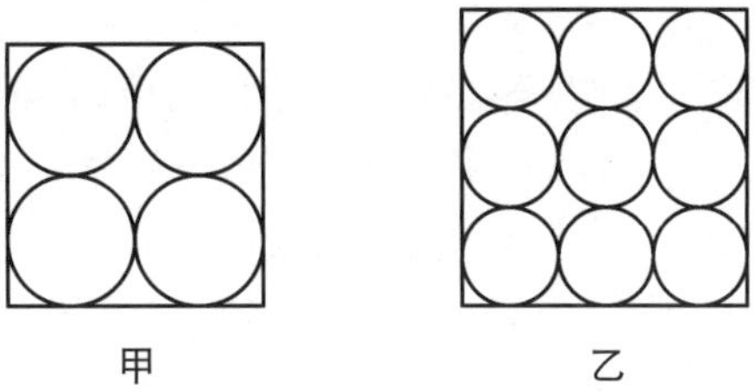

29. 有一座房子,长 10 米,宽 6 米。在房子外面一个墙角用一根长 12 米的绳子系着一条狗,这条狗活动的最大可能范围的面积是多少平方米?

30. 下图,最大的等腰直角三角形的斜边长 12 厘米,求阴影部分的面积。

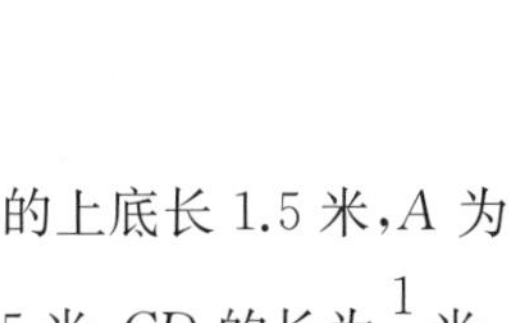

31. 下图是边长为 1 米的正方形和一个梯形的拼成的"火炬",梯形的上底长 1.5 米,A 为上底的中点,B 为下底的中点,线段 AB 恰好是梯形的高,长 0.5 米,CD 的长为$\frac{1}{3}$米,那么图中阴影部分的面积是多少平方米?

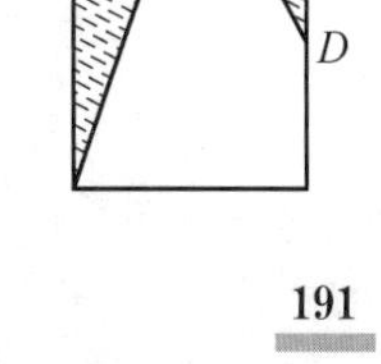

32. 下图，一条直线上放着一个长 8 厘米、宽 6 厘米的长方形 $ABCD$，其对角线 BD 长为 10 厘米，让长方形 $ABCD$ 绕顶点 B 按顺时针方向旋转 90° 后到达 $A_1BC_1D_1$ 的位置。求 CD 边所扫过的面积。

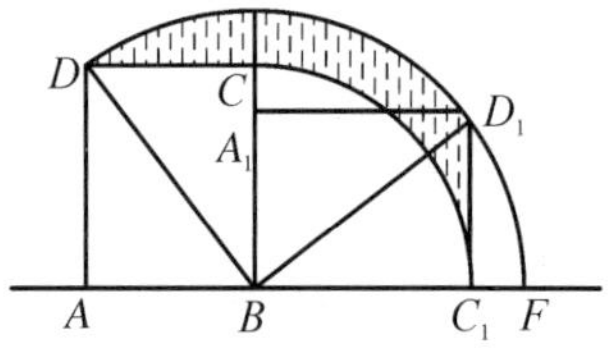

33. 如下图，等腰直角三角形 ABC 的两条直角边的长是 10 厘米，正方形 $EFGH$ 的边长是 4 厘米，正方形与三角形如图放置在一条直线上(点 A、E 重合)，正方形以 1 厘米/秒的速度向右沿直线运动。

(1) 第几秒时，三角形与正方形重叠部分的面积是 8 平方厘米？

(2) 在什么时间内，三角形和正方形重叠部分的面积是 16 平方厘米？

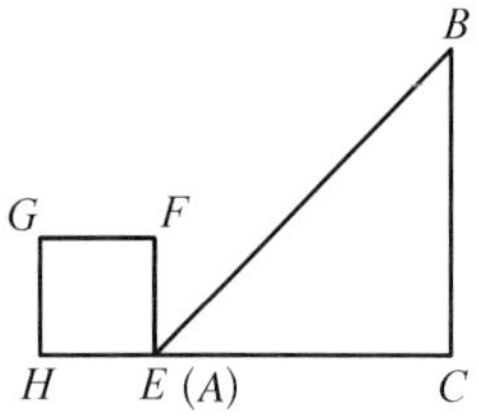

34. 比较下面各个图形的空白部分和阴影部分，周长和面积都相等的是哪个图形？周长相等但面积不等的是哪个图形？周长不相等但面积相等的是哪个图形？

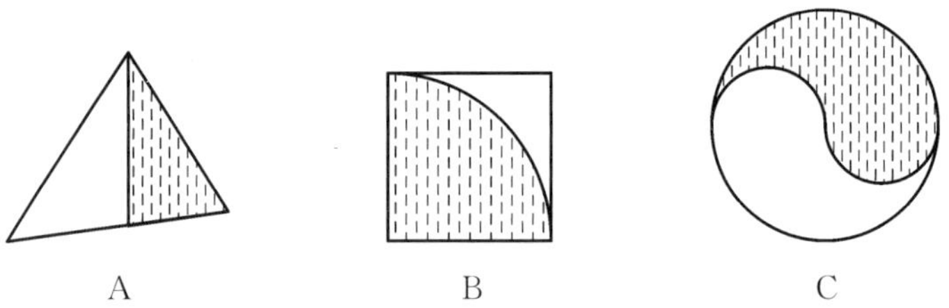

20 第二十讲

比例分配问题

比例分配问题是比的概念应用最多的问题。解答比例分配问题,关键是要找准比分与数的对应关系,这要通过细致的分析、比较和探讨,理清题目中所有比分与数之间的相互联系,最终找到某一比分与数的对应关系。找到某一比分与数的对应关系,比例分配问题,也就不难解决了。

例 1 红星小学六年级三个班共有学生 134 人,已知甲班人数的$\frac{3}{4}$等于乙班人数的$\frac{6}{7}$,乙班人数的$\frac{2}{3}$等于丙班人数的$\frac{7}{11}$。三个班各有多少人?

【分析】 此题知道三个班的总人数,再求出三个班人数的比,就可求出三个班的人数。因此,解答此题,就是要先求出三个班人数的比。

【解】 根据"甲班人数的$\frac{3}{4}$等于乙班人数的$\frac{6}{7}$",可得甲班与乙班人数之比是$\frac{6}{7}:\frac{3}{4}=24:21$;根据"乙班人数的$\frac{2}{3}$等于丙班人数的$\frac{7}{11}$",可得乙班与丙班人数之比是$\frac{7}{11}:\frac{2}{3}=21:22$。综上可知,甲、乙、丙三个班人数之比是 24∶21∶22。所以甲、乙、丙三个班分别有:

$$134\times\frac{24}{24+21+22}=134\times\frac{24}{67}=48(\text{人});$$

$$134\times\frac{21}{24+21+22}=134\times\frac{21}{67}=42(\text{人});$$

$$134\times\frac{22}{24+21+22}=134\times\frac{22}{67}=44(\text{人})。$$

例 2 体操代表队原来男女运动员人数之比为 11∶8,后增加女体操运动员若干人,此时男、女运动员之比为 11∶9。最后决定又增派男运动员若干人,结果男、女运动员之比为 19∶12。求后增加女体操运动员和新增派男运动员至少各是多少人。

【分析】 解答此题,可采用逐步推导的方法。

【解】 根据体操代表队增加女体操运动员后,男的人数没有变,此时男、女运动员之比与原来男、女运动员之比,前项相同,后项不同,可见增加女体操运动员的人数就是 9－8＝1 的倍数;根据增派男运动员后,较前女运动员人数没有变,而这前后两个比的后项应是相同的，但实际不同，要变成相同的后项，那至少应是两个后项的最小公倍数，即 9 和 12 的最小公倍数为 $3\times3\times4=36$。

36 就是增加女体操运动员后的女运动员的至少的人数，那原来的女运动员人数应是 $36\div9\times8=4\times8=32$，则后增加女体操运动员至少应是 $36-32=4$(人)。

原来的男运动员人数应是 $32\div8\times11=4\times11=44$，而增派男运动员后的男运动员人数为 $36\div12\times19=3\times19=57$，则后增派男运动员至少应是 $57-44=13$(人)。

例 3 兄弟两人，每人收入之比是 4∶3，支出之比是 18∶13。从年初到年底，他们都结余了 2880 元。他们每人每月收入是多少元？

【分析】 解答此题，要抓住兄弟两人结余相同的钱(2880 元)这一关键。因此，必须要使兄弟两人收入比减去支出比能得到同样的数值才行。这就需要把兄、弟两人收入比之差与支出比之差化成一样。

【解】 根据收入比差为 $4-3=1$，支出比差为 $18-13=5$，则要将收入比 4∶3 前后项都乘以 5，化成 20∶15，则兄、弟两人的收入比减去支出比的差就相等了，即 $20-18=15-13$。所以，兄一年的收入是 $2880\times\frac{20}{20-18}=2880\times10=28800$(元)，每月收入是 $28800\div12=2400$(元)；弟一年的收入是 $2880\times\frac{15}{15-13}=2880\times7.5=21600$(元)，每月收入是 $21600\div12=1800$(元)。

例 4 芳芳和明明买同一种玩具，玩具的价钱是芳芳所有钱的$\frac{3}{5}$，是明明所有钱的$\frac{2}{3}$。当他们都买了这种玩具后，芳芳剩下的钱比明明剩下的钱多 10 元。芳芳剩下的钱是多少？

【分析】 抓住相同玩具它们的价格一样，以玩具价钱作为比的基本单位来进行换算，即通过求芳芳剩下的钱比明明剩下的钱多的 10 元相当于玩具价钱的比分来解答。

【解】 设玩具的价钱“1”，可得芳芳所有钱是玩具价钱的 $1\div\frac{3}{5}=\frac{5}{3}$，明明所有钱是玩具价钱的 $1\div\frac{2}{3}=\frac{3}{2}$。

又根据“芳芳剩下的钱比明明剩下的钱多 10 元”，可知芳芳所有的钱比明明所有的钱多 10 元，进而可得，这 10 元相当于玩具价钱的$\frac{5}{3}-\frac{3}{2}=\frac{1}{6}$，所以

玩具的价钱为 $10\div\frac{1}{6}=10\times6=60$(元)。再根据“玩具的价钱是芳芳所有钱的$\frac{3}{5}$”，可得芳芳剩下的钱为 $60\div\frac{3}{5}\times\left(1-\frac{3}{5}\right)=60\times\frac{5}{3}\times\frac{2}{5}=40$(元)。

例 5 一条轮船顺流而下，每小时行 7.8 千米，水流速度为每小时 1.8 千米，现有甲、乙两条同样的轮船同时从同一地点反向而行，一段时间后返回。甲、乙两条轮船 $1\frac{1}{3}$ 小时以后又同时回到出发点。那么在 $1\frac{1}{3}$ 小时内，有多少分钟甲、乙两条轮船的前进方向相同？

【分析】 解答此题，先要求出顺流速度和逆流速度的比。再根据行程相同，时间与速度成反比，分别求出它们顺逆流行进的时间即可。

【解】 据题意可得轮船逆流速度为每小时 7.8－1.8－1.8＝4.2（千米），故顺流速度和逆流速度之比是 7.8∶4.2＝13∶7。

由"甲、乙两条同样的轮船同时从同一地点反向而行，一段时间后返回。甲、乙两条轮船 $1\frac{1}{3}$ 小时以后又同时回到出发点"，可得在 $1\frac{1}{3}$ 小时＝80 分钟中，每条船顺流行 $80\times\frac{7}{13+7}=80\times\frac{7}{20}=28$（分钟），逆流行 $80\times\frac{13}{13+7}=80\times\frac{13}{20}=52$（分钟）。

所以在 $1\frac{1}{3}$ 小时内，有 52－28＝24（分钟）甲、乙两条轮船的前进方向相同。

例 6 甲、乙两车分别从 A、B 两地出发，相向而行。甲、乙两车速度之比是 5∶4。已知乙车先从 B 地行 72 千米时，甲车才从 A 地出发，到两车相遇时，甲、乙所行的路程之比为 3∶4。求 A、B 两地的距离。

【分析】 解答此题，可有两种方法。

【解法 1】 通过求 72 千米占全程的比分来解答。观察下图来探求。

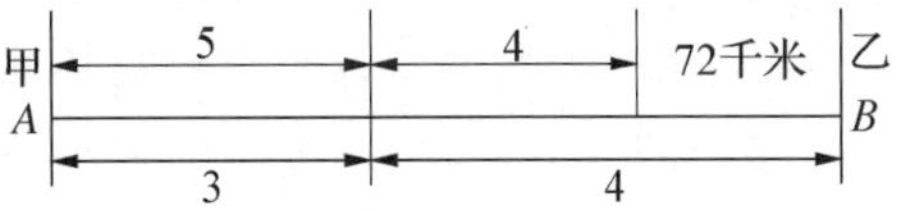

根据时间相同，行程比等于速度比，由"甲、乙两车速度之比是 5∶4"，可得除乙先行的 72 千米外，甲、乙两车行程之比也是 5∶4。如果把乙先行驶的 72 千米计算在内，甲、乙所行的路程之比是 3∶4。根据甲前后的行程没有变化，为了方便计算，就要将甲前后行程的比分化成相同的值，即 5∶4＝15∶12，3∶4＝15∶20。据此可知，乙先行的 72 千米，相当的比分是 20－12＝8，那 A、B 两地的距离，相当的比分是 15＋20＝35，所以 A、B 两地的距离是 $72\times\frac{35}{8}=315$（千米）。

【解法 2】 通过求 72 千米相当于甲车行程的几分之几来解答。根据时间一定，行程比等于速度比，由"甲、乙两车速度之比是 5∶4"，可知除乙先行的 72 千米外，乙车行程是甲车行程的 $\frac{4}{5}$；根据两车相遇时，甲、乙所行的路程之比为 3∶4，可知乙车行的全部路程是甲车行程的 $4\div3=1\frac{1}{3}$。由此可得，72 千米相当于甲车行程的 $1\frac{1}{3}-\frac{4}{5}=\frac{8}{15}$。所以甲车

行了 $72\div\frac{8}{15}=72\times\frac{15}{8}=135$(千米),乙车行了 $135\times1\frac{1}{3}=135\times\frac{4}{3}=180$(千米),$A$、$B$ 两地的距离是 $135+180=315$(千米)。

例 7 甲、乙两人分别从 A、B 两地同时出发,相向而行。出发时,他们的速度之比为 $3:2$。他们第一次相遇后,甲的速度提高 20%,乙的速度提高 30%,这样当甲到达 B 地时,乙离 A 地还有 14 千米。那么 A、B 两地的距离是多少?

【分析】 解答此题,可采用假设法。设 A、B 两地距离为"1",根据甲、乙第一次相遇前的速度之比为 $3:2$,以及"他们第一次相遇后,甲的速度提高 20%,乙的速度提高 30%",得第一次相遇后,甲、乙速度之比为 $[3\times(1+20\%)]:[2\times(1+30\%)]=3.6:2.6=18:13$。

【解】 根据时间相同,行程比等于速度比,可得第一次相遇时,乙行全程的 $\frac{2}{3+2}=\frac{2}{5}$,即从第一次相遇到甲到达 B 地时止,甲行了全程的 $\frac{2}{5}$。

而相遇后,甲、乙速度之比为 $[3\times(1+20\%)]:[2\times(1+30\%)]=3.6:2.6=18:13$,这样乙行了全程的 $\frac{2}{5}\times\frac{13}{18}=\frac{13}{45}$。由此可得,14 千米相当于全程的 $1-\left(\frac{2}{5}+\frac{13}{45}\right)=1-\frac{31}{45}=\frac{14}{45}$。所以 A、B 两地的距离是 $14\div\frac{14}{45}=14\times\frac{45}{14}=45$(千米)。

例 8 小明放学回家步行需 9 分钟,小乐放学回家步行需 12 分钟,已知小乐回家的路程比小明回家的路程多 $\frac{1}{5}$,小乐每分钟比小明少走 10 米,小乐步行回家的路程是多少米?

【分析】 解答此题,关键是要求出小乐每分钟比小明少走的 10 米相当于小乐或小明每分钟步行速度的比分,这就先要求出小明与小乐回家的时间比和路程比。

【解】 根据"小明放学回家步行需 9 分钟,小乐放学回家步行需 12 分钟",可得小明和小乐放学步行回家所需时间之比为 $9:12=3:4$;又根据"小乐回家的路程比小明回家的路程多 $\frac{1}{5}$",可得小明回家的路程与小乐回家的路程之比为 $1:\left(1+\frac{1}{5}\right)=5:6$。

由此可得小明与小乐的速度之比为 $\frac{5}{3}:\frac{6}{4}=20:18=10:9$。再根据"小乐每分钟比小明少走 10 米",可得小乐每分钟走 $10\times\frac{9}{10-9}=90$(米),小乐回家的路程是 $90\times12=1080$(米)。也可求得小明每分钟走 $10\times\frac{10}{10-9}=100$(米),小乐回家的路程是 $100\times9\times\left(1+\frac{1}{5}\right)=900\times\frac{6}{5}=1080$(米)。

例 9 一块农田用甲、乙、丙三台拖拉机耕地。如果用甲、丙两台同时耕,当甲台耕地 18 公顷时,地已全部耕完。如果用乙、丙两台同时耕,当乙台耕地 27 公顷时,地已全部耕完。又知乙台拖拉机每小时耕地的公顷数是甲台拖拉机每小时耕地公顷数的 2 倍。这块地共有多少公顷?

【分析】解答此题,关键是要找出一个公顷数和与之对应的比分。为此,先要计算出甲、丙两台拖拉机同时耕地与乙、丙两台拖拉机同时耕地的时间比。

【解】根据“乙台拖拉机每小时耕地的公顷数是甲台拖拉机每小时耕地公顷数的2倍”,可得乙、丙两台拖拉机同时耕地与甲、丙两台拖拉机同时耕地用的时间之比为$(27\div2):(18\div1)=13.5:18=3:4$。

又根据耕地总量不变,可得在甲、丙两台同时耕地时,丙台拖拉机耕的地比在乙、丙两台同时耕地时丙台拖拉机耕的地多$27-18=9$(公顷),再根据效率一定,工程总量与时间成正比,可得在甲、丙两台同时耕地时,丙台拖拉机耕地:

$9\times\frac{4}{4-3}=36$(公顷)。

同样可得在乙、丙两台同时耕地时,丙台拖拉机耕地:

$9\times\frac{3}{4-3}=27$(公顷)。

所以这块地共有$18+36=54$(公顷)。

例 10 某车间共有86个工人,已知每个工人每天可以加工甲种部件15个或乙种部件12个或丙种部件9个。3个甲种部件、2个乙种部件、1个丙种部件恰好配成一套。如果要使加工后的部件恰好配套,那么加工甲、乙、丙三种部件各应安排多少个工人?

【分析】解答此题,关键是要求出加工甲、乙、丙三种部件各应安排的工人数各占工人总数的比分。

【解】根据题意,要想加工后的部件完全配套,那加工出来的三种部件的总数比应为$3:2:1$。因为题中给出每个工人每天各能加工甲、乙、丙三种部件分别为15个、12个、9个,若假设分配加工甲、乙、丙三种部件的工人分别为x、y、z个,则有:

$15x:12y:9z=3:2:1$,$5x:4y:3z=3:2:1$,$x:y:z=\frac{3}{5}:\frac{1}{2}:\frac{1}{3}=18:15:10$。

又根据车间共有86个工人,便可得到加工三种部件各应安排的人数,即生产甲种部件应安排工人$86\times\frac{18}{18+15+10}=86\times\frac{18}{43}=36$(个),生产乙种部件应安排工人$86\times\frac{15}{18+15+10}=86\times\frac{15}{43}=30$(个),生产丙种部件应安排工人$86\times\frac{10}{18+15+10}=86\times\frac{10}{43}=20$(个)。

例 11 木料加工厂原计划加工一批课桌。后接到订单,需要把这批木料配套加工成一桌两凳,这样加工费减少1600元。已知一张凳子加工费只占一张桌子的$\frac{3}{10}$,而一张桌子的木料可加工成3张凳子。那么现在把这批木料全部加工成套的桌凳,共获得加工费多少元?

【分析】解答此题,关键是要求出原加工课桌的木料改成配套加工成一桌两凳,加工费减少的 1600 元，与将这批木料全部加工成套桌凳所能获得加工费的比。

【解】 根据一张桌子的木料可加工成 3 张凳子，可得需要 $2\div3=\frac{2}{3}$(张)桌子加工成 2 张凳子才能与 1 张桌子相配套。又据一张凳子加工费只占一张桌子的$\frac{3}{10}$，可得原加工课桌和改配套加工成一桌两凳的加工费用之比为：

$$\left(1+\frac{2}{3}\right):\left(1+\frac{3}{10}\times2\right)=\frac{5}{3}:\frac{8}{5}=25:24。$$

由此可以得到，现在这批木料全部加工成套的桌凳，共获得加工费为 $1600\times\frac{24}{25-24}=1600\times24=38400$(元)。

例 12 将 A、B 两块含金不同的金属放在一起冶炼，当 A 块重量是 B 块的一半时，可冶炼成含金量 68%的合金；当 A 块的重量是 B 块的 3.5 倍时，可冶炼成含金量$\frac{47}{75}$的合金。A、B 两块金属的含金量分别是多少？

【分析】 解答此题，先要求出两次炼成合金时，两块金属重量之比。

【解】 根据第一次冶炼，"A 块重量是 B 块的一半"，可得 A、B 两块金属重量的比为 $0.5:1=1:2$；第二次冶炼，"A 块的重量是 B 块的 3.5 倍"，可得 A、B 两块金属重量的比为 $3.5:1=7:2$。

根据两次 B 金属的比值不变，可得到 A 金属的含金量是：

$$\left[(2+7)\times\frac{47}{75}-(1+2)\times68\%\right]\div(7-1)=(564\%-204\%)\div6=60\%,$$

而 B 金属的含金量是：

$$[(1+2)\times68\%-1\times60\%]\div2=(204\%-60\%)\div2=72\%。$$

例 13 有半径分别为 6 厘米、8 厘米而高度一样的甲、乙两个圆柱形容器，现把甲中装满水倒入乙中，这时乙中水的深度比容器的$\frac{2}{3}$低 1 厘米。问容器高度是多少厘米？

【分析】 抓住水的体积不变，又甲、乙两容器容积之比等于它们的底面积之比，可先算出水在甲、乙两容器中的高度之比。

【解】 根据"半径分别为 6 厘米、8 厘米"，可知甲、乙两容器底面积之比为 $6^2:8^2=36:64=9:16$，由此可知，数量相同的水在甲、乙两个容器内的高度之比就是 $16:9$，根据甲、乙两容器的高度一样，所以把甲中装满水倒入乙中，乙容器内水的高度就等于容器高度的$\frac{9}{16}$。

又根据"乙中水的深度比容器高度的$\frac{2}{3}$低 1 厘米"，可得 1 厘米相当于容器高度的$\frac{2}{3}-\frac{9}{16}=\frac{32-27}{48}=\frac{5}{48}$。

所以容器的高度是 $1\div\frac{5}{48}=1\times\frac{48}{5}=9\frac{3}{5}$(厘米)。

练习二十

1. 甲、乙、丙三个数的和是 620。已知甲数与乙数的比是 3∶5，乙数与丙数的比是 2∶3。求甲、乙、丙三个数各是多少。

2. 已知 A、B、C 均为整数，$A+B+C=56$，$A:B=B:C$，求 A、B、C 的值。

3. 两根铁棒直立于桶底水平的木桶中，在桶中加入水后，一根露出水面是它的$\frac{2}{5}$，另一根露出水面是它的$\frac{1}{4}$，两根铁棒长度之和为 45 厘米，此时木桶中水的深度是多少？

4. 甲、乙、丙三根木棒垂直插入水池中，木棒的一端恰好触及水池底部。三根木棒的长度之和为 360 厘米，甲有$\frac{3}{4}$露在水面外，乙有$\frac{4}{7}$露在水面外，丙有$\frac{2}{5}$露在水面外。问：池中水的深度是多少厘米？

5. 有 A、B、C 三架飞机模型，A 在空中停留时间的$\frac{2}{3}$与 B 在空中停留时间的$\frac{4}{7}$相等；B 在空中停留时间的$\frac{2}{3}$与 C 在空中停留时间的$\frac{4}{7}$相等。如果 C 在空中停留时间比 A 多 13 分钟，问：B 在空中停留了多少时间？

6. 一批同学，女生走了 15 名，这时男、女生之比是 2∶1，此后，男生走了 45 名，余下男、女生之比是 1∶5。女同学原有多少名？

7. 学校组织合唱团，开始男生和女生的比是 5∶7，男生增加 4 人后，男生和女生的比是 3∶4。求这个合唱团女生有多少人。

8. 为迎新年，某校师生共 662 人参加长跑活动。男运动员中教师占$\frac{1}{16}$，女运动员中教师占$\frac{7}{57}$。已知男、女学生运动员一样多，参加长跑的学生运动员共有多少人？

9. 在学校阅览室里，女生占室内总人数的$\frac{1}{3}$，后来又进来 4 名女生，这时女生和室内总人数的比是 5∶13。阅览室原有多少人？

10. 某体育运动学校原有学生 400 人，其中男生与女生人数的比是 5∶3。后又招进一批男生，这时男生占总人数的 75%，后招进的男生有多少人？

11. 学校花房里原有兰花、杜鹃花和茶花共 200 盆。国庆节期间，学校决定将 24 盆兰花、36 盆杜鹃花以及茶花的$\frac{1}{3}$搬出去装点校园，这样花房里剩下兰花、杜鹃花和茶花的盆数之比 3∶4∶2。问：花房里的这三种花原来各有多少盆？

12. 把 140 只桃子分给猴子，要求每只猴子分 1 只桃子。如果先分给小猴子，剩下的分给大猴子，那么有一半的大猴子分不到；如果一部分桃子分给大猴子，剩下的分给小猴子，结果有$\frac{1}{3}$的大猴子和$\frac{1}{4}$的小猴子都分不到。问：大小猴子各有多少只？

13. 甲、乙两仓库共存化肥 350 吨，如果甲仓库增存$\frac{1}{5}$，乙仓库增存$\frac{3}{5}$，那么两仓库化肥的吨数相等。甲仓库原来存化肥多少吨？

14. 小明买甲、乙两种糖果所花费用之比为 2∶1，已知甲种糖果每千克 6 元，乙种糖果每千克 2 元。这两种糖果混合后，1 千克的成本是多少元？

15. 商店购进甲、乙、丙三种不同的糖，所花费用相等。已知甲、乙、丙三种糖 1 千克的费用分别是 4.4 元、6 元、6.6 元。如果把这三种糖混在一起成为什锦糖，那么这种什锦糖每千克的成本是多少元？

16. 新新商贸服务公司，为客户出售货物收取 3% 的服务费，代客户购物收取 2% 的服务费。今有一客户委托该公司出售自产的某种物品和代为购买新设备。已知该公司共收取了客户服务费 250 元，客户恰好收支平衡。代购新设备共花费了多少元？

17. 学校买来排球、篮球、足球共 54 个，其中排球和篮球的个数之比是 2∶5，篮球和足球的个数比是 10∶13。三种球各买了多少个？

18. 甲、乙两车同时从 A、B 两地相对开出，当甲车行了全程的$\frac{5}{8}$时，和乙车相遇。已知乙车行全程要 12 小时。甲车行全程要几小时？

19. 小明早上从家步行去学校，走完一半路程时，爸爸发现小明的数学书丢在家里，随即骑车去给小明送书。追上时，小明还有$\frac{3}{10}$路程未走完。小明随即上了爸爸的车，由爸爸送往学校。这样小明比独自步行提前 6 分钟到校。小明从家到学校全部步行需多少时间?

20. 有甲、乙、丙三辆汽车,各以一定的速度从 A 地开往 B 地,乙比丙晚出发 15 分钟,出发后 30 分钟追上丙。甲比乙又晚出发 20 分钟,出发后 45 分钟追上丙。那么甲出发后需要多少分钟追上乙?

21. 甲、乙两车先后以相同的速度从 A 站开出,10 点整甲车离 A 站的距离是乙车离 A 站的距离的 3 倍。10 点 10 分,甲车离 A 站的距离是乙车离 A 站的距离的 2 倍。甲、乙两车分别是何时从 A 站开出的?

22. 快车从 A 地,慢车从 B 地同时出发,相向而行,经过 5 小时相遇,相遇后两车仍按原速继续前进,又经过 6 小时慢车到达 A 地,这时快车已超过 B 地 80 千米。A、B 两地相距多少千米?

23. 甲、乙两辆汽车同时从 A、B 两地相对而行,它们的速度之比是 12∶7,在途中相遇后继续前进,甲车速度降低$\frac{1}{6}$,乙车速度提高$\frac{1}{7}$,在甲到达 B 地时,乙车距 A 地还有 32 千米。A、B 两地相距多少千米?

24. 猎人带猎狗捕猎。兔子先跑 80 步,猎狗去追,已知猎狗跑 2 步的时间等于兔子跑 3 步的时间,猎狗跑 4 步的距离等于兔子跑 7 步的距离。猎狗跑多少步就能捕获这只兔子?

25. 生产一批零件，甲单独做要 6 小时，乙每小时可以做 36 个。现在甲、乙两人合做，完成任务时，甲、乙两人生产零件的数量之比是 5∶3。这批零件一共有多少个？

26. 甲、乙两人分别做同样多的零件，甲做$\frac{1}{3}$时，乙剩下 54 个零件没有做。然后按原速度继续做，当甲又完成剩下的$\frac{3}{4}$时，乙还剩下总任务的$\frac{3}{8}$没有做。照这样计算，甲、乙都完成任务时，他们一共做了多少个零件？

27. 甲、乙、丙三人生产同种零件，甲比乙多生产 20 个，丙与乙生产个数的比是 4∶5，丙和乙生产的总数与甲生产的个数的比是 6∶5，三人各生产多少个？

28. 两个绿化队共植树 150 棵，第一队比第二队人数多$\frac{4}{5}$，第二队平均每人植树的数量比第一队多$\frac{1}{5}$，第二队植树多少棵？

29. 加工一个零件，甲需要 6 分钟，乙需要 5 分钟，丙需要 4 分钟。现在要加工 740 个零件，要求三人在相同时间内完成。问：每人应该分配多少个零件的生产任务？

30. 甲、乙、丙、丁四人一起解题，甲解的题数占总数的$\frac{1}{3}$，乙解的题数占总数的$\frac{1}{5}$，而丙、丁所解题数之比是 4∶3。如果甲比乙多解 6 题，求丁解的题数。

31. 一个长方体木块所有棱长之和为 108 厘米，它的长、宽、高之比为 4∶3∶2。现在要将这个长方体削成一个体积最大的圆柱体。这个圆柱体体积是多少立方厘米？

32. 两容器内底面积之比为 3∶2，甲容器原有溶液高 7 厘米，乙容器原有溶液高 4 厘米。若向两容器加了同样多的溶液后，两容器溶液的高度是一样的。问此时容器的溶液有多高？

33. 两粗细不同、长度相等的蜡烛以均匀的速度燃烧，粗蜡烛 4 小时可以烧完，细蜡烛 3 小时可以烧完。现在同时将两支蜡烛点燃，经过多少时间，粗蜡烛剩下的长度正好是细蜡烛剩下长度的 2 倍？

34. 一艘轮船所带的柴油最多可以用 6 小时。驶出时顺风，每小时行驶 30 千米。驶回后逆风，每小时行驶的路是顺风时的$\frac{4}{5}$。这艘轮船最多驶出多远就应往回驶了？

35. A、B 两种商品的价格之比是 7∶3，如果它们的价格分别上涨 700 元后，价格之比是 7∶4。这两种商品原来各多少元？

36. 某厂一车间是二车间人数的$\frac{3}{5}$，后来把二车间人数的$\frac{1}{4}$调给一车间，这时一车间有 255 人。二车间调出多少人？

37. 甲有 5 盒糖，乙有 4 盒糕，共值 44 元。若甲、乙两人对换 1 盒，则每人所有的糖和糕价值相等。糖和糕各是多少元/盒？

38. 甲粮仓现有 43 吨面粉，乙粮仓现有 37 吨面粉。如果把乙粮仓面粉运到甲粮仓，那么甲粮仓装满后，乙粮仓剩下的面粉占乙粮仓容量的$\frac{1}{2}$；如果把甲粮仓面粉运到乙粮仓，那么乙粮仓装满后，甲粮仓剩下的面粉占甲粮仓容量的$\frac{1}{3}$。甲、乙两粮仓各可装面粉多少吨？

39. 各有三种大小不同的砝码，1 个小砝码和 2 个中砝码的重等于 2 个大砝码的重，3 个小砝码和 2 个中砝码的重等于 3 个大砝码的重，4 个小砝码和 4 个中砝码的重等于多少个大砝码的重？

第二十一讲

比例问题

比例,即两个比值相等的等式。比例的内项之积等于外项之积是比例的基本性质。利用比例的基本性质,可以解比例问题。通过列比例的方法可以解答很多诸如行程、工程等应用问题。列比例解答应用题关键是要找出成比例的关系式。有些实际问题,成比例关系比较隐蔽,寻找关系式,要更加深入和细致。有时一个关系式解决不了,还要考虑列两个比例关系式。

例 1 最简分数$\frac{13}{27}$的分母减去一个数,分子加上同一个数,所得的新分数可约简为$\frac{3}{5}$。这个数是多少?

【分析】 可根据分数的基本性质来解答此题。

【解】 由题意可得:$\frac{3\times5}{5\times5}=\frac{15}{25}=\frac{13+2}{27-2}$。

据此式可知,分母减去和分子加上的这个数是"2"。

例 2 有一个螺旋形弹簧,在 500 克以内,重物的重量与弹簧伸长的长度成正比例。在这个弹簧上,挂上 120 克的重物时,弹簧的长度为 12 厘米;挂上 240 克重物时,弹簧的长度为 18 厘米。

(1) 什么也不挂时,弹簧的长度应是多少厘米?

(2) 当弹簧的长度为 24 厘米时,挂的重物是多少克?

【分析】 画个函数图像。

【解】(1) 先算出弹簧伸长与挂上重物的比率。即(18－12)∶(240－120)＝6∶120＝0.05 厘米/克。不加重物时,弹簧的长度应是 12－0.05×120＝12－6＝6(厘米)或 18－0.05×240＝18－12＝6(厘米)。

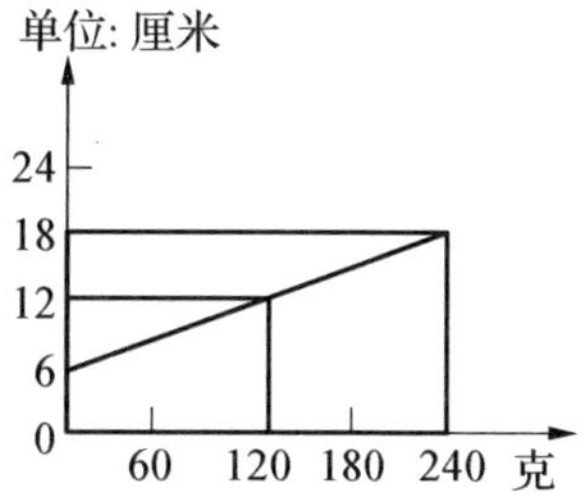

(2) 当弹簧的长度为 24 厘米时,挂的重物是(24－6)÷0.05＝360(克)。

例 3 工会有会员 100 人,男、女会员之比为 14∶11。分成甲、乙、丙三个工会小组,甲小组人数与乙、丙两小组人数的和相等。甲、乙、丙三个小组的男、女会员比分别为 12∶13、5∶3 和 2∶1。丙小组有男会员多少人?

【分析】 可通过考察比的相互关系来解答此题。

【解】 根据甲小组男、女会员的比为 12∶13，乙小组男、女会员的比为 5∶3＝10∶6，丙小组男、女会员的比为 2∶1＝6∶3，可得全部男、女会员比为(12＋10＋6)∶(13＋6＋3)＝28∶22＝14∶11，这与已知比相一致。又甲组人数与乙、丙两组人数之比为(12＋13)∶(10＋6＋6＋3)＝25∶25＝1∶1，符合甲组人数与乙、丙两组人数和相等的已知条件。所以丙组有男会员：

$$100\times\frac{6}{12+13+10+6+6+3}=100\times\frac{6}{50}=12(\text{人})。$$

例 4 甲、乙、丙三人在一条跑道上赛跑，当甲跑到终点时，乙离终点 12 米，丙离终点 36 米，而当乙跑到终点时，丙离终点还有 28 米。如果甲、乙、丙三人在赛跑中速度保持不变，这条跑道长多少米？

【分析】 解答此题，关键是要求出同一时间内乙、丙两人的行程之比。根据“当甲跑到终点时，乙离终点 12 米，丙离终点 36 米，而当乙跑到终点时，丙离终点还有 28 米”，可知乙跑 12 米，丙只跑 36－28＝8(米)，由此可得，乙、丙两人的行程之比为 12∶8＝3∶2。这样采用比例分配的方法来解答。

【解】 由题意可得，在相同时间内乙、丙两人的行程之比为 12∶8＝3∶2。

因为“当乙跑到终点时，丙离终点还有 28 米”，这 28 米就相当于乙、丙两人的行程之比的差，即 3－2＝1，所以这条跑道长是 28÷1×3＝28×3＝84(米)。

例 5 甲、乙两个工程队合修一段公路，甲队的工作效率是乙队的$\frac{3}{5}$。两队合修 6 天正好完成这段公路的$\frac{2}{3}$，余下的由乙队单独修，还要几天才能修完？

【分析】 应用比例可先计算出余下的工程量和乙队的工作效率来解答。

【解法 1】 根据题意，可以求得，余下的工程量是 $1-\frac{2}{3}=\frac{1}{3}$，乙队每天修路是全程的：

$$\frac{2}{3}\div\left[\left(1+\frac{3}{5}\right)\times6\right]=\frac{2}{3}\times\frac{5}{48}=\frac{5}{72}。$$

两队合修 6 天后，余下的工程由乙队单独修，还要$\frac{1}{3}\div\frac{5}{72}=\frac{24}{5}$(天)才能修完。

【解法 2】 根据题意，可以求得乙队 6 天完成的工作量是全程的$\frac{2}{3}\div\left(1+\frac{3}{5}\right)=\frac{2}{3}\div\frac{8}{5}=\frac{2}{3}\times\frac{5}{8}=\frac{5}{12}$。

那余下的 $1-\frac{2}{3}=\frac{1}{3}$，由乙队单独修，还要 $6\times\left(\frac{1}{3}\div\frac{5}{12}\right)=\frac{24}{5}$(天)才能修完。

例 6 甲、乙两人本月收入的钱数之比是 8∶5，开支钱数之比是 4∶3。月底甲结余 1368 元，乙结余 621 元。问甲、乙两人本月收入各多少元？

【分析】 采用比例分配的方法来解答，并将两人支出比改写成与收入比相近的比。

【解】为了便于解答，可将两人支出比改写成与收入比相近的比，即 4∶3＝8∶6。根据题意，设甲本月收入的钱数为 8 份，乙本月收入的钱数为 5 份，把甲、乙两人的收入分别用下图的两条整线段来表示，即它们的比为 8∶5；甲、乙两人的支出比用两条粗线段来表示，即 4∶3＝8∶6，将甲粗线段分成 8 份，左边的粗线段表示 6 份，右边的粗线段表示 2 份；甲、乙两人的结余款分别用两条细线段来表示，甲的细线段表示 1368 元，乙的细线段表示 621 元，将甲的细线段分成 8 份，左边的细线段表示 2 份，右边的细线段表示 6 份。

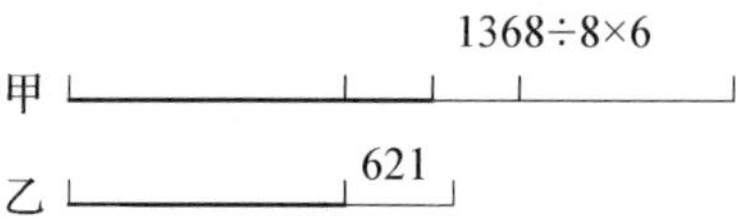

通过观察，可知甲最左边的粗线段与甲最右边的细线段的和就相当于甲本月收入 8 份中的 6 份，而乙整线段相当于甲本月收入 8 份中的 5 份，因为甲最左边的粗线段与乙的粗线段相等，所以甲本月收入 8 份中的 6 份与 5 份之差就相当于甲最右边的细线段与乙右边细线段的差，即 1368÷8×6－621＝1026－621＝405(元)。由此可得，甲本月收入应为 405÷(6－5)×8＝405×8＝3240(元)，乙本月收入应为 405÷(6－5)×5＝405×5＝2025(元)。

例 7 甲、乙两人二月底存钱之比是 3∶4，三月份甲又存钱 300 元，乙又存钱 500 元，这时两人存钱的比是 5∶7。甲、乙两人二月底各存钱多少元？

【分析】采用比例分配的方法来解答。

【解】根据甲、乙两人二月底存钱之比是 3∶4，三月份甲又存钱 300 元，要保持甲、乙两人存钱的比不变，乙三月份应存钱 300÷3×4＝400(元)。而乙三月份实际存钱 500 元，这使乙三月底累计存钱由是甲的$\frac{4}{3}$变为是甲的$\frac{7}{5}$，则这 500－400＝100(元)就相当于甲三月底累计存钱的$\frac{7}{5}-\frac{4}{3}=\frac{1}{15}$，所以甲三月底累计存钱为 $100\div\frac{1}{15}=100\times15=$ 1500(元)，甲二月底存钱则是 1500－300＝1200(元)，乙二月底存钱则是 1200÷3×4＝400×4＝1600(元)。

例 8 有两只油桶，装了同样多的油。第一桶用去$\frac{1}{4}$，第二桶用去 40%，再从第一桶取出 8 千克倒入第二桶，这时第二桶的油与第一桶油的比是 13∶14。两桶原来各装油多少千克？

【分析】采用比例分配的方法来解答。

【解】由题意，可求出第一桶和第二桶剩余油的比：

$\left(1-\frac{1}{4}\right):(1-40\%)=\frac{3}{4}:60\%=5:4$。

再根据“再从第一桶取出 8 千克倒入第二桶，这时第二桶的油与第一桶油的比是

13∶14”，同时根据两桶油互倒并不影响两桶油的总重量，由此可以得出，从第一桶取出倒入第二桶的 8 千克油相当于用后两桶剩余油总重量的：

$$\frac{5}{5+4}-\frac{14}{13+14}=\frac{5}{9}-\frac{14}{27}=\frac{1}{27}。$$

从而可得用后两桶剩余油总重量是：

$$8\div\frac{1}{27}=8\times27=216(\text{千克})。$$

再根据“有两只油桶，装了同样多的油。第一桶用去$\frac{1}{4}$，第二桶用去 40%”，可以求出原来每桶装油的重量，即：

$$216\div\left[\left(1-\frac{1}{4}\right)+(1-40\%)\right]=216\div\frac{27}{20}=160(\text{千克})。$$

练习二十一

1. 在一个比例中，两个比的比值都是1.5，两个内项的和是28，差是12，根据题意，写出两个比例式。

2. 一个分数的分子比分母少8，如果分子与分母同时加上7，所得新分数正好可以约分成$\frac{3}{5}$。问：原分数是多少？

3. 甲、乙、丙三人各要扎花40朵。现在三人开始同时扎，当甲扎40朵时，乙扎32朵，丙扎28朵。当乙扎40朵时，丙还剩几朵花没有扎？

4. 一养鱼专业户想测算出鱼塘中鱼的条数，他上月份从鱼塘中随机捕捉了60条鱼，并对它们做了记号后又放回鱼塘中。这个月又从鱼塘中随机捕捉了70条鱼，发现其中3条鱼是有记号的。这个鱼塘大约养了多少条鱼？（假设测算期间鱼的条数没有变化）

5. 某小学学生中男生占60%，教师中男教师占10%，全校师生男、女人数之比为15∶11，这个小学的师生人数之比为多少？

6. 在含有铅375千克，锡237千克的合金中，增加铅多少千克，可使铅和锡的比为5∶3？

7. 在一次考试中，乐乐语文和数学两科的总分是 180 分。如果语文成绩减少 4 分而数学成绩增加 6 分，那么语文成绩就是数学成绩的$\frac{6}{7}$。问：这次考试乐乐的语文和数学各考了多少分？

8. 东东和天天原有邮票枚数的比为 5∶4，后来，东东又买了 20 枚，天天又买了 30 枚。这时，东东和天天的邮票数量之比变为 6∶5。现在两人共有多少枚邮票？

9. 哥哥和弟弟同时在学校食堂就餐。哥哥与弟弟的饭票钱数之比为 4∶3，哥哥每天花 6 元饭票，弟弟每天花 5 元饭票，当弟弟的饭票用完时，哥哥还有 10 元饭票。问：原来哥哥和弟弟各有多少钱饭票？

10. 甲、乙两个书柜，如果从甲书柜搬 15 本书到乙书柜，甲、乙两书柜图书本数之比是 1∶5，如果从乙书柜搬 15 本书到甲书柜，甲、乙两书柜图书本数之比是 2∶1，则乙书柜原有图书多少本？

11. 甲仓原来的存粮是乙仓的$\frac{4}{5}$，后来甲仓增加存粮 88 吨，这时乙仓与甲仓存粮吨数的比是 6∶7。问乙仓存粮多少吨？

12. 甲、乙两辆车分别从 A、B 两地同时出发，相向而行，相遇后甲经过 15 分钟到达 B 地，乙经过 1 小时到达 A 地。甲车速度是乙车速度的多少倍？

13. 修一条公路，已修和未修长度的比是 1∶3，再修 300 米后，已修和未修长度的比是 1∶2。这条路有多长？

14. 王林和陈红家上月收入钱数之比是 8∶5，开支钱数之比是 8∶3，月底王林家结余 720 元，陈红家结余 1350 元。上月两家收入各是多少元？

15. 甲、乙两人本月收入的钱数之比为 13∶10，开支的钱数之比为 4∶3。这样，甲结余了 600 元，乙结余了 500 元。问：甲、乙两人本月的收入分别是多少元？

16. A、B 两种商品的价格之比是 7∶3。如果它们的价格都上涨 30 元，那么它们的价格比是 2∶1。两种商品原来的价格各是多少？

17. 如下图所示，一个平行四边形被两条线段分成四个平行四行四边形，其中甲、乙、丙的面积分别是 25 平方米，20 平方米和 30 平方米，那么丁的面积是多少平方米？

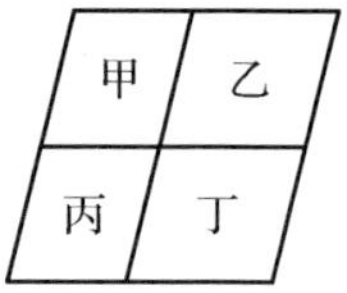

18. 一正方形一个边长增加 30 米，另一边长减少 18 米，其面积不变。求原来正方形的面积。

19. 小红去买牙膏。同一品牌两种规格牙膏的售价如下：120 克，每支 9 元；160 克，每支 11.2 元。她买哪种规格的牙膏合算？为什么？牙膏出口处的直径 5 毫米，小红每次刷牙要挤出 1 厘米长的牙膏，这样，一支牙膏可用 36 次。该品牌推出新包装只是将出口处的直径改为 6 毫米，小红还是按习惯每次挤出 1 厘米长的牙膏。这样，这一支牙膏只能用多少次？

20. 甲、乙两仓库货物的比为 6∶5，后来甲仓库运进 180 吨，乙仓库运进 30 吨，这时甲仓库与乙仓库货物的比是 18∶11。原来两仓库共有多少吨货物？

21. 如下图（单位：厘米），一张光盘上的阴影部分 A 区域刻有 150 兆的文件。如果每平方厘米的存储量一样大，那么空白 B 区域约可以刻多少兆文件？

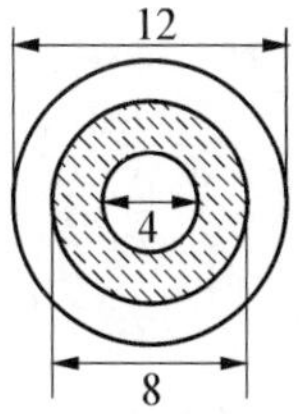

22. 某影院的电影票原价每张若干元，现在每张降价 5 元出售，观众增加了一半，收入增加 $\frac{1}{4}$，一张电影票现价是多少元？

附录

练习题参考答案

练习一

1. 12,5;**2.** 170;**3.** 82;**4.** 42,50;**5.** 5,3,1;**6.** 3;**7.** 630 人;**8.** 8371692;**9.** 12 个,8 个,5 个,20 个;**10.** 20 块;**11.** 720 页,703 页;**12.** 106 cm;**13.** 26 千克,14 千克,8 千克;**14.** 6;**15.** 9;**16.** 14.71;**17.** 62.46 岁;**18.** 29.98,10.02;**19.** $\frac{5}{6}$,6;**20.** $\frac{41}{45}$;**21.** $\frac{2}{3}$,$\frac{3}{4}$,$\frac{5}{6}$;**22.** $\frac{9}{14}$;**23.** 60%;**24.** 7。

练习二

1. (1) 364,1093,3280;(2) 5469,27344,136719;(3) 37,50,65;(4) 31,63,127;(5) 61,85,113;(6) 682,2889,12238;(7) 5,36;(8) 23,31,47;(9) 2256,8196,2098176;(10) 9,28;(11) 3,$4\frac{1}{3}$,7;(12) $2\frac{17}{32}$,$3\frac{51}{64}$,$5\frac{89}{128}$;(13) 22,23,46,47;**2.** 8;**3.** $A=15$,$B=60$,$C=79$;**4.** (1) 31,(2) 6;**5.** $A=8$,$B=10$,$C=74$;**6.** (1) 22,(2) 13;**7.** 10,15,21,28,36;**8.** 10,15,21,28;**9.** 540,720,900;**10.** 61+257=318;**11.** 198 个,396 条;**12.** $a+b=17+26=43$;**13.** (1) 9 个数的和是中间数的 9 倍;(2) 和是 225 的九个数为 5、15、23、24、25、26、27、35、45;不能框出和是 180 的九个数,因为 180÷9=20,20 是框最东边的一个数,不能作为九个数的中间数,所以这九个数框不出来;(3) 一共可以框出 12 个;**14.** (1) 玩、C、2;(2) 61 列,有规律,与第一列一样的列数 $m=(3\times4\times5)n+1$(n 为自然数);**15.** (1) 42,(2) $s=n(n+1)$,(3) 10100,(4) 12550;**16.** (1) $7\frac{1}{5}\div6=7\frac{1}{5}-6$,$8\frac{1}{6}\div7=8\frac{1}{6}-7$,$9\frac{1}{7}\div8=9\frac{1}{7}-8$;(2) $\frac{81}{18}\div\frac{9}{6}=\frac{81}{18}-\frac{9}{6}$,$\frac{121}{24}\div\frac{11}{8}=\frac{121}{24}-\frac{11}{8}$,$\frac{169}{30}\div\frac{13}{10}=\frac{169}{30}-\frac{13}{10}$;**17.** 11111112222222;**18.** 193 个;**19.** 899;**20.** 181 个,$1+2n(n-1)$;**21.** 995 个;**22.** 9、3、

36、6,100、10,$\left[\frac{n(1+n)}{2}\right]^2$;**23.** 2×2,3×3,4×4,…,100×100=10000;**24.** 1+1+1+2+5=1×1×1×2×5,1+1+2+2+2=1×1×2×2×2,1+1+1+1+2+6=1×1×1×1×2×6,1+1+1+1+1+2+7=1×1×1×1×1×2×7;**25.** (1) 10;(2) 2003;(3) 2005003;**26.** (1) 2,(2) $\frac{n-1}{2}$,44 $\frac{1}{2}$;**27.** 64,82;**28.** 37;**29.** 12、8、6、7、10、13;0.5 厘米,($3n+1$)个;**30.** 73;**31.** 200;**32.** (1) 30 个;(2) $6n$ 个;(3) 331 个;**33.** (1) $n\times n$ 的方格中,一条直线最多能穿过($2n-1$)个方格;(2) 4011 个;**34.** 571 张;**35.** 36 个,n^2个;**36.** 16 人,256 人;**37.** 从一层起,四个数依次是:463,625、918、275;**38.** 8130+3181=11311,6560+5051=11611,$A=9$、$B=0\sim9$、$C=3$,732−666=66;**39.** 7857×7=54999,37037×9=333333,142857×3=428571,12345679×9=111111111;**40.** 21×87=1827,27×81=2187 **41.** 27,60;**42.** $\frac{7}{20}$,$\frac{1}{10}$,$\frac{9}{20}$,$\frac{2}{5}$,$\frac{3}{20}$;**43.** 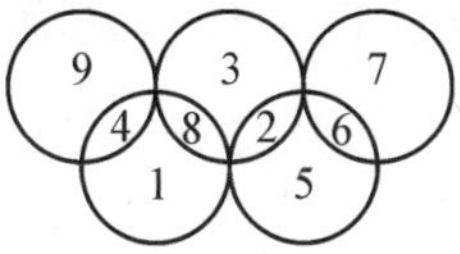

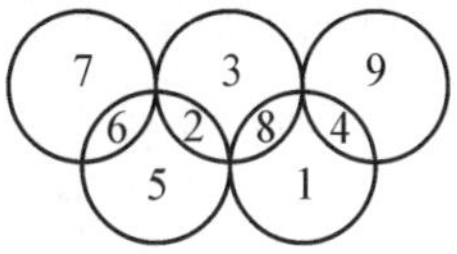

;**44.** 有多种答案,如$\frac{1}{2}+\frac{1}{6}+\frac{1}{12}+\frac{1}{16}+\frac{1}{18}+\frac{1}{24}+\frac{1}{32}+\frac{1}{36}+\frac{1}{48}+\frac{1}{96}=1$;**45.** 11.5×10.2=117.3,69.708÷1.2=58.09;**46.** 有 10 步。① 将油篓给盛 3 斤的油瓶倒满;② 将能盛 3 斤油 瓶的油全倒入盛 7 斤的油瓶中;③ 再将油篓给盛 3 斤的油瓶倒满;④ 再将能盛 3 斤油瓶的油全倒入能盛 7 斤的油瓶中;⑤ 再将油篓给盛 3 斤的油瓶倒满;⑥ 将盛 3 斤的油瓶的油给能盛 7 斤的油瓶倒满;⑦ 将能盛 7 斤的油瓶中的油全部倒回油篓中;⑧ 将盛 3 斤的油瓶中所剩 2 斤油倒进能盛 7 斤的油瓶中;⑨ 再将油篓给盛 3 斤的油瓶倒满;⑩ 再将盛 3 斤的油瓶中全部油倒进能盛 7 斤的油瓶中。此时油篓和大油瓶中各有油 5 斤;**47.** 两份同有 3 个满瓶,1 个半瓶,3 个空瓶,另一份有 5 个半瓶,1 个满瓶,1 个空瓶;**48.** 中间:$\frac{16}{15}$,其余六个数分在于三条线上,即分组如下:$\frac{3}{4}$、$\frac{5}{4}$;$\frac{5}{6}$、$\frac{9}{8}$;$\frac{5}{7}$、$\frac{21}{16}$;**49.** (1) ;(2) 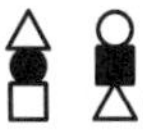;

50. ;**51.** $\frac{1}{2}\times3^{n+1}-\frac{1}{2}$,$\frac{1}{a-1}\times(a^{n+1}-1)$。

练习三

1. 5550;**2.** 70000;**3.** 11;**4.** 6.003;**5.** 0;**6.** 2104;**7.** 0;**8.** 6060606;**9.** 2500;**10.** 2550;**11.** 1003;**12.** 380;**13.** 33330; **14.** 79.6666666667;**15.** 351.5;**16.** $\frac{5}{8}$;**17.** $\frac{7}{13}$;**18.** 3.2;**19.** $\frac{7}{16}$;

20. $3\frac{1}{5}$;**21.** $20\frac{5}{9}$;**22.** 32.77;**23.** 1000000;**24.** 1000000;**25.** 1596;**26.** 2015;**27.** $2016\frac{2016}{2017}$;**28.** 6.9;**29.** 0.012345;**30.** $\frac{50}{99}$;**31.** $\frac{1}{3}$;**32.** $\frac{61}{97}$;**33.** 1;**34.** 1.04;**35.** $\frac{1}{2004}$;**36.** $\frac{511}{1280}$;**37.** $15\frac{10}{11}$;**38.** $\frac{33}{202}$;**39.** $\frac{1023}{1536}$;**40.** 50;**41.** 334;**42.** $1\frac{10}{21}$;**43.** 1188;**44.** 1;**45.** $67\frac{54}{73}$;**46.** $68\frac{48}{73}$;**47.** $\frac{1}{5}$;**48.** $\frac{6}{13}$;**49.** $\frac{3}{7}$;**50.** $3\frac{2}{3}$;**51.** 0;**52.** 1;**53.** $\frac{5}{12}$;**54.** $398\frac{199}{200}$。

练习四

1. 6+10+15=31;**2.** 1+7+13+19=40;**3.** 26 个;**4.** 12,14,16,18;**5.** 7,11,13;**6.** 12;**7.** 因 7 个杯子全部口朝下放着,要翻成全部口朝上,其翻动的总次数只能是奇数。而每回将 6 个杯子各翻动一回,无论翻动的回数是奇数还是偶数,其总次数一定是偶数。这与上面翻动的总次数只能是奇数相矛盾。所以,无论翻动多少回,都不能使杯口全部朝上;**8.** 24 环,28 环;**9.** 90 米;**10.** 3 个;**11.** 24;**12.** 18 张;**13.** 36 和 396,180 和 252;**14.** 13 和 78,26 和 39;**15.** 84 人;**16.** 甲 200 吨,乙 125 吨;**17.** 甲 530 袋,乙 70 袋;**18.** 甲 50,乙 45;**19.** 10 岁,26 岁;**20.** 108 人;**21.** 5.6 元;**22.** 49 人;**23.** 甲 40 元,乙 170 元;**24.** 56 人;**25.** 17+7=24 块;**26.** 301 个;**27.** 229 人;**28.** 1.6;**29.** 10 人;**30.** 112 人;**31.** 甲 60 公顷,乙 40 公顷;**32.** 225 页;**33.** 甲 7 支,乙 5 支。

练习五

1. 19 棵;**2.** 4 分钟;**3.** 5 楼;**4.** 30 分钟;**5.** 360 厘米;**6.** 240 面,1200 米,各 80 面;**7.** 397 米;**8.** 13 辆;**9.** 22 秒;**10.** 13 段;**11.** 18 秒;**12.** 7 楼;**13.** 32 秒;**14.** 形如四边形,连对角线,在四边形四个角摆上苹果;**15.** 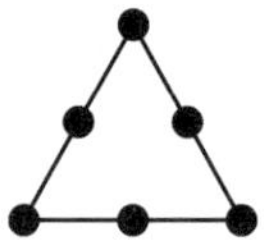;**16.** 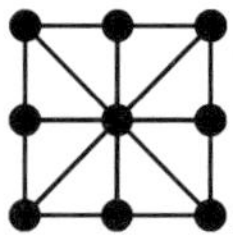;**17.** 399 人;**18.** 900 千克,10 吨。

练习六

1. 7 种;**2.** 18 个;**3.** 39 个;**4.** 6 个;**5.** 10 种;**6.** 12 种;**7.** 25∶21,25∶22,28∶26;**8.** 9 种;**9.** 30 种;**10.** 10 个;**11.** 35 种;**12.** 9 种;**13.** 29 种;**14.** 30 种;**15.** 10 次;**16.** 45 种;**17.** 15 种;**18.** (1) 3 种;(2) 5 种;(3) 3 种;**19.** 576 种;**20.** 31 种,不能;**21.** 11 个;**22.** 21 种;**23.** 6 种

安排顺序,各耽误的时间分别为 4 分钟,5 分钟,5 分钟,7 分钟,7 分钟,8 分钟;**24.** 甲 3 分,乙 7 分,丙 1 分,丁 5 分,总分排第四的是丙队;**25.** 3 次;**26.** 乙、丁、甲、丙;**27.** 10 种;**28.** 32 种;**29.** 33840 种;**30.** 63 场;**31.** 9 种,和是 12 的可能性大;**32.** 158 串。

练习七

1. 30 千克;**2.** $\frac{1}{2}$;**3.** 4200 个;**4.** 35 人;**5.** 3 米或 2 米;**6.** 6+10=16 人;**7.** 180 人;**8.** 17 个,7 个;**9.** $\frac{8}{9}$;**10.** 50 人;**11.** 第一车间 170 人,第二车间 250 人;**12.** 15 人;**13.** 12000 平方米;**14.** $1\frac{1}{6}$米;**15.** 66 元;**16.** 2.2 千米;**17.** 58 个;**18.** $\frac{1}{100}$;**19.** $\frac{1}{2}$千克;**20.** 81 根,9 个;**21.** 36 头;**22.** 甲 720 元,乙 450 元;**23.** 甲 72 元,乙 56 元;**24.** 8.4 千克;**25.** 30 元;**26.** 80 元,160 元;**27.** 360 元;**28.** 75%;**29.** 八五折;**30.** 3.3%;**31.** 甲种存款 5 万元,乙种存款 15 万元;**32.** 820 个;**33.** 12 元;**34.** 八折;**35.** 120 只;**36.** 八折;**37.** 7.5 元;**38.** 金 1140 克,银 400 克;**39.** 480 千米;**40.** 99 人;**41.** 2100 个;**42.** 第一天$\frac{1}{2}$,第二天$\frac{1}{4}$,第三天$\frac{1}{4}$;**43.** 甲 150 元;乙 210 元;**44.** 67 只;**45.** 78 粒;**46.** 姐 250 元,弟 100 元。

练习八

1. 5%;**2.** 约 5%;**3.** 甲 100 千克,乙 200 千克;**4.** 1000 克,25%;**5.** 甲 96 克酒精,乙 374.4 克水;**6.** 约 60.6%;**7.** 甲 2800 千克,乙没有溶液;**8.** 20%;**9.** 81%;**10.** 12%;**11.** 598.75 升;**12.** 36%;**13.** 590 克;**14.** 12.5 克;**15.** 6 种办法,按每次放 1 千克水,共放 12 次,这样漂洗衣服最干净,污物占比$\frac{1}{4096}$。

练习九

1. 109 岁;**2.** 1980 年;**3.** 86 岁;**4.** 12 年;**5.** 妈妈 50 岁,儿子 20 岁;**6.** 老寿星 105 岁,哥哥 110 岁;**7.** 姐 14 岁,妹 7 岁;**8.** 12 年;**9.** 6 年;**10.** 32 岁;**11.** 小明 10 岁,王叔叔 31 岁;**12.** 哥哥 11 岁,弟弟 7 岁;**13.** 10 岁;**14.** 4 倍;**15.** 2 岁;**16.** 5 年后;**17.** 2 年前;**18.** 3 年;**19.** 妈妈 30 岁,洋洋 5 岁;**20.** 30 岁;**21.** 大斑马 21 岁,小斑马 11 岁;**22.** 星期二;**23.** 9 月 28 日;**24.** 2 月 14 日,2 月 18 日,2 月 20 日或 2 月 21 日;**25.** 星期四,星期三,星期六;**26.** 有三种可能:

19 日、20 日和 21 日；4 日、5 日、6 日、7 日、8 日、9 日、10 日和 11 日；10 日、11 日、12 日、13 日和 14 日。

练习十

1. 大 20 人，小 80 人；**2.** 1 只蟋蟀和 5 只蜘蛛或 5 只蟋蟀和 2 只蜘蛛；**3.** 3 条大船，7 条小船；**4.** (1) 7，2；5，5；3，8；1，11；(2) 7，2，最合算，86 元；**5.** 77 人，31 人；**6.** 甲 30 万元，乙 10 万元；**7.** 2 小时；**8.** 单价 1 元和 5 元的物品各买 10 件，单价 2 元和 3 元的物品各买 8 件；**9.** 1 只大船，6 只中型船和 2 只小船；**10.** 21 辆；**11.** 5 分币 17 枚，2 分币 32 枚，1 分币 51 枚；**12.** (1) 母鸡 25 只，小鸡 75 只；(2) 公鸡 4 只，母鸡 18 只，小鸡 78 只；(3) 公鸡 8 只，母鸡 11 只，小鸡 81 只；(4) 公鸡 12 只，母鸡 4 只，小鸡 84 只；**13.** 6 张；**14.** 王蕾蕾，答对 18 题，答错 2 题，李浩，答对 18 题，答错 1 题，未答 1 题；**15.** 60 度；**16.** 40 册，112 册；**17.** 1200 元；**18.** 甲 900 元，乙 200 元；**19.** 60 立方米；**20.** 谷电 40 度，峰电 80 度；多用谷电 8 度，少用峰电 8 度；**21.** 加工成酸奶，最大利润 10800 元；**22.** 鸡 156 只，兔 44 只；**23.** 5 分币币值 200 分，2 分币币值 260 分；**24.** 5 张双打，7 张单打；**25.** 租 7 只大船和 1 只小船，租金 139 元；**26.** 答对 8 题，答错 1 题，未答 1 题；**27.** (1) 甲银行贷款 10 万，乙银行贷款 20 万；(2) 甲银行贷款 20 万，丙银行贷款 10 万；(3) 甲银行贷款 15 万，乙银行贷款 10 万，丙银行贷款 5 万；**28.** 7 辆大车，2 辆小车，5200 元；**29.** 大 5 条，中 3 条，小 2 条；**30.** 金 4 千克，银 2 千克。

练习十一

1. 48 千米/时；**2.** $3\frac{3}{4}$千米/时；**3.** 56 千米/时；**4.** 784 吨；**5.** 85 岁；**6.** 32 岁；**7.** 84 分；**8.** 男 24 人，女 20 人；**9.** 24 人；**10.** 91 分；**11.** 将 3 块每块平均切成 4 小块，将 4 块每块平均切成 3 小块，每人各分得不等的两个小块；**12.** 乙班平均分高，高 6 分；**13.** 10.5 分；**14.** 24；**15.** 39；**16.** 22 千克，25 千克，28 千克，29 千克，30 千克；**17.** 43 名；**18.** 四人中甲最重，他的体重是 46 千克；**19.** (1) 90 分；(2) 80 分；**20.** 84 分；**21.** 88 分；**22.** 3 分；**23.** 2 个；**24.** 150 元；**25.** 15 万元。

练习十二

1. 498 元；**2.** 25 人，40 个；**3.** 11 个，100 张；**4.** 7 只，44 个；**5.** 30 天，464 页；**6.** 40 元，170 元；

7. 80个，10只；**8**. 22间，108人；**9**. 9只，36人；**10**. 9只，36人；**11**. 11个，52本；**12**. 2038块；**13**. 438块；**14**. 5米，28米；**15**. 10米，36米；**16**. 10米，197米；**17**. 1200千克；**18**. 1680个；**19**. 1920米；**20**. 900千米；**21**. 450千米；**22**. (1) 3元，45元；(2) 12元，48元；(3) 12立方米，36元；**23**. (1) 240人；(2) 4辆小车和1辆大车经济合算，需1180元；**24**. 今年买房合算；**25**. 1680元；**26**. 70元；**27**. 1元3角；**28**. 井深5米，绳长24米；**29**. 11个；**30**. 12人。

练习十三

1. 7个；**2**. 不能，因为4、5、6三个数字中四个数字的和有16～24的9种情况，而四个横行、四个竖行和两条对角线上四个数的和有10组，由10>9，可知至少有两组数的和是相等的；**3**. 8个；**4**. 10人；**5**. 31人；**6**. 78人；**7**. 5人；**8**. 70人；**9**. 40棵；**10**. 10厘米；**11**. 48个；**12**. 13人，11人；**13**. 177人；**14**. 48人；**15**. 8个；**16**. (1) 11人；(2) 29人；(3) 8人；**17**. 45名；**18**. 40人，25人，13人，7人。

练习十四

1. 300米；**2**. 6天；**3**. 100米；**4**. 12分钟；**5**. 40分钟；**6**. 180千米；**7**. 360千米；**8**. 150千米；**9**. 400千米；**10**. $9\frac{3}{5}$千米；**11**. 390千米或90千米；**12**. 200米；**13**. 11∶00；**14**. 15次；**15**. 400千米；**16**. 500米/分钟；**17**. 4分钟；**18**. 25千米；**19**. 139分钟；**20**. 42.12千米；**21**. 8020米；**22**. 下午4时；**23**. 8分钟；**24**. 甲4.5米/秒，乙3.5米/秒；**25**. 500分钟；**26**. 7.2分钟；**27**. 4.8千米；**28**. 8小时；**29**. 8点18分；**30**. 6.4小时；**31**. 甲240米/分钟，乙160米/分钟，丙120米/分钟；**32**. 90厘米；**33**. 2千米；**34**. 120米，7.5米/秒；**35**. 300米；**36**. (1) 100米；(2) 11∶24；**37**. 460千米；**38**. 360千米；**39**. 20千米；**40**. (1) 150米/分钟，100米/分钟，50米/分钟；(2) 3分钟；(3) 8分钟；**41**. 1280千米。

练习十五

1. 200米，7天；**2**. 18名；**3**. $4\frac{4}{5}$天；**4**. 360个；**5**. $4\frac{4}{5}$小时；**6**. 7.5天；**7**. 乙队和丙队，$7\frac{5}{13}$天；**8**. 6月12日；**9**. 6天；**10**. 860米；**11**. 15小时；**12**. 33小时；**13**. 第11天；**14**. 60套；**15**. 甲18天，乙8天；**16**. 甲15天，乙20天；**17**. 甲4天，乙10天；**18**. 6天；**19**. 6分钟；**20**. 53分钟；**21**. 甲10小时，乙12小时，丙15小时；**22**. 甲10小时，乙15小时，丙20小

时;**23**. 18 分钟;**24**. 10 升;**25**. $4\frac{4}{5}$小时;**26**. $2\frac{2}{3}$小时;**27**. 15 天后;**28**. 1160 元;**29**. 360 个;**30**. 768 个;**31**. 144 千米;**32**. 甲 9 天,乙 5 天;**33**. 5 天;**34**. 甲 1225 元,乙 1775 元;**35**. 120 个;**36**. (1) 甲、乙合作,12 天;(2) 甲、丙合作,109.5 万;**37**. 车架 30 人,车轮 40 人;**38**. 70 人。

练习十六

1. 11 次;**2**. 144 天;**3**. $16\frac{4}{11}$分钟;**4**. 7 点 20 分;**5**. 8 月 2 日 9 时;**6**. $65\frac{5}{11}$分钟;**7**. $17\frac{8}{11}$分钟;**8**. (1) 3 点 $16\frac{4}{11}$分;(2) 3 点 $32\frac{8}{11}$分;(3) 3 点 $12\frac{8}{11}$分或 3 点 20 分;**9**. 5 时 20 分;**10**. 12 时;**11**. 5 时 30 分;**12**. 7 时 30 分,5 时 35 分;**13**. 45 秒;**14**. 1.25 分钟;**15**. 120 级。

练习十七

1. 30 头;**2**. 27 头;**3**. 12 天;**4**. 5 头;**5**. 19 匹;**6**. 75 亿人;**7**. 10 分钟;**8**. 4 点 44 分;**9**. 8 点 15 分;**10**. 20 分钟;**11**. 17 人;**12**. 9 台;**13**. 40 头;**14**. $\frac{9}{10}$小时;**15**. 24 小时。

练习十八

1. 长 46 厘米,宽 37 厘米;**2**. 84 厘米;**3**. 56 厘米;**4**. 22 米;**5**. 15 厘米,7 厘米;**6**. 10 厘米;**7**. 24 或 16;**8**. 7.2 厘米;**9**. $\frac{3}{5}$;**10**. 14 厘米;**11**. 20 厘米;**12**. 6.28 厘米;**13**. 480 米;**14**. 107.36 厘米;**15**. 8 米;**16**. 18 毫米;**17**. 31.4 厘米,用$(5+5)\times\pi$计算最简便;**18**. 18.28;**19**. 23.55 米;**20**. 75 度;**21**. 36 厘米;**22**. 114.24 厘米;**23**. 10.968,9.14;**24**. 87 毫米;**25**. $24a$ 厘米;**26**. 120 厘米;**27**. 长 35 厘米,宽 30 厘米;**28**. C 点,$2\frac{2}{3}\pi$ 分米;**29**. 60 个顶点,90 条棱。

练习十九

1. 49 平方厘米;**2**. 64 平方厘米;**3**. 0.59 公顷;**4**. 64 平方厘米;**5**. 18 平方厘米;**6**. $\frac{9}{10}$;**7**. 30 平方厘米;**8**. 18 平方厘米;**9**. 19 平方厘米;**10**. 17 平方厘米;**11**. 19 平方厘米;**12**. 125 平

方厘米;**13.** 80 平方厘米;**14.** 450 平方厘米;**15.** 32 平方厘米;**16.** (1) 36 平方米;(2) $1\frac{1}{4}$ 秒;**17.** 18 平方厘米;**18.** $5\frac{5}{7}$平方厘米;**19.** 1750 平方厘米;**20.** 432 平方厘米;**21.** 18 平方厘米;**22.** 88 平方厘米;**23.** $15\frac{1}{4}$ 平方米;**24.** 3.5 平方厘米;**25.** 32.125;**26.** 2.85 平方厘米;**27.** 4.14 平方厘米;**28.** 边角料一样重,因为边角料面积一样大,厚度一样厚;**29.** 370.52 平方米;**30.** 38.52 平方厘米;**31.** $\frac{17}{24}$平方米;**32.** 28.26 平方厘米;**33.** (1) 4 秒;(2) 8～10 秒;**34.** C、B、A。

练习二十

1. 120,200,300;**2.** 32,16,8 或 8,16,32;**3.** 15 厘米;**4.** 45 厘米;**5.** 42 分钟;**6.** 40 名;**7.** 112 人;**8.** 600 人;**9.** 48 人;**10.** 200 人;**11.** 66 盆,92 盆,42 盆;**12.** 大猴子 120 只,小猴子 80 只;**13.** 200 吨;**14.** 3.6 元;**15.** 5.5 元;**16.** 4947 元;**17.** 排球 8 个,篮球 20 个,足球 26 个;**18.** 7.2 小时;**19.** 28 分钟;**20.** 108 分钟;**21.** 甲 9∶30,乙 9∶50;**22.** 400 千米;**23.** 95 千米;**24.** 320 步;**25.** 360 个;**26.** 144 个;**27.** 甲 60 个,乙 40 个,丙 32 个;**28.** 60 棵;**29.** 甲 200 个,乙 240 个,丙 300 个;**30.** 9 题;**31.** 381.51 立方厘米;**32.** 13 厘米;**33.** 2.4 小时;**34.** 80 千米;**35.** A2100 元,B900 元;**36.** 75 人;**37.** 糖 4 元/盒,糕 6 元/盒;**38.** 甲 48 吨,乙 64 吨;**39.** 5 个。

练习二十一

1. $30:20=8:5\frac{1}{3}$,$12:8=20:13\frac{1}{3}$;**2.** $\frac{5}{13}$;**3.** 5 朵;**4.** 1400 条;**5.** 3∶62;**6.** 20 千克;**7.** 语文 88 分,数学 92 分;**8.** 770 枚;**9.** 哥哥 100 元,弟弟 75 元;**10.** 35 本;**11.** 240 吨;**12.** 2 倍;**13.** 3600 米;**14.** 4320 元,2700 元;**15.** 甲 2600 元,乙 2000 元;**16.** 210 元,90 元;**17.** 24 平方米;**18.** 2025 平方米;**19.** 买 160 克规格的牙膏合算,25 次;**20.** 660 吨;**21.** 250 兆;**22.** 25 元。